VOYAGE
DESCRIPTIF ET HISTORIQUE
DE
L'ANCIEN ET DU NOUVEAU PARIS.

TOME PREMIER.

A LONDRES,

Chez MARTIN BOSSANGE et compagnie, 14 great Marlborough street;

ET A PARIS,

Chez { NICOLLE, libraire, rue de Seine, n° 12 ;
PÉLICIER, libraire, Palais-Royal, première cour.

IMPRIMERIE DE COSSON, RUE GARENCIÈRE.

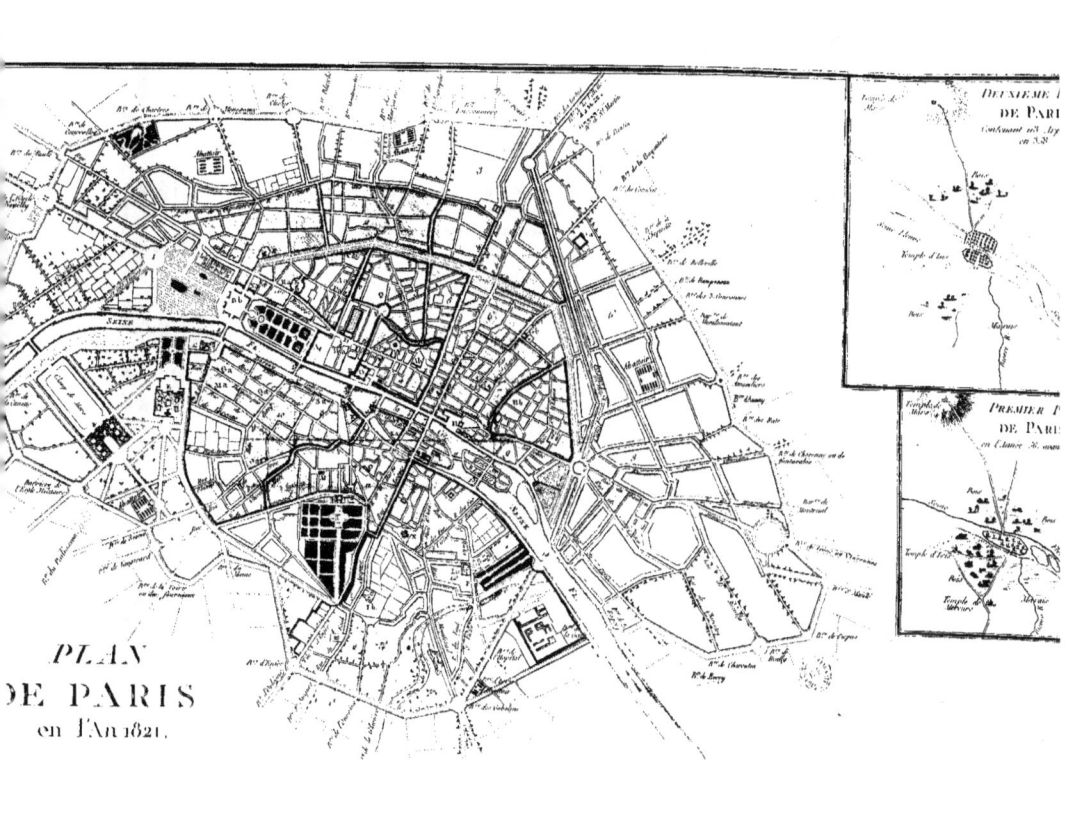

VOYAGE
DESCRIPTIF ET HISTORIQUE
DE
L'ANCIEN ET DU NOUVEAU PARIS.

MIROIR FIDÈLE

Qui indique aux Étrangers et même aux Parisiens ce qu'il faut connaître et éviter dans cette Capitale;

CONTENANT des faits historiques et des anecdotes curieuses sur les monumens, sur la variation des mœurs des habitans, et les événemens politiques jusqu'à nos jours; la physionomie des maisons de jeu; etc.

SUIVI

De la description des environs de Paris et des Maisons Royales;
D'un Dictionnaire des rues, places, quais de cette capitale, etc.

Orné du Plan de Paris et de 63 gravures.

NOUVELLE ÉDITION, CORRIGÉE ET AUGMENTÉE.

Par L. P.

TOME PREMIER.

A PARIS,
Chez l'Auteur, rue des Marais, F. St.-Germain, n° 18.
1821.

AVIS AU RELIEUR
POUR PLACER LES FIGURES.

N.os   Pages.

TOME PREMIER.

1. PLAN de Paris, au frontispice.
   Tableau physique et moral. 37
   Tableau de la population. . . . . ib.
2. Barrière d'enfer, ou de Montrouge. . . 167
3. Vue de l'Observatoire. 170
4. Cabinet d'Histoire naturelle du jardin
   du Roi. 188
5. Grande serre du jardin des Plantes. . . 189
6. Pont du Jardin du Roi. 191
7. Eglise Notre-Dame. 198
8. Le Panthéon ou église Sainte-Geneviève. 218
9. Façade de l'Ecole de Médecine. . . . 245
10. Vue de l'intérieur de l'Ecole de Médecine. 245
11. Palais de Justice. 257
12. Place Dauphine ou Desaix. 265
13. Pont Neuf. 266
14. Statue d'Henri IV. 269
15. Palais du Luxembourg, côté de la rue de
    Tournon 279
16. Palais du Luxembourg, côté du jardin. . 284
17. Théâtre de l'Odéon. 293
18. Marché Saint-Germain. 298
19. Eglise Saint-Sulpice. 299
20. Fontaine de Grenelle. 313
21. Palais de la Légion d'Honneur, rue de
    Bourbon. 315

Nos.   Pages.

22 Palais de la Légion d'Honneur, côté de la
    rivière. 316
23 Hôtel des Monnaies. . . . . . , . . 321
24 Palais des Beaux-Arts. 323
25 Pont des Arts ou du Louvre. 327
26 Vue des bains Vigier. 337
27 Palais du Corps législatif (entrée du). . 343
28 Palais du Corps législatif (intérieur du). 344
29 Palais du Corps législatif, côté de la ri-
    vière. 345
30 Hôtel royal des Invalides. 349
31 Le Lion de Saint-Marc. 354

TOME SECOND.

32 Barrière de l'Etoile ou de Neuilly. . . .   6
33 Chevaux tirés de Marly.   7
34 Chevaux tirés de Marly   7
35 Place Louis XV. 17
36 Palais des Tuileries, côté du Carrousel. 29
37 Chapelle des Tuileries. 32
38 Chevaux de Venise. 35
39 Jardin des Tuileries. 37
40 Colonnade du Louvre. 57
41 Place Vendôme. 73
42 Comédie italienne. 81
43 Théâtre français. 99
44 Palais-Royal, côté de la place. . . . 104
45 Intérieur du jardin du Palais-Royal. . 114
46 Fontaine des Innocens. 137
47 Halle au blé. 151
48 Place des Victoires. 153
49 Maison Thélusson. 192

Liste des figures.

Nos.		Pages.
50	**Porte** Saint-Denis.	203
51	Barrière Saint-Martin, de la Villette, etc.	205
52	Bassin de la Villette.	206
53	Porte Saint-Martin.	211
54	Barrière de Vincennes.	237
55	Tour du Temple.	259
56	Place Royale.	265
57	Hôtel-de-Ville..	279
58	Saint-Cloud (château de).	317
59	Versailles, Ecuries du roi.	325
60	Versailles, côté de Paris.	ib.
61	Versailles, côté du parc.	329
62	Vincennes (château de).	330
63	Vincennes, cour royale.	ib.

TABLE
DES PRINCIPALES MATIÈRES
CONTENUES
DANS LE TOME PREMIER.

Nota. Il n'est fait mention dans cette table des rues, places, etc., que de celles relatives à des faits historiques ou à des anecdotes.
(*Voyez* à la fin du tome second le dictionnaire des rues, etc.)

A.

Abattoir ou tuerie de Villejuif. 186
— id. dit de Grenelle. 279
Abbaye de Port-Royal. 171
— au Bois, paroisse. 314
— de Saint-Germain-des-Prés. 333
— du Val-de-Grâce. 177
Abeilard. 214
Accroissement du territoire de Paris. 39
Administration des hôpitaux. 206
Archives civiles et judiciaires. 261
Artistes décrotteurs. 107
Assassinat d'un boulanger. 207
Assassinat d'Henri IV. 256
Associations, agences, et compagnies d'assurances. 35
Augustins (les petits), anecdotes. 331
Augustins (les grands), événemens. 249
Avantages de la situation de Paris. 50
Avertissement sur cet ouvrage. 19
Aveugles travail-

	Pag.		Pag.
leurs, rue Saint-Victor.	194	Bussy (carrefour de).	305
B.		Bussy (rue de), anecdotes.	306
Bains publics.	25		
Bains Vigier	268 et 337	**C.**	
Barrière d'Enfer.	167	Cabinets littéraires, physionomie des lecteurs.	93
— de la Garre.	192		
— des Gobelins.	180		
Bazar français.	36	Caisses de survivance, hypothécaires, tontines, agence, etc.	36
Bernardins (les), massacre.	193		
Bibliothèque Sainte-Geneviève.	228	Cambrai (place).	215
— Mazarine.	324	Caractère des Parisiens.	78
— de l'Ecole de Médecine.	243	Carmes (couvent des).	292
— de l'Institut.	323		
— des Invalides.	352	Carmélites (les), anecdotes.	174
Boulevart du sud au midi.	170	Carrières sous Paris.	54
— de l'Hôpital.	186	Caserne des gardes du corps du roi.	340
— d'Enfer.	277		
— du Mont-Parnasse.	id.	Catacombes (les).	168
		Champ-de-Mars.	357
— des Invalides.	id.	Chanson de Colas.	336
Bourbe (rue de la).	172	Charité (sœurs de la).	173
Bourbiers (les).	id.		
Bourbon (rue de).	315	Château d'eau.	171
Bourbon (rue du petit).	296	Cherche-Midi (rue du), assassinat.	316
Buanderie des Invalides.	366	Circonférence de Paris.	52
Bucherie (rue de la).	209	Climat de Paris.	id.

Table des matières.

	Pag.
Clos Payen, son origine.	180
Clovis (rue de).	196
Club dit des Cordeliers.	243
Collége du Plessis.	216
— de Louis-le-Grand.	217
— d'Henri IV.	229
— Royal de France.	215
— de la Sorbonne, visité par le czar Pierre-le-Grand en 1719, etc., etc.	238
— Sainte-Barbe.	230
Conscience des marchands.	102
Consommation annuelle.	37
Conversion de Henri IV.	239
Commerce et industrie.	104
Cour des Comptes.	262
Cris de Paris.	94

D.

	Pag.
Dauphine (rue).	274
Dauphine (place), (voyez Desaix).	265
Diable de la rue d'Enfer.	174
Deuxième promenade, du sud à l'ouest.	277

	Pag.
Dîners des Parisiens.	87
Dragon (rue du), où est mort le comédien Molé.	318

E.

	Pag.
Eau de Mélisse.	311
Ecole des Beaux Arts.	332
— de Droit.	229
— de Médecine (rue de l'), où demeurait Marat; anecdotes sur les moines, cordeliers, etc.	243
— de Médecine et de Chirurgie.	243
— gratuite de Dessin.	id.
— Militaire.	355
— de Natation.	341
— de Pharmacie.	184
— Polytechnique.	231
Enfans trouvés et nourrices.	173
Eperon (rue de l'), palais d'Orléans, etc.	248
Esplanade des Invalides.	354
Etalage des gravures, portraits, caricatures, etc.	336

Table des matières.

F.

	Pag.
Fédération au Champ-de-Mars.	359
Filles publiques.	109
Filous et voleurs.	131
Foin (rue du), anecdotes.	241
Fontaine Desaix.	265
— de la Charité.	310
— de Grenelle.	313
— Saint-Séverin.	212

G.

Galiottes et batelets.	339
Git-le-Cœur (rue), palais de François Ier.	251
Gros-Caillou (le).	366
Guénégaud (rue).	307

H.

Habillement et beauté des femmes.	91
— des hommes à Paris.	92
Halle aux vins.	193
Harpe (rue de la).	233
Hautefeuille (rue).	245
Hôpital militaire.	177
— de la Charité.	311 et 368
— de M. Necker.	314
— des Enfans.	id.
— des Vénériens.	175
— Cochin.	id.
— de la Pitié.	195

	Pag.
Hospice de la Salpêtrière.	187
— des Incurables.	314
— d'Accouchement.	172
— des Enfans Trouvés.	id.
— des Ménages.	314
— de Vaccination.	246
Hôtel-Dieu.	206
— des Invalides.	348
— de Juigné, police, etc.	328
— Bouillon.	id.
— Bretonvilliers.	197
— de Cluny, palais des Termes.	240
— des Ecuries de la duchesse d'Angoulême.	315
— d'Hercule, où Charles IX et Henri de France faillirent être assassinés.	251
— Laval Montmorenci.	296
— d'Entragues.	id.
— de Nivernois.	id.
— du ministère de l'intérieur.	314
— des Monnaies.	320
— de Vendôme.	175
Huchette (rue de	

Table des matières.

	Pag.		Pag.
la).	210	depuis 1789.	205
I.		Maisons publiques de jeu.	130
Ineptie des religieuses.	179	Manufacture de tabac.	337
Infirmerie de Marie-Thérèse.	174	— des Gobelins.	180
Instructions pour les voyageurs.	21	— des tapis, dite de la Savonnerie.	29
Institution des anciens élèves de Sainte-Barbe.	185	Marais (rue des), où est né Racine.	309
Institution des Sourds-Muets.	177	Marchands à prix fixe.	181
Institut royal.	323	Marché aux Fleurs.	253
J.		— Boulainvilliers.	320
Jacob (rue), anecdotes.	318	— à la Volaille.	250
Jacobins (couvent des).	217	— des Patriarches.	184
Jardin du Roi ou des Plantes.	188	— de la place Maubert.	232
— de la Chaumière.	278	— Saint-Germain.	293
Jeux ou joueurs.	118	Marmousets (rue des).	ib.
Loteries et tirages.	26	Marquis de Charolais (le).	330
— Jouissances et leurs dangers.	89	Mazarine (rue), les premiers comédiens en 1677, etc.	306
L.		Mathurins (rue des).	241
Lesage, pâtissier.	237	Matrones ou maq...	107
Lycées (*voyez* Colléges).	32	Monumens de Paris, construits depuis le XIXe siècle.	55
M.		Morgue ou basse-geôle.	207
Maison archiépiscopale, événemens			

Table des matières.

	Pag.		Pag.
Mouffetard (rue), duel.	182	çais.	92
Mouvement annuel des étrangers à Paris. Tableau.	37	— de Voltaire sur les calembourgs. Origine des Parisiens.	79 39
Musée d'artillerie.	319	Oursine (rue de l'), maison de la reine Blanche.	181
N.			
Nécessité de respirer l'air, etc.	68	**P.**	
Notre-Dame (église), faits historiques jusqu'en 1818.	204	Palais Bourbon, événemens. — de la Chambre des députés.	346 343
Notre-Dame (cloître), où Héloïse recevait Abeilard.	198	— de la duchesse douairière d'Orléans.	312
Noyers (rue des), Jean-Baptiste Rousseau.	213	— de Justice. —de Justice (place du).	257 256
O.		— de la Légion d'Honneur.	315
Observatoire (l.).	170	— des Beaux-Arts.	323
Odéon (rue de l'), buste de La Fayette jeté par les fenêtres, etc.	295	— du Luxembourg. — de la reine Blanche. — des Thermes.	279 241 333
Opinion du czar lorsqu'il vint à Paris.	68	Panthéon (le). Paon (rue du). Paratonnères.	221 245 77
—du Grand Frédéric sur l'esprit des Parisiens, etc.	82	Pharmacie centrale. Physionomie de Paris.	195 53
— du marquis de Villette sur les vêtemens fran-		Place Dauphine	

Table des matières.

	Pag.		Pag.
événemens.	264	Promenade (première), du midi, quartier de l'Observatoire.	167
— Valhubert.	191		
Plaine de Grenelle, événemens.	368		
Plaisirs de la capitale et des environs de Paris.	24	— (deuxième), du sud à l'ouest, boulevart d'Enfer.	277
— des Parisiens le dimanche.	164	Promenades dans la belle saison.	24
Poitevins (rue des).	247	Port à l'Anglais.	192
Pompe à feu.	367	— Saint-Landry, où le corps d'Isabeau de Bavière fut exposé.	254
— Notre-Dame.	254		
Pont au Change, et origine du proverbe : *Payer en monnaie de singe.*	25	Porteurs d'eau, commissionnaires, hommes de peine, etc.	105
— des Arts.	327		
— de la Cité.	197		
— des Invalides.	365	Poste aux chevaux (rue de la).	333
— du Jardin du Roi.	191		
— Louis XVI.	342	Postes (rue des).	185
— Marie.	196	Pot-de-Fer (rue du), où étaient les jésuites, et la loge du Grand-Orient.	304
— Neuf, événemens.	367		
— Notre-Dame, infanterie ecclésiastique de la Ligue.	255	Préfecture de police.	262
— Royal, événemens.	338	Population par ordre d'âges. Tableau.	37
— Saint-Michel.	252		
— de la Tournelle.	196		
Pont de Lodi (rue du).	276	Premières limites de Paris.	45

	Pag.		Pag.
Prison dite de l'Abbaye.	348	Quatre-Vents (carré des).	297
— de la Conciergerie.	259	Quatre-Vents (rue des), hôtels de Philippe-le-Bon, duc de Bourgogne, et de Charles-le-Mauvais, roi de Navarre.	297
— de Montaigu, pour la discipline militaire.	230		
— de Sainte-Pélagie.	195		
Puissance de l'or à Paris.	87	**R.**	
Q.		Réflexions philosophiques sur la grandeur de Paris.	66
Quai des Augustins.	249		
— d'Alençon.	196		
— d'Anjou.	ib.	— sur les habitans des greniers.	74
— de Catinat ou de la Cité.	254	— sur les rues étroites et sur la hauteur des maisons.	77
— Conti ou de la Monnaie.	320		
— de l'Horloge, des Morfondus ou des Lunettes.	252	Réputations à Paris.	88
— Desaix.	253	Retraite des filles du Palais-Royal.	116
— Malaquais.	327	**S.**	
— d'Orsay.	340	Saint-André-des-Arts (rue).	248
— d'Orléans.	196		
— de la Tournelle.	193	— Benoît (église de).	214
— de Voltaire.	334		
— Saint-Bernard.	192	— Bernard (rue des Fossés).	195
Quartier de l'Ile-Saint-Louis.	196		
— de St-Germain.	291	— Bernard (fontaine).	196
— Saint Marcel.	131	— Bernard (porte).	194

Table des matières.

	Pag.
—Dominique (rue), insurrection en 1787.	312
—Etienne-du-Mont (église).	229
—Etienne-du-Mont (rue).	ib.
—Firmin (séminaire), massacre des prêtres.	195
—Germain-des-Prés (église).	333
—Germain-des-Prés (abbaye).	ib.
—Germain-des-Prés (rue des Fossés).	305
—Jacques (rue).	211
—Jacques (rue du faubourg).	175
—Jacques-du-Haut-Pas (église de).	175
—Jean-de-Beauvais (rue), où demeurait l'abbé Rollin.	214
—Jean-de-Latran (tour de).	215
—Jean-de-Latran (cloitre).	ib.
—Hilaire (rue et église), combat entre deux peintres.	216
—Louis (paroisse).	197
—Marcel (cloître).	183
—Marcel (église), où a été enterré le maréchal de Lowendal.	ib.
—Martin (église), le poète Sylvain.	ib.
—Médard (église), miracle du diacre Pâris, etc.	ib.
—Michel (place).	233
—Michel (couvent) pour les Filles repentantes.	179
—Nicolas-du-Chardonnet (église de).	194
—Pierre aux Bœufs (rue), jeune homme brûlé pour sacrilége.	209
—Séverin (église et rue).	212
—Séverin (cimetière).	212
—Sulpice (église), théophilanthropes, fêtes données.	300
—Thomas d'Aquin (église).	313
—Victor (rue).	191

	Pag.		Pag.
—Vincent de Paule.	173	Sèvres (rue de), assassinat d'un médecin.	314
Sainte-Foix, auteur des Essais sur Paris.	195	Situation de Paris, origine de son territoire.	37
Sainte-Chapelle du Palais.	262	Société d'encouragement.	319
—Geneviève (montagne).	331	— des Jacobins.	312
— Geneviève (rue Neuve).	230	Sorbonne (rue et place).	237
— Geneviève (ancienne église).	218	Statue de Henri IV.	367
— Geneviève (nouvelle église), nommée le Panthéon, événemens.	221	**T.** Tableau physique et moral de la ville de Paris.	37
—Marguerite (rue).	317	Taranne (rue), expérience.	310
— Pélagie, maison de force.	195	Théatins (église des).	336
—Trinité, de la Rédemption des captifs (chanoines de la).	241	Théâtre de l'Odéon.	294
		Tournon (rue de).	205
		Triperie.	367
Sciences, commerce et industrie.	97	**U.** Université (rue de l').	349
Seine (rue de), hôtel de la Rochefoucault, où a demeuré la mère de Henri IV.	309	**V.** Varennes (rue de), duel.	312
		Vaugirard (rue de), où est né Lekain.	292
Séminaire des Trente-Trois.	231	Verneuil (rue de).	320
— des Irlandais.	185		

Fin de la Table des matières.

AVERTISSEMENT.

Le public a bien voulu accueillir favorablement les cinq premières éditions de cet ouvrage; nous espérons que la sixième, considérablement augmentée, obtiendra la même faveur.

Une description sèche et aride des monumens ne suffit pas pour satisfaire la curiosité des étrangers et des Français qui viennent visiter cette capitale. Il importe d'avoir un abrégé de son histoire depuis Jules César jusqu'à nos jours; les abus et les écueils qu'on doit éviter; ce qui ne peut être indiqué que par un écrivain impartial, qui aurait néanmoins désiré garder le silence sur certains événemens dont il a été le témoin depuis 1787, et qui rappellent de douloureux souvenirs; mais le devoir d'un historien est de ne rien omettre de tout ce qui peut éclairer et intéresser les contemporains et la postérité.

Paris, cette ville superbe, a, de tous les temps, excité la jalousie et la curiosité des étrangers; elle était placée au second rang après Rome pour la beauté de ses édifices; et malgré les efforts de nos ennemis, qui désiraient sa destruction, malgré les désastres de la révolution, cette immense cité est beaucoup plus riche en sociétés savantes, en monumens utiles et en salubrité.

Les étrangers viendront toujours y admirer la réunion de tout ce que les sciences et les arts ont de plus précieux. Ils répéteront cet ancien proverbe consacré, *qu'il n'y a qu'un Paris dans le monde.*

L'amabilité des mœurs parisiennes est reconnue de tous les peuples du monde; on peut y puiser des leçons de civilisation, de sciences, d'arts et d'industrie.

Tous les plaisirs sont réunis à Paris. Les femmes y sont charmantes, elles y sont adorées. Il y a plus d'un siècle qu'on dit que *Paris est l'enfer des chevaux et le paradis des femmes.*

On ne parviendrait pas en deux ans à connaître Paris sans un guide fidèle. Les faits historiques et les anecdotes relatives aux rues, places, monumens dont nous parlons sont indiqués dans les tables des matières, et pour l'intelligence de l'observateur, nous avons divisé cette grande cité en quatre promenades : 1° Des instructions à ceux qui arrivent à Paris ; 2° l'état de la population ; 3° un tableau physique et moral de la capitale ; 4° un sommaire des établissemens de science, d'arts et d'industrie, avec l'indication des jours pour le public ; les plaisirs et les promenades dans la capitale et dans les environs, etc., etc.

INSTRUCTIONS
AUX VOYAGEURS.

Si l'étranger en arrivant à Paris n'a point de logement retenu, et qu'il soit en poste, il lui suffit d'indiquer au postillon le quartier où il désire loger ; ceux qui arrivent par les diligences trouvent dans les bureaux des commissionnaires de confiance.

Il faut se méfier des filous qui s'offrent obligeamment de vous conduire, ou de porter votre porte-manteau, et disparaissent.

Le prix des logemens dans les hôtels garnis n'est point déterminé ; cela dépend des quartiers et de la beauté du local.

L'étranger trouve des domestiques de louage attachés à l'hôtel, qu'il peut prendre à la semaine ou au mois.

On trouve aussi des appartemens meublés dans des maisons de particuliers, et des pensions.

Les jeunes gens qui viennent à Paris pour suivre les cours de droit, de médecine, de chirurgie, etc., peuvent se loger économiquement dans les quartiers Saint-Jacques, les rues de la Harpe, Saint-André-des-Arts, de médecine, des Boucheries, dans le faubourg Saint-Germain, etc., où l'on trouve des traiteurs à un prix très-modique.

Il y a de bons restaurateurs dans tous les quartiers de Paris, depuis un franc jusqu'à douze par tête, c'est-à-dire d'après un tableau où le prix de chaque mets est indiqué, de manière que l'on peut soi-même fixer sa dépense.

L'étranger arrivant à Paris doit apprendre le jargon du restaurateur : du bouilli sans sauce s'appelle un bœuf au naturel; vous demandez une côtelette, le garçon vous répond : *Tout à l'heure, vous êtes sur le gril;* des goujons : *Vous êtes dans la poêle;* mon tronçon d'anguille : *Un moment, on vous écorche*, etc. Ce dernier mot n'est pas, chez certains restaurateurs, prononcé en vain....

Le prix de la course des fiacres est fixé par une ordonnance de police à 30 sols, et à l'heure 40 sols pour la première heure, et 30 sols pour les suivantes. Après minuit le prix est double.

Le cocher qu'on fait détourner pendant la course ne peut exiger que d'être payé à l'heure ; pour sortir des barrières il n'y a point de prix fixé. Le prix des courses de cabriolets est de 25 sols ; à l'heure, la première 30 sols, et les suivantes 25 sols. On est dans l'usage de donner aux cochers un pour-boire lorsqu'ils ont été honnêtes : si vous avez à vous en plaindre, ils sont obligés de vous conduire chez le premier commissaire de police, ou à la préfecture. On est prévenu aussi qu'on ne peut monter plus de cinq personnes dans un fiacre, et deux dans un cabriolet : il faut avoir la précaution de prendre le numéro de la voiture.

Si on fait venir un cocher de la place sans l'employer, il ne peut exiger que 10 sols.

PROMENADES
DES ENVIRONS DE PARIS.

Le bois de Boulogne, où l'on voit le beau jardin de Bagatelle. — Le bal du Ranelagh, près de Passy : réunion des plus jolies femmes.

Avenue de Neuilly, jardin dit de la plaine des Sablons ; jeux chevaleresques, courses de lances, à cheval ou en char.

Les bois de Vincennes et de Saint-Mandé ; bals champêtres des mieux composés.

Le bassin de la Villette.

Le parc de Sceaux, charmant bal.

Le parc de Saint-Cloud ; fêtes et jeu des eaux.

Le bois de Romainville : les prés Saint-Gervais.

En dehors et près des barrières, de nombreuses et de charmantes guinguettes, où se réunissent, les fêtes et les dimanches, plus de cent mille individus de la classe industrielle et laborieuse. Il y a de beaux jardins ; des salles de danse et des petits spectacles.

Promenades dans l'intérieur de Paris.

Les jardins des Tuileries, du Luxembourg, des Plantes ou du Roi, le Palais-Royal, les boulevarts du midi, depuis le Jardin du Roi jusqu'à l'esplanade des Invalides ; les boulevarts du nord depuis la Madelaine, faubourg Saint-Honoré, jusqu'au pont du Jardin du Roi, le Cours-la-Reine, le Champs-Elysées, le Champ-de-Mars, etc.

Jardins et amusemens dans la belle saison, où il y a des feux d'artifice, danses, etc., etc.

Jardin de Tivoli, rue Saint-Lazare.
— des frères Ruggiéri, chaussée d'Antin.
— Beaujon, aux Champs-Elysées.
— Marbeuf, *id.*
— de la grande Chaumière, boulevart du Mont-Parnasse.
Montagnes Egyptiennes, faub. Poissonnière.
— de Belleville.
Jardin du café Turc, boulevart du Temple.
— des Princes, *id.*, etc., etc.
Les bals d'hiver sont très-nombreux, les principaux sont ceux de l'Opéra; au théâtre de l'Odéon; au Cirque des Muses, rue de Grenelle-Saint-Honoré.
La galerie Pompéï, rue Neuve-des-Petits-Champs.
Le Ruggiéri d'hiver, rue Mont-Thabor.
Le Prado, place du Palais de Justice.
La galerie Corinthienne, cour des Fontaines.
Dans l'hiver beaucoup de concerts composés des plus célèbres musiciens français et étrangers.
Dix-huit spectacles. (*Voir l'article Théâtres des tables des matières.*)

Bains publics.

Dans le grand nombre de bains qui existent dans les différens quartiers de Paris et sur la rivière, nous citerons seulement, sur la rivière,

quatre bains *Vigier* : deux au pont Royal ; un au Pont-Neuf, et un au Pont-Marie. Chaque bain contient cent quarante baignoires, ce qui fait cinq cent soixante-dix pour les deux sexes.
Bains Chinois, boulevart des Italiens, n° 25.
— Turcs, rue du Temple, n° 98.
— Montesquieu, rue de ce nom.
— Saint-Sauveur, rue Saint-Denis, n° 277.
— rue du Bac, faubourg Saint-Germain.
— Taranne, rue de ce nom, *ib.*
— de la rue de Seine, faubourg Saint-Germain, n° 12.
— aromatique d'Albert, rue Saint-Dominique-Saint-Germain.
— de Tivoli, rue Saint-Lazare, n° 88. On trouve dans ce superbe établissement des bains d'eaux minérales factices de toute espèce, des bains de luxe et des logemens commodes pour les malades.
— de vapeurs sulfureux, rue Montmartre, n° 83.
— de vapeurs, rue J.-J. Rousseau, au dépôt des eaux minérales naturelles.

Il est encore beaucoup de pharmaciens qui ont des bains de vapeurs sulfureux. Il y a à Paris plus de six mille baignoires publiques.

L'étranger ou le Français, après avoir épuisé les plaisirs de la capitale, et ruiné sa santé avec les femmes galantes, peut encore, en peu de temps, voir la fin de sa fortune en fréquentant les maisons de jeu que nous avons indiquées tome 1er, page 130 ; ou courir les funestes chances de la loterie. Il y a quinze tirages par mois ! !!

SOMMAIRE

Des établissemens de Sciences, d'Arts et d'Industrie, avec les jours où le public peut les visiter.

Bibliothèque du Roi, rue de Richelieu, ouverte au public tous les jours depuis 10 heures jusqu'à 2, à l'exception des dimanches et des fêtes, ainsi que toutes les autres bibliothèques. Elle est en vacances du 15 août au 15 octobre.

Bibliothèque de Monsieur, à l'Arsenal, tous les jours de 10 jusqu'à 2 heures. En vacances du 15 septembre jusqu'au 3 novembre.

Bibliothèque Sainte-Geneviève, tous les jours de 10 jusqu'à 2 heures. En vacances du 15 septembre au 3 novembre.

Bibliothèque de la Ville de Paris, rue du Tourniquet, derrière l'Hôtel-de-Ville, tous les jours de midi jusqu'à 4 heures. En vacances du 15 septembre jusqu'au 3 novembre.

Bibliothèque Mazarine et de l'Institut, quai de Conty, ouverte les lundis, mardis, mercredis, vendredis et samedis, de 10 heures jusqu'à 2. En vacances du 13 août jusqu'au 13 octobre.

Bibliothèque de la Faculté de l'Ecole de Médecine, rue de l'Ecole de Médecine, ouverte les lundis, mercredis et samedis depuis 10 heures jusqu'à 2.

Bibliothèque du Muséum d'Histoire naturelle, rue du Jardin du Roi, n° 18, ouverte les mardis et vendredis depuis 3 heures jusqu'à la nuit. Pour les étudians les lundis, mardis et samedis depuis 11 jusqu'à 2 heures.

Bibliothèque de l'hôtel royal des Invalides, ouverte depuis 9 heures du matin jusqu'à 3 heures, seulement pour les militaires invalides.

Les savans français et étrangers sont admis tous les jours pendant les vacances à consulter les *bibliothèques* publiques. Ils peuvent encore consulter tous les jours les *bibliothèques* suivantes, qui ne sont pas publiques :

Celles du Conseil d'Etat, *au Louvre*; — de la Cour de Cassation et celle de MM. les avocats, au palais de Justice; — de la chambre des Pairs; — de la chambre des Députés; — de l'Ecole des Mines; — de l'hôtel des Monnaies; — de l'Ecole royale de Musique; — de l'Ecole Normale; — de l'Université; — de l'Ecole Polytechnique; — des Ponts et Chaussées; — de l'Ecole de Pharmacie; — du Conservatoire des Arts et Métiers. (*Voir les adresses plus loin.*)

Conservatoire des Arts et Métiers, rue Saint-Martin, n° 208. Il est ouvert au public les dimanches et les lundis depuis 10 heures du matin jusqu'à 4, et aux étrangers munis de leurs passeports les mardis et vendredis. Il y a des cours publics et gratuits : deux pour la mécanique et la chimie appliquée aux arts, et un troisième d'économie industrielle.

Musée royal et galerie des Tableaux, au Louvre, ouvert au public les dimanches, mardis, mercredis, jeudis et vendredis, depuis 10 jusqu'à 4 heures. L'exposition des tableaux et statues des artistes vivans a lieu tous les deux ans.

Musée royal d'Histoire naturelle, au Jardin du Roi, les mardis et vendredis.

Musée royal des Tableaux, au Luxembourg, les samedis et dimanches. Tous les jours pour les étrangers qui ont leurs passeports.

Musée de l'Ecole royale des Mines, hôtel des Monnaies, quai de Conty, ouvert tous les jours depuis 10 jusqu'à 2 heures.

Musée royal d'Artillerie, rue de l'Université.

Cabinet royal des Médailles, rue Guénégaud, n° 9, ouvert tous les jours depuis 10 jusqu'à 2 heures.

Cabinet Minéralogique, hôtel des Monnaies, ouvert tous les jours depuis 10 jusqu'à 2 heures.

Cabinet royal des Médailles particulières du Roi, place Vendôme, n° 9.

Manufacture royale des Tapisseries des Gobelins, rue Mouffetard, tous les samedis depuis 2 heures jusqu'à la fin du jour.

Manufacture royale des Tapis, façon de Perse, quai de Billy, n° 50, tous les jours depuis 10 jusqu'à 1 heure.

Manufacture royale des Glaces, rue de Reuilly, n° 24.
Imprimerie Royale, Vieille rue du Temple.
Archives du royaume, hôtel Soubise, rue du Chaume.
Archives judiciaires, au palais de Justice.
Archives pour la ville de Paris, au palais de Justice, ou à l'Hôtel de Ville.

SCIENCES.

Institut royal de France, quai Conty, divisé en quatre académies :
1°. L'académie Française, séance le jeudi de chaque semaine, depuis 3 heures jusqu'à 5. La séance publique a lieu le 25 août, le jour de la Saint-Louis.
2°. L'académie des Inscriptions et Belles-Lettres. Sa séance publique dans le mois de juillet.
3°. L'académie des Sciences. Séance publique dans le mois de mars.
4°. L'académie des Beaux-Arts. Séance publique dans le mois d'octobre.

L'académie française et l'académie des Inscriptions et Belles-Lettres ont chacune un prix de 1500 francs ; l'académie des Sciences un prix de 3000 francs ; et l'académie des Beaux-Arts a des grands prix de sculpture, de peinture, d'architecture, de gravure et de composition musicale ; ceux qui remportent des grands prix sont envoyés à Rome pendant quatre ans aux frais de l'état.

Société royale et centrale d'Agriculture, séante à l'Hôtel-de-Ville.

Société royale de Médecine de Paris, à l'Hôtel-de-Ville.

Académie de Médecine et de Chirurgie, à la Sorbonne, rue de la Harpe.

Société d'encouragement pour l'Industrie nationale, rue du Bac, n° 28.

Société pour l'extinction de la petite vérole en France par la vaccine, tous les vendredis, de 3 à 5 heures, rue du Battoir-Saint-André-des-Arts.

Société des Bonnes Lettres, rue de Grammont, n° 27. Séances publiques les lundis, mercredis et vendredis.

Société académique des Sciences et des Arts, séante à l'Oratoire.

Athénée des Arts, séant à l'Oratoire.

Athénée de Paris, rue de Valois, près le Palais-Royal. Il y a des salons de lecture.

Université Royale, et écoles spéciales de Littérature, Sciences et Arts. Les bureaux sont ouverts tous les jeudis de 2 à 4 heures, rue de Bourbon, n° 34. Il y a dans l'université cinq ordres de facultés; savoir :

Faculté de Théologie, rue Saint-Jacques, n° 115.

Faculté de Droit, place Sainte-Geneviève.

Faculté de Médecine, Anatomie, etc., à l'Ecole de Médecine, où l'on peut voir tous les jours d'immenses salles contenant tout ce qui a rapport à l'anatomie, etc.

Faculté des Sciences, rue Saint-Jacques, n° 115.
Faculté des Lettres, rue *id*. *id*.
Ecole Normale, rue des Postes, n° 26.
Ecole de Pharmacie, rue de l'Arbalète.

COLLÉGES ROYAUX.

Collége de Louis-le-Grand, rue Saint-Jacques.
— *de Henri IV*, place Sainte-Geneviève.
— *de Bourbon*, chaussée d'Antin.
— *de Charlemagne*, rue Saint-Antoine.
Collége royal de France, place Cambray, indépendant de l'Université. Il y a plus de cinquante cours chaque semaine, par vingt-trois professeurs, les premiers savans de France.
Bureau des Longitudes, à l'Observatoire, pour la perfection de la navigation, et l'Observatoire de Paris.
Ecole royale et spéciale pour les langues vivantes, pour la politique et le commerce, près la bibliothèque du roi, rue de Richelieu. Le *persan* et le *malay*, les mercredis, jeudis et samedis à 3 heures; *arabe vulgaire* et *littéral*, les mardis, jeudis et samedis à 10 heures et demie du matin; *turc*, mêmes jours à midi et demi; *arménien*, à 6 heures du soir.
Cours d'Archéologie, à la bibliothèque du roi, les lundis, mercredis et samedis à 2 heures.

Ecole royale et spéciale des Beaux arts, rue des Petits-Augustins.

Section de peinture et sculpture; anatomie et perspective.

Section d'architecture, mathématiques, stéréotomie et construction, perspective, etc.

Ecole royale gratuite de Dessin, rue de l'Ecole de Médecine, n° 5, en faveur des ouvriers qui se destinent aux professions mécaniques; on leur enseigne, savoir: les lundis et jeudis, la géométrie-pratique, l'arithmétique, le toisé, la coupe des pierres et l'architecture civile; les mardis et vendredis, les proportions de la figure humaine et le dessin des animaux; les mercredis et samedis, l'ornement et les fleurs.

Ecole royale spéciale gratuite de Dessin pour les jeunes demoiselles, rue de Touraine, n° 7, faubourg Saint-Germain, les lundis, mercredis et vendredis.

Ecole royale Polytechnique, place de la Montagne Sainte-Geneviève.

Ecole royale de Musique et de Déclamation, rue Bergère, n° 2.

Cours d'Iconographie naturelle, au Jardin du Roi, les mardis, jeudis et samedis depuis 2 heures jusqu'à 4.

Ecole royale d'Equitation, rue Saint-Honoré, n° 339.

Ecole d'Equitation de MM. Franconi, rue du Faubourg du Temple.

Ecole royale de gravure en pierres fines, à Saint-Germain.

Ecole royale des Mines, rue d'Enfer, n° 54.

Ecole royale de Mosaïque, rue de l'Ecole de Médecine, tous les samedis de midi à quatre heures. Il y a une exposition publique de ses ouvrages.

Ecole royale d'Economie rurale d'Alfort, près Charenton, à une lieue de Paris.

Ecole royale des ingénieurs de la guerre, au Dépôt de la guerre, rue de l'Université.

Ecole royale des Ponts et Chaussées, rue Culture-Sainte-Catherine, n° 27.

Ecoles Royales Militaires, à Saint-Cyr, près Versailles, à La Flèche et à Saumur.

Dépôt des Monumens d'art, rue des Petits-Augustins, à l'Ecole des Arts.

ÉTABLISSEMENS DE BIENFAISANCE POUR L'HUMANITÉ.

Hôtel royal des Invalides. (Voir page 348, tome 1er.)

Institution royale des Sourds-Muets, rue Saint-Jacques.

Institution royale des Jeunes-Aveugles travailleurs, rue Saint-Victor, n° 68. Les exercices publics que font ces jeunes aveugles ont lieu le 26 de chaque mois.

Hôtel royal pour quatre cent vingt aveugles, dits les *Quinze-Vingts*, rue de Charenton.

Maison de Santé à Charenton pour quatre cents malades atteints de la folie.

Etablissement en faveur des blessés indigens, rue du Petit-Musc, n° 9.

Maison royale pour trois cents orphelines de la Légion-d'Honneur, rue Barbette, n° 2.

Infirmerie de Marie-Thérèse, rue d'Enfer, fondée par madame la duchesse d'Angoulême.

Société Maternelle, sous la protection de madame la duchesse d'Angoulême.

Quarante-huit comités de Bienfaisance.

Hospice central de Vaccination gratuite, rue du Battoir-Saint-André-des-Arts.

Vingt-quatre hospices et hôpitaux.

(Voir la table des deux volumes.)

ÉTABLISSEMENS AUTORISÉS PAR LE GOUVERNEMENT.

Compagnie d'assurance maritime, rue de Richelieu, n° 104.

Compagnie française du Phénix contre les Incendies, rue Taitbout, n° 14.

Compagnie d'assurance mutuelle contre les Incendies, rue du Marché-Saint-Honoré, n° 4.

Compagnie d'assurance commerciale, rue Saint-Marc, n° 24.

Compagnie d'assurance contre les Incendies, rue de Seine, n° 12, faubourg Saint-Germain.

Compagnie d'assurance mutuelle sur la vie des Hommes, rue Tiquetone, n° 14.

Assurance contre le sort du Recrutement, boulevart Montmartre, n° 19.

Caisse de survivance et d'accroissement, rue du faubourg Poissonnière, n° 8.

Caisse hypothécaire, rue de la Paix, n° 14.

Administration des Tontines, rue de Grammont, n° 20.

Tontine perpétuelle d'amortissement, rue de Richelieu, n° 89.

Conversion d'Inscriptions, cinq pour cent consolidés, etc., rue du faubourg Poissonnière, n°s 5 et 19.

Agence générale pour placement temporaire et viager, etc., rue des Fossés-Montmartre, n° 14.

Bazar français, rue Cadet, n° 12, pour l'exposition d'objets de sciences, d'arts et d'industrie en tout genre, etc.

Entreprise des convois funèbres, rue du Pas-de-la-Mule, n° 1.

TABLEAU Physique et Moral de la ville de Paris.

CIRCONFÉRENCE DE PARIS,
Environ 7 lieues.

Nombre de barrières,	57
— boulevarts,	22
— rues,	1180
— culs-de-sacs,	129
— passages,	157
— carrefours,	58
— places,	70
— quais,	34
— îles,	5
— ponts,	26
— palais,	11
— maisons,	26,800
Hôtels de particuliers,	500
Boutiques de marchands,	25,496
Fontaines,	80
Marchés	15
Halles au blé, aux vins, eaux-de-vie, aux veaux, aux cuirs et aux draps,	6
Grenier de réserve,	1
Abattoirs ou tueries,	5
Hospices et hôpitaux,	22
Établissemens pour les indigens.	16

GOUVERNEMENT.
Le Roi,

Un conseil de S. M.	
Un conseil du cabinet.	
Un conseil d'état.	
58 avocats aux conseils.	
PAIRS. Nombre des membres.	208
DÉPUTÉS. Nombre des membres.	418
Gouvernement militaire de la première division et de Paris.	
MINISTÈRES. Un chancelier.	
Un garde-des-sceaux.	
Ministre de la Justice,	
— des Affaires étrangères,	
— de l'Intérieur,	
— de la Maison du Roi,	
— de la Guerre,	
— de la Marine,	
— des Finances.	
Garde nationale, 50,000 hommes.	
Garde royale, 50,000 hommes.	
Gardes du corps du Roi,	2000

Un trésor royal, une caisse d'amortissement. Administration des Monnaies, des Salines, du Timbre, des Douanes, des Contributions indirectes, des Bois et Forêts, de la Loterie et du Mont-de-Piété.

ORDRE JUDICIAIRE.

Cour de Cassation et Cour des Comptes.	
Cour royale, pour Paris.	
Tribunal de première instance.	
12 Juges de Paix.	
12 Mairies.	
Un tribunal de Commerce, qui rend annuellement 48 à 50 mille jugemens.	
10 Gardes du Commerce.	
Chambre et conseil de Commerce, Bourse.	
60 Agens de change.	
60 Courtiers de Commerce.	
8 idem Assurances maritimes.	
120 Notaires. 80 Commissaires-priseurs.	

PRÉFECTURE CIVILE.
Un Conseil-général.
Un idem pour les hôpitaux.

PRÉFECTURE DE POLICE.

48 Commissaires de police.	
24 Officiers de paix.	
Un tribunal de police, qui rend par mois 400 à 500 jugemens.	
Un corps de pompiers.	
1800 Gendarmes à pied.	
600 Gendarmes à cheval.	
Une chambre d'arrêt.	
Églises paroissiales, 36. Séminaires.	5
Maisons de Filles religieuses.	18
Temples de Protestans.	2
— de Luthériens.	3
Synagogues de Juifs.	3
Bibliothèques publiques.	10
Archives du royaume.	1
Académies et Sociétés savantes.	22
Manufactures royales.	4
Hôtels garnis.	1240
Maisons de logeurs.	1280
Carrosses bourgeois.	3945
Cabriolets bourgeois.	4677
Fiacres.	1000
Cabriolets de place.	1950
— idem des environs de Paris.	870

Nombre de réverbères pour éclairer Paris, 4777, qui forment 10,726 becs : l'allumage se fait en moins de quarante minutes dans tout Paris.

Consommation annuelle d'après un tableau dressé en 1791, par M. Lavoisier, fermier-général.

- 206 millions de livres de pain.
- 250,000 muids de vin ordinaire.
- 1,000 muids de vins de liqueur.
- 8,000 muids d'eau-de-vie.
- 2,000 muids de cidre.
- 20,000 muids de bière.
- 4,000 muids de vinaigre.
- 75,000 bœufs, du poids de 700 livres.
- 15,000 vaches, du poids de 360 livres.
- 103,000 veaux, du poids de 72 livres.
- 350,000 moutons, du poids de 50 livres.
- 35,000 cochons, du poids de 200 livres.
- 10 millions de livres de poisson de mer, frais, sec et salé.
- 100,000 carpes, 50,000 brochets, 57,000 anguilles.
- 714,000 cordes de bois à brûler.
- 696,000 voies de charbon de bois.
- 60 millions de livres de beurre frais.
- 6 millions de bottes de foin.
- 10 millions de bottes de paille.
- 60 millions d'aunes de toile.

La valeur de tous ces objets, jointe à celle d'un grand nombre d'articles moins essentiels, s'élève suivant le célèbre *Lavoisier*, à une somme de 260 millions, à laquelle il ajoute une rente de 60 millions pour la location des maisons, de manière qu'il estime à 600 fr. par tête, de tout âge, de toute condition et de tout sexe la dépense moyenne des habitans de Paris; cette somme, depuis 1791, d'après le surenchérissement des marchandises, des denrées, des loyers et des impôts, a considérablement augmenté.

Le mouvement annuel des voyageurs à Paris est de plus de trois cent mille.

TABLEAU

De la population de la ville de Paris, recensée nominativement par sexes, âges, et état de mariage.

AGES.	Nombre de garçons.	Nombre de filles.	Hommes mariés.	Femmes mariées.	Hommes veufs.	Femmes veuves.	RÉCAPITULATION.
de 0 à 5 ans.	22,656	22,909	»	»	»	»	Garçons . . . . . . 162,843 ⎫
de 5 à 10	20,826	22,544	»	»	»	»	Hommes mariés . . 128,615 ⎬ 305,273
de 10 à 15	22,995	24,308	»	65	»	»	Hommes veufs . , . 13,815 ⎭
de 15 à 20	32,229	32,884	380	2,796	12	44	Filles . . . . 175,210 ⎫
de 20 à 25	21,740	24,274	4,784	12,099	58	362	Femmes mariées . . 129,596 ⎬ 351,925
de 25 à 30	14,287	15,783	12,539	18,949	223	1,225	Femmes veuves . . . 47,119 ⎭
de 30 à 40	13,506	15,419	33,456	36,988	1,041	5,743	Excédant de la population du sexe féminin au sexe masculin. 46,652
de 40 à 50	6,298	7,426	30,094	30,242	2,180	9,754	Mariages en l'an 1819 6,240
de 50 à 60	4,375	4,681	27,791	18,321	3,686	11,476	Naissances { garçons 12,403 / filles 11,939 } 24,342
de 60 à 70	2,788	3,228	16,254	8,413	4,001	11,446	Dont enfans naturels . . 7,288
de 70 à 80	986	1,343	3,890	1,619	2,141	5,768	Décès 22,670
de 80 à 90	169	296	420	102	449	1,226	Le nombre des naissances excède celui des décès de 1,672
de 90 à 100	8	14	10	2	24	75	Mariages en l'an 1820 5,877
de 100 et au-dessus.	»	1	1	»	»	»	Naissances { garçons 12,225 / filles 12,633 } 24,858
							Dont enfans naturels. 8,870
							Décès 24,211
TOTAUX . . .	162,843	175,210	128,619	129,596	13,815	47,119	Le nombre des naissances excède celui des décès de 647

Par le recensement collectif, la population de Paris a été reconnue être de 713,966
Mais il n'a pu être recensé nominativement qu'une population de 657,202

DESCRIPTION
GÉOGRAPHIQUE
DE PARIS.

SITUATION DE PARIS.

La ville de Paris, située sur la Seine qui la traverse, a été la capitale du royaume de France depuis seize siècles jusqu'au 22 septembre 1792, qu'on l'a proclamée la *capitale de la République*, et sous Buonaparte celle de l'*Empire français*; à l'arrivée de Louis XVIII en France, 3 mai 1814, cette ville a repris son ancienne dénomination de capitale du royaume. Cette superbe ville, l'une des plus considérables du monde, a toujours fixé l'attention des étrangers par sa nombreuse population, par ses beaux monumens, par son influence sur les arts et les sciences, par les différentes révolutions dont elle a été le théâtre principal depuis trente ans.

Paris, dans son origine, n'était qu'une simple bourgade composée de quelques maisons éparses et renfermées dans l'île de la Seine, qui depuis a pris le nom d'*Ile du Palais* ou celui de *Cité*. Ammien Marcellin, qui écrivait vers l'an 375 de Jésus-Christ, ne donnait pas à Paris le nom de ville, il l'appelait le *Château* ou la *Forteresse des Parisiens*. Elle occupe aujourd'hui un vaste espace.

ORIGINE DE SON TERRITOIRE.

Le territoire de cette ville ne consistait dans l'origine qu'en un petit marais.

Son étendue et sa première clôture sous JULES-CÉSAR, cinquante-six ans avant Jésus-Christ, ne renfermaient que . . . . 44 arp.

Deuxième clôture, en 338, sous JULIEN 113

Troisième clôture, en 1190, sous PHILIPPE-AUGUSTE. 739

Quatrième clôture, en 1367, sous CHARLES V et sous CHARLES VI. 1,284

Cinquième clôture, en 1553, sous FRANÇOIS PREMIER et HENRI II. 1,414

Sixième clôture, en 1634, sous HENRI IV. 1,660

Septième clôture, en 1671, sous LOUIS XIV. 3,228

Huitième clôture, en 1715 et 1717, sous LOUIS XIV et LOUIS XV. 3,910

Neuvième clôture, en 1785 et 1788, sous LOUIS XVI. 9,910

D'après le nouveau plan projeté, Paris aurait. 10,719

ORIGINE DES PARISIENS.

Accroissement successif de leur territoire.

Les Parisiens étaient un de ces soixante-quatre peuples qui composaient la république des Gaules, et qui ne formaient qu'une nation, quoique indépendans les uns des autres : chacun de ces peuples avait ses lois particulières, ses chefs, ses magistrats. Le peuple nommait tous les ans des députés pour composer les assemblées générales, qui se tenaient dans le principal collège des Druides, au milieu d'une forêt du pays chartrain. On avait confié pendant long-temps les affaires civiles et politiques à un sénat de femmes choisies par les différens cantons : elles délibéraient de la paix ou de la guerre, et jugeaient les différends qui survenaient entre les Vergobrets (*souverains magistrats*), ou de ville à ville. Selon Plutarque, l'un des articles du traité d'Annibal avec les Gaulois portait :

Si quelque Gaulois a sujet de se plaindre d'un Carthaginois, il se pourvoira devant le sénat de Carthage établi en Espagne. Si quelque Carthaginois se trouve lésé par un Gaulois, l'affaire sera jugée par le conseil suprême des femmes gauloises.

Les Druides, que ce tribunal mécontenta par plusieurs de ses arrêts, usèrent de tout le crédit que la religion leur donnait sur les esprits pour le faire abolir, et ils s'emparèrent de l'autorité.

Les Gaulois, sous le gouvernement des femmes, prirent Rome, et firent trembler l'Italie. Sous le gouvernement des prêtres, ils furent toujours subjugués par les Romains.

Les Parisiens combattirent pour leur liberté avec un courage qui était l'effet du désespoir. Craignant d'être forcés dans leur île par Labiénus, ils en sortirent après y avoir mis le feu, principalement aux maisons qui étaient près de la rivière; ils rompirent les ponts et allèrent au-devant de l'ennemi; mais il les trompa par une fausse marche. La bataille se donna au-dessous de Meudon : elle fut des plus sanglantes; les Parisiens la perdirent, et Camulogène, qu'ils avaient choisi pour les commander, y fut tué.

Depuis César jusqu'à Julien il n'est presque pas fait mention de Lutèce. L'histoire dit que Julien, cherchant un asile dans les Gaules, choisit Paris pour y fixer sa demeure, et qu'il y fut proclamé *Auguste* en 300. Il est probable que ce fut du temps de ce prince qu'on bâtit le palais des Thermes ou des Bains, dont on voit encore quelques vestiges à la Croix-de-Fer, rue de la Harpe, dont nous parlerons plus loin (*voir la rue de la Harpe*) L'empereur Julien se rappelait avec plaisir le séjour qu'il avait fait dans *sa chère Lutèce*. Il parle du climat, du territoire, des vignes et de la manière dont ses habitans élevaient des figuiers. Valentinien Ier et Gratien y firent aussi quelque séjour. Clovis, après avoir tué Alaric, roi des Visigoths, y fit sa résidence en 508. Son palais était à la Montagne, aux environs du lieu où l'on bâtit depuis le collége de Sorbonne. En 510 Clovis déclara cette ville la capitale de ses conquêtes.

Paris n'était pas plus étendu vers la fin de la

seconde race que du temps de César. Il était toujours enfermé entre les deux bras de la rivière. La cathédrale au levant, le grand et le petit Châtelet au nord et au midi, et le palais du roi ou des comptes au couchant, formaient les quatre extrémités de son enceinte.

César dit : « Lutèce, située dans une île de la Seine, est la ville des Parisiens ». — *Je passai l'hiver*, dit Julien qui régnait quatre cents ans après ce conquérant des Gaules, *dans ma chère Lutèce; elle occupe une petite île dans la Seine; on y entre par deux ponts..... Paris*, dit Abbon, qui écrivait neuf cents ans après César, *tient à la terre ferme par deux ponts....; à la tête de chacun de ces ponts il y a un château au dehors de la ville* (c'était le grand et le petit Châtelet). Corrozet prétend que César les fit bâtir. Malingue et le commissaire Delamarre disent que Lutèce fut appelée *la ville de César*, parce que ce conquérant la fit entourer de murailles et qu'il l'embellit de nouveaux édifices.

On lit dans les *Commentaires* que César transféra l'assemblée générale de la Gaule dans la ville de Lutèce des Parisiens, *Lutetia Parisiorum*. César l'a nommée *Oppidum*; ce qui prouve qu'elle était déjà la capitale d'un peuple avant que ce grand capitaine en eût fait la conquête, et qu'elle jouissait déjà d'une certaine considération. Abbon et Ptolomée nommaient cette ville *Loucotoua* et *Loucotetia*, ce qui a donné lieu à diverses étymologies également fausses et fabuleuses.

On prétend que les mots *Lutèze* et *Paris* ne sont originairement ni grecs ni latins; ils sont gaulois ou celtiques; mais on n'en peut fixer la véritable signification. Il en est qui pensent que dans la langue celtique *luth* signifiait *rivière*; *thoueze*, milieu, et y, une habitation; qu'ainsi le mot de *Lutèze* venait de *luthouezy*, habitation au milieu de la rivière, parce qu'en effet cette ville était bâtie dans une île au milieu de la Seine. D'autres étymologistes ont prétendu que *Lut*, en langue celtique, signifiait *corbeau*, et *etia*, île, c'est-à-dire l'*île aux corbeaux*, parce qu'elle en était ordinairement couverte avant d'être habitée.

Le commerce que les Parisiens faisaient par eau était très-florissant; leur ville semble avoir eu, de temps immémorial, un navire pour symbole; *Isis* y présidait à la navigation : on l'adorait même chez les Suèves sous la figure d'un vaisseau. De là plusieurs étymologistes prétendirent que *Parisiis* venait de deux mots grecs qui signifient *proche d'Isis*. Ce temple d'Isis, si fameux, dit Sauval, qui donna le nom à tout ce pays, était desservi par un collége de prêtres qui demeuraient, comme on a lieu de le croire, à Issy, dans un château dont on voyait encore les ruines au commencement du dix-septième siècle. L'église de Saint-Vincent, depuis Saint-Germain-des-Prés, a été bâtie sur les ruines du temple dédié à cette déesse. Cette église n'existe plus.

ACCROISSEMENT DE SON TERRITOIRE.

Ce ne fut que sous le règne de Louis-le-Jeune, au douzième siècle, que l'on commença à bâtir dans Champeau (quartier des Halles) et aux environs de Sainte-Opportune, appelée auparavant l'*Hermitage de Notre-Dame-des-Bois*, parce qu'il formait l'entrée de la forêt.

Entre le boulevard et la rivière au nord, depuis le terrain où était l'Arsenal jusqu'au bout des Tuileries, qu'on se représente le reste d'un bois marécageux, des petits champs, des haies, des fossés, quatre ou cinq misérables bourgs éloignés les uns des autres; quelques rues boueuses autour du grand Châtelet et de la Grève, un grand pont (le Pont au Change), pour arriver dans une petite île (la Cité) qui n'était habitée que par des ecclésiastiques, quelques marchands et des ouvriers; un autre pont (le Petit-Pont) pour en sortir du côté du midi, et, au-delà de ce pont et du petit Châtelet, deux ou trois cents maisons éparses sur le bord de la rivière et dans les vignes qui couvraient les environs de la montagne Sainte-Geneviève : telle était la ville de Paris sous les premiers rois de la troisième race. Douze hommes suffisaient pour la perception des impôts; il n'y avait que deux portes; et, sous Louis-le-Gros, les droits de la porte du nord ne rapportaient que 12 francs par an, qui font 408 livres d'aujourd'hui.

Les arts les plus nécessaires y étaient inconnus; les édifices publics n'avaient rien que de fort simple et les bâtimens particuliers annonçaient la pauvreté; ainsi rien ne pouvait engager l'étranger à y venir.

Philippe-Auguste aimait les lettres; il accueillit et protégea les savans; on accourut à Paris des provinces et des pays étrangers.

On commença sous son règne, en 1134, à paver les rues de Paris. Un particulier nommé Gérard, de Poissy, voulut que son nom passât à la postérité en contribuant à cette dépense; il donna onze mille marcs d'argent : le marc valait alors trois cents deniers.

Sous saint Louis, petit-fils de Philippe Auguste, un tiers du terrain qui fut renfermé dans l'enceinte commencée en 1190, et achevée en 1211, sous le règne de Philippe, était encore vague, ou en marais. Au nord, la rivière passait près du Louvre, alors moins étendu qu'aujourd'hui, laissant cet édifice en dehors, ce terrain traversait les rues Saint-Honoré et des Deux-Ecus, l'emplacement de l'hôtel de Soissons, les rues Coquillière, Montmartre, Montorgueil, Française, Saint-Denis, Saint-Martin, continuait le long de la rue Grenier Saint-Lazare, traversait la rue Beaubourg, la rue Sainte-Avoye, à l'endroit où est l'hôtel de Mesme, et passant sur le terrain où étaient les Blancs-Manteaux, et ensuite entre les rues des Francs Bourgeois et des Rosiers, allait aboutir au bord de la rivière, à travers les bâtimens de la maison professe des Jésuites et le couvent de l'*Ave Maria*. Paris avait huit portes principales : la première près du Louvre, au nord de la rivière; la seconde, à l'endroit où se trouve l'église de l'Oratoire; la troisième, vis-à-vis Saint-Eustache, entre la rue J.-J. Rousseau et la rue du Jour; la quatrième, rue Saint-Denis, appelée la Porte aux Peintres, à l'endroit où est un cul-de-sac, qui en a conservé le nom; la cinquième, rue Saint-Martin, au coin de la rue Grenier-Saint-Lazare; la sixième, appelée la Porte Barbette, entre la rue des Francs-Bourgeois et le couvent des Blancs-Manteaux; la septième, près la maison professe des Jésuites; la huitième, au bord de la rivière, entre le port Saint-Paul et le Pont-Marie.

Du côté de la rivière, au midi, l'autre moitié de cette enceinte qui commençait à la porte Saint-Bernard, est à peu près tracée par les rues des Fossés-Saint-Bernard, des Fossés Saint-Victor, des Fossés-Saint-Michel, ou rue Sainte-Hyacinthe, des Fossés-Monsieur-le Prince, des Fossés-Saint-Germain, ci-devant rue de la Comédie Française, et des Fossés-de-Nesle, à présent rue Mazarine.

Il y avait sept portes dans ce circuit : la porte Saint-Bernard ou de la Tournelle, les portes Saint-Victor, Saint-Marcel, Saint-Jacques, la porte Gilard, d'Enfer ou de Saint-Michel, au bout de la rue de la Harpe, à l'endroit où est la fontaine; la porte de Bussy, au bout de la rue Saint-André des-Arcs, vis-à-vis la rue Contrescarpe; et la porte de Nesle, où est le palais des Arts, ci-devant collége des Quatre-Nations. Dans la rue des Cordeliers, à l'endroit où est la fontaine, il y eut encore une porte appelée la porte Saint Germain, et lorsque la rue Dauphine fut bâtie, on fit une porte vis-à-vis l'autre bout de la rue Contrescarpe, qu'on appela porte Dauphine. Pendant la révolution cette rue a porté le nom de Thionville (Voir son article).

PREMIÈRES LIMITES DE PARIS, SOUS CHARLES V ET CHARLES VI.

Ce fut sous Charles V, en 1367, que Paris eut des limites, qui furent achevées sous Charles VI, en 1383.

Charles V ne changea rien du côté du midi à l'enceinte formée par Philippe-Auguste; seulement il fit creuser des fossés autour des murailles, qui étaient flanquées de distance en distance : elles ne furent abattues qu'en 1646. Nous avons dit que du côté du nord les murailles aboutissaient entre le port Saint-Paul et le Pont-Marie, vis-à-vis la rue de l'Etoile, ce prince les fit reculer jusqu'au terrain de l'Arsenal; et les portes Saint-Martin et Saint-Denis furent placées où nous les voyons, ainsi que la porte Saint-Antoine, qui n'existe plus. Depuis la porte Saint-Denis, ces murs continuaient le long de la rue Bourbon-Villeneuve, traversaient les rues du Petit-Carreau et Montmartre, la place des Victoires, l'hôtel de Toulouse, le jardin du Palais-Royal, la rue Saint-Honoré, près des ci-devant Quinze-Vingts, et allaient finir au bord de la rivière, au bout de la rue Saint-Nicaise. Aux quatre extrémités de cette enceinte, comme à celle de Philippe-Auguste, il y avait quatre grosses tours : la tour du *Bois*, près le Louvre; la tour de *Nesle*, où est le Palais des Arts, ci-devant le collége des Quatre-Nations; la tour de la *Tournelle*, près l'ancienne porte Saint-Bernard; et la tour de *Billy*, près des ci-devant Célestins. Elles défendaient des deux côtés de la rivière l'entrée et la sortie de Paris, par de grosses chaînes attachées d'une tour à l'autre, et qui traversaient la Seine, portées sur des bateaux placés de distance en distance. L'approche de l'île Saint-Louis était défendue par un fort; on ne commença qu'en 1614 à y bâtir des maisons et à la joindre à une île appelée la *petite île aux Vaches*, dont elle avait été jusqu'alors séparée par un canal de la rivière, à l'endroit où est aujourd'hui l'église St.-Louis. Les ponts Marie et de la Tournelle ne furent achevés qu'en 1635.

Les rues des Petits-Champs et des Bons-Enfans aboutissaient encore en 1630 aux murailles de la ville, qui passaient, comme nous l'avons dit, sur le terrain où est à présent la place des Victoires ; ce quartier était même si retiré, qu'on y volait en plein jour : on l'appelait le quartier *Vide-Gousset*; une rue a conservé ce nom. Les bâtimens du Palais-Royal, que le cardinal de Richelieu fit commencer en 1619, occasionnèrent une nouvelle enceinte. La porte Saint-Honoré fut reculée en 1631 jusqu'à l'endroit où nous l'avons vue; et depuis cette porte jusqu'à la porte Saint-Denis, les nouveaux remparts qu'on fit élever, et que Louis XIV fit abattre, formaient le circuit que nous trace le boulevard. Ce nouveau côté de la ville fut bientôt couvert des rues de Cléry, du Mail, Neuve-Saint-Augustin, Sainte-Anne, (nommée depuis Helvétius); des rues Neuve-Saint-Eustache et des Petits-Champs, et autres adjacentes; il y avait cependant encore des moulins sur la butte Saint-Roch, en 1670.

La reine Anne de Bretagne, magnifique en tout, voulant avoir une cour, les femmes, qui étaient jusqu'alors reléguées dans les châteaux, vinrent à Paris, et n'en voulurent plus sortir; les hommes les suivirent. Sous Charles IX et Henri III, l'argent devint un peu plus commun par les profanations des Calvinistes qui convertissaient en espèces les vases sacrés, les châsses et les statues des saints Les millions que la cour d'Espagne prodigua pour soutenir la ligue avaient aussi répandu l'aisance parmi un grand nombre de particuliers qui firent construire des maisons et ouvrir des rues. Henri IV, qui fit son entrée à Paris le 22 mars 1594, fut le premier roi qui embellit Paris de places régulières et décorées des ornemens de l'architecture.

Sous Louis XIV, Paris n'eut plus d'enceinte; ses portes furent changées en arcs de triomphe, et ses fossés, comblés et plantés d'arbres, devinrent des promenades.

On lit dans l'histoire de Paris que sous François Ier le total des loyers de toutes les maisons de cette ville ne montait qu'à la somme de trois cent douze mille livres.

Lors de l'établissement de la religion chrétienne, Paris eut son évêque qui devint comme le chef et le défenseur de la cité, concurremment avec le préfet des *nautes parisiens*, connu depuis, et jusqu'à l'époque de la révolution, sous le nom de *prévôt des marchands*. Ces défenseurs naturels de la ville s'opposèrent aux vexations des gouverneurs romains, et s'unirent à la république des Armoriques, qui avait ses représentans à Paris.

Le colosse de la puissance romaine, qui s'affaiblissait de toutes parts, s'étant enfin écroulé sous son propre poids, la ville de Paris eut beaucoup à souffrir de l'irruption des barbares : les défenseurs de la cité se soumirent au chef des Français, qui y établit le siége de la nouvelle monarchie. C'est de là que le pays particulier des Parisiens prit le nom de *France*, qui s'étendit peu à peu à toutes les autres parties des Gaules. Depuis ce temps Paris fut toujours la capitale des Français, malgré le partage du royaume entre les enfans des rois de la première race. La possession de cette ville fut reconnue si importante, qu'après la mort de Caribert, roi de Paris, les rois de Bourgogne, d'Austrasie et de Soissons, qui partagèrent sa succession, convinrent de posséder tous trois, par *indivis*, cette capitale de la France, et qu'aucun d'eux n'y entrerait sans le consentement des deux autres, dans la crainte qu'il ne s'en fît un titre pour être regardé comme seul roi des Français.

La ville de Paris conserva cette belle prérogative jusqu'à ce qu'elle devint, sous les faibles fils de Charlemagne, le patrimoine particulier d'un comte. Dans cet état, elle fut souvent ravagée par les Normands, qui en détruisirent tous les édifices extérieurs, et la resserrèrent dans une île de la Seine qu'ils ne purent jamais forcer, et où son évêque fit des prodiges de valeur. L'enceinte de Paris était restreinte à ce qu'on nomme encore aujourd'hui la *Cité*; ce qui a porté à croire que cette ville n'avait pas étendu autrefois ses limites au-delà de l'île du Palais : mais ce serait tomber en contradiction avec l'histoire et les monumens les plus authentiques que de partager un tel sentiment.

La puissance royale était anéantie par les usurpations des seigneurs qui forçaient les rois eux-mêmes à confirmer leurs usurpations. Cette conduite enhardit le comte, propriétaire de Paris, à porter ses vues jusque sur le trône. Cette ville, regardée comme le premier siège de la monarchie établie par Clovis, semblait lui fournir un titre pour colorer son ambition. Le comté de Paris étant uni alors au duché de France, les seigneurs, oubliant ce qu'ils devaient au sang de Charlemagne, choisirent pour suzerain celui qui réunissait ces deux qualités. Hugues Capet fixa pour toujours le sceptre dans sa maison, en réunissant le comté de Paris à la couronne. Il confia le gouvernement de cette ville à des prévôts royaux, et s'occupa, ainsi que ses successeurs, à l'agrandir et à l'embellir. Dès lors Paris ne cessa plus d'être le séjour des rois et de leur cour, le lieu des assemblées ordinaires de la nation, et le siége unique de la monarchie.

On aperçoit par cette courte exposition que l'histoire particulière de la ville de Paris a été sans cesse subordonnée à celle de la monarchie, et que Paris était devenu la capitale commune des Français, comme Rome était celle de tous les peuples soumis à sa domination.

En 845 et en 856 Paris souffrit beaucoup des courses des Normands ; en 886 et en 890 ils l'assiégèrent. Cette ville fut ravagée sous le règne de Louis d'Outremer ; et sous celui de Charles VII les Anglais s'en rendirent maîtres. Brûlée presque entièrement en 585, elle éprouva un nouvel incendie en 1034, et une grande inondation de la Seine en 1206.

AVANTAGES DE LA SITUATION DE PARIS.

L'heureuse situation de Paris en facilite les approvisionnemens. Il est placé au milieu de la ci-devant Ile-de-France, entre les ci-devant provinces les plus fertiles, savoir, la Normandie, la Picardie, et les Flandres. Cinq rivières navigables, la Seine, la Marne, l'Yonne, l'Aisne, l'Oise, et plusieurs autres qui communiquent à celles-ci par les canaux de Briare, d'Orléans et celui dit *de Picardie*, lui apportent les denrées des pays les plus riches en grains et en vins. Cette abondance, nécessaire à la vie, a fait affluer à Paris une grande quantité de peuple. La résidence des rois, le luxe, l'amour des plaisirs y avaient augmenté l'affluence, et chaque jour on en voyait reculer les limites. Cette capitale, le centre des sciences et des arts en tout genre, est située entièrement en plaine, à l'exception du quartier appelé ci-devant de l'Université et de la partie qui comprend les faubourgs Saint-Jacques, Saint-Marcel et Saint-Victor. La plaine est environnée, au couchant, au midi et au nord, de coteaux plus ou moins éloignés qui forment la plus belle perspective. La Seine, qui traverse cette ville de l'est au sud-est, la divise en deux parties à peu près égales, l'une méridionale et l'autre septentrionale. Indépendamment des îles que forme la rivière, dont une est inhabitée (l'île Louviers), et deux sont couvertes de maisons, l'île Notre-Dame, que l'on nomme la Cité, et l'île Saint-Louis, occupent le centre. C'est de cette position que se tirait la division la plus générale de Paris, en trois parties, l'une au midi, qui avait pris le nom d'*Université*; l'autre au nord, qui avait pris le nom de *Ville*; et les îles au centre, qui formaient la *Cité*. Ces trois parties la subdivisaient en vingt quartiers pour la desserte et la facilité de la police, dont nous parlerons.

L'Observatoire, situé à l'extrémité la plus méridionale de Paris, près la ci devant porte Saint-Jacques, est à 20 degrés de longitude, le premier méridien pris de l'île de Fer, et à 48 deg. 50 min. 10 sec. de latitude.

CLIMAT.

On n'est pas exposé à Paris aux froids rigoureux qui se font sentir dans les contrées de la France plus élevées en latitude et voisines de hautes chaînes de montagnes; la neige et la grêle n'y sont pas très-abondantes, et on n'y éprouve pas des chaleurs excessives. Les vents n'y sont pas aussi violens que ceux que l'on éprouve dans le voisinage de la mer; mais l'élévation des maisons, l'humidité habituelle des rues, le défaut de circulation dans certains quartiers, rendent l'air stagnant et épais.

CIRCONFÉRENCE.

La circonférence de Paris, à la mesurer seulement en longeant l'ancien et le nouveau boulevard qui forment l'enceinte, est de 13,720 mètres (7048 toises), y compris 194 mètres (100 toises) pour la largeur de la Seine vis-à-vis l'Arsenal, et autant pour celle prise auprès du Cours-la-Reine. Dans cette enceinte ne sont pas compris les faubourgs Saint-Antoine, du Temple, Saint-Laurent, Saint-Martin, Saint-Denis, Saint-Lazare, Montmartre, Poissonnière, Saint-Honoré et du Roule. Ces dix faubourgs compris dans l'enceinte de Paris, sa circonférence est de plus de 17,516 mètres (9,000 toises), et cette circonférence étant réduite à une figure régulière et à peu près carrée, il en résulte une surface de plus de 8,084,0¡0 mètres (4,200,000 toises carrées). Ainsi, cette ville peut avoir, dans sa plus grande longueur, deux lieues de circonférence, et en y comprenant tous les faubourgs, huit lieues. Elle est entourée de boulevards qui forment une superbe promenade.

On entre à Paris par cinquante-six barrières ou bâtimens tous différens, d'après les dessins de l'architecte Ledoux. Nous avons donné les gravures des plus belles barrières : celle d'Enfer ou Mont-Rouge, celle de Neuilly, celle du Trône ou Vincennes, et celle de la Villette, Pantin ou Saint-Denis. (*Voyez* le plan de Paris).

PHYSIONOMIE DE CETTE VILLE.

Il faut, pour juger Paris physiquement, monter sur les tours de Notre-Dame. La ville est ronde. La fumée qui s'élève des cheminées innombrables des maisons dérobe à l'œil le sommet pointu des clochers; on voit comme un nuage qui se forme au-dessus de tant de bâtimens; et la transpiration de cette ville est pour ainsi dire sensible.

La rivière, qui la partage, la coupe presque régulièrement en deux portions égales; mais les édifices se portent depuis trente-six ans du côté du nord.

Son ciel en général est sujet à la plus grande inconstance, et beaucoup plus humide que froid. L'eau de la Seine est légèrement purgative; et l'on dit proverbialement *qu'elle sort de la cuisse d'un ange*. La fibre y est molle et détendue; l'épaisseur de l'atmosphère en relâche le ton, et les couleurs vives sont rares sur les visages.

CARRIÈRES SOUS PARIS.

Pour bâtir Paris dans son origine, il a fallu prendre la pierre dans les environs; la consommation en a été considérable. Paris s'agrandissant, on a bâti insensiblement les faubourgs sur les anciennes carrières; de sorte que tout ce qu'on voit en dehors manque essentiellement dans la terre aux fondemens de la ville.

Tout le faubourg Saint Jacques, la rue d'Enfer, le Luxembourg, et presque toutes les rues environnantes, et la rue de la Harpe, portent sur d'anciennes carrières, et l'on a bâti des pilastres pour soutenir le poids des maisons. Que de matières à réflexion en considérant cette grande ville.

MONUMENS DE PARIS

CONSTRUITS DEPUIS LE XIXe SIÈCLE.

En 1789 on comptait à Paris deux cent soixante-trois églises, savoir :.

Cinquante paroisses, dont dix églises avaient les droits curiaux; quatre-vingts églises ou chapelles non paroisses; cinquante-trois couvens ou communautés d'hommes; soixante-dix couvens ou communautés de filles.

Sous le règne de Louis XVI, Paris s'accrut du beau quartier de la chaussée d'Antin, et s'enrichit de plusieurs monumens; du théâtre Français, rue de l'Odéon; celui de l'Opéra-Comique, rue Feydeau; la salle de l'Opéra, ou Académie royale de musique; la salle des Français, rue de Richelieu; l'école de Médecine; le pont de Louis XVI. Les fermiers-généraux firent construire l'enceinte actuelle de Paris, ainsi que les bâtimens des barrières tels qu'on les voit aujourd'hui.

En 1786, le duc d'Orléans fit bâtir les galeries de pierre du Palais-Royal.

Sous le règne de l'assemblée constituante, la Bastille fut démolie; les couvens, communautés d'hommes et de filles, et une partie des églises et paroisses ont été supprimés ; leurs bâtimens, terrains, etc., déclarés biens nationaux.

Il n'a été construit sous le court règne de cette assemblée que la salle de ses séances, qui était dans le bâtiment du Manége royal, adossé à la terrasse des Tuileries, connue sous la dénomination de terrasse des Feuillans, aujourd'hui rue de Rivoli.

Sous l'assemblée législative aucune construction, seulement l'achèvement des culées du pont de Louis XVI.

Le règne de la convention nationale a été marqué par la disparition de tous les signes monarchiques, des statues des rois de France qui ornaient plusieurs places publiques, et auxquelles on a substitué des statues en plâtre de la *Liberté*, des monumens en planches, et des arbres de la *Liberté*, qui n'ont pas pu prendre racine; des montagnes à Marat, etc. Les palais furent transformés en ateliers, en établissemens de diverses administrations, en prisons ou en bastringues. Les plus beaux hôtels étaient devenus la propriété des nouveaux riches de la *sans-culotterie*, malgré les inscriptions *liberté, égalité ou la mort*, qu'on lisait sur tous les bâtimens, conformément au décret de la convention nationale.

La ville de Paris, sous le règne de la terreur, ressemblait à une forêt ; on voyait dans toutes les places et les rues des arbres de la Liberté, des bonnets de la Liberté et des hôtels convertis en Bastilles. Pendant dix-huit mois cette ville était un sépulcre. Toutes les églises furent fermées ou démolies ; une nouvelle religion fut établie sous le nom de *Théophilanthropie*. Les monumens qui décoraient les églises et les palais eussent été détruits sans le zèle de M. Lenoir, qui les a sauvés du vandalisme.

Il n'a été construit sous le règne de la convention nationale que sa salle dans le château des Tuileries, et celle du corps législatif au palais Bourbon : c'est sous ce règne qu'on a commencé les embellissemens du jardin des Tuileries.

Le directoire exécutif a commencé les embellissemens du palais et du jardin du Luxembourg. Chacun des directeurs s'était fait un jardin particulier dans ce palais qu'ils habitaient.

C'est alors que les Parisiens revinrent un peu à leur ancienne civilisation. Les fournitures des armées produisirent de nouveaux *princes* dans les entrepreneurs, dont plusieurs avaient des hôtels, des châteaux et des équipages de chasse.

Le directoire, qui avait besoin de corrompre les habitans pour les enchaîner plus facilement et leur faire oublier tous les malheurs qu'ils avaient éprouvés et le règne de la famine, fit multiplier les jeux, les bastringues et les salles de spectacle. On a vu des théâtres dans les boutiques, et même au quatrième étage des maisons dans les faubourgs Saint-Jacques, Saint-Antoine, Saint-Martin, Saint-Denis, etc. Le prix d'entrée de ces divers spectacles était depuis 10 s. jusqu'à 2 s. Nous avons vu chez un savetier, au fond d'une cour, faubourg Saint-Denis, une salle de spectacle éclairée par des bouts de chandelles plaqués contre le mur. Ce savetier jouait les premiers rôles de chefs-d'œuvre dramatiques.

Le même élan avait été donné dans toute la France, et même dans les villages et hameaux.

Les mœurs des Parisiens, sous Buonaparte, ont changé encore une fois de physionomie. Le premier consul parla de la nécessité de rétablir la morale, la religion et le luxe; en conséquence, les premiers fonctionnaires eurent des costumes chargés d'or comme des lingots. Devenu empereur, il fit remplacer tous les signes de la république, qu'il avait juré de maintenir, par des aigles et par des abeilles. Il voulut avoir la cour la plus fastueuse de l'Europe, mais la plus servile : alors les femmes de Paris suivirent sans effort leur impulsion pour le luxe.

Buonaparte, dont la vie fut constamment laborieuse, voulant courir à cheval à la postérité, et avoir en dix ans un règne d'un siècle, envoya de Vienne, de Berlin, de Moscou, de Madrid, de Varsovie, etc., des décrets pour construire divers monumens à Paris, même la petite fontaine de la place Saint-Sulpice, qui ressemble à une borne.

Les établissemens, sous son règne, étaient indiqués sur un plan présenté à Louis XIV. Louis XV y avait pensé, mais ce souverain ne voulait pas ruiner les peuples voisins pour embellir la capitale de son royaume.

Louis XVI avait aussi le projet d'embellir Paris, mais sans ruiner les habitans par des impôts onéreux.

L'architecture, sous le règne de Buonaparte, eut une apparence de faveur qui n'était que fictive; il n'ordonnait la construction d'édifices somptueux que par un sentiment de vanité, qui caractérise toutes ses opérations. Il estimait peu les talens des architectes, malgré qu'il les employât beaucoup, parce qu'il était convaincu que les monumens publics qu'il ferait ériger laisseraient à la postérité un souvenir plus louable que ses désastreuses batailles.

Mais au lieu de stimuler le zèle des architectes, il l'atténuait sans motifs, ainsi que ses ministres et les grands de la cour, par esprit d'imitation; cette haine provenait, dit-on, d'avoir été cité au tribunal de paix à son retour d'Egypte, à l'effet d'obtenir de lui le paiement d'honoraires qu'il refusait à un architecte de ce temps.

Le peu de cas que Buonaparte faisait des architectes est prouvé par l'oubli affecté de n'avoir point compris dans le nombre des prix décennaux les monumens publics, ainsi que de n'avoir accordé la décoration de la Légion d'honneur qu'à son architecte, quoiqu'il en eût délivré un grand nombre aux hommes de lettres, aux peintres, aux statuaires, aux musiciens, aux chefs des divisions des ministères, etc., etc., etc. Une preuve de cette animadversion, c'est d'avoir ordonné que la colonne de la place Vendôme (qu'il avait décrétée pour recevoir la statue de Charlemagne) fût une copie servile de la colonne Trajane, substituant sa statue à celle de Charlemagne; le petit arc de triomphe du Carrousel fut un calque de l'arc de triomphe de Septime-Sévère, au lieu d'encourager le génie des architectes français, en les invitant à concevoir des monumens nouveaux dignes du 19e siècle, plutôt que de faire exécuter à grands frais des copies toujours au-dessous de l'original.

Probablement Buonaparte prévoyait l'instabilité de son règne, alors il hâtait les constructions qui pouvaient l'illustrer; il préférait de l'éclat; il voulait surtout étonner la multitude, plutôt que d'obtenir l'éloge de la partie saine de la nation.

Un de ses derniers décrets relatif à l'organisation des théâtres et à l'établissement d'une école de déclamation au Conservatoire de musique est daté de Moscou, ainsi que la dorure du dôme des Invalides, qui présente une magnificence nullement en harmonie avec le reste de ce bel édifice, dont la destination commande les dépenses nécessaires aux besoins des braves qui sont appelés à y finir leurs jours, mais exclut toutes dépenses de luxe extérieur.

La Bourse, édifice destiné à rassembler des négocians et agens de change, dont le caractère doit être simple, est entouré d'un péristyle de colonnes corinthiennes, qui appartiennent essentiellement à la décoration des temples et des palais des souverains.

Les édifices commencés en vertu de ses décrets sont ceux ci-après :

Le temple de la Gloire sur l'emplacement de la Madeleine, dont il a fait démolir le péristyle et les colonnes des façades latérales, quoique l'opinion générale regardât cette disposition comme ce qu'il y avait de plus parfait en architecture à Paris.

Les cinq abattoirs, dont la dépense a été très-considérable; alors il eût été désirable qu'on en eût varié l'aspect, et qu'on les eût placés dans des endroits plus salubres et à la portée de la rivière.

Les greniers de réserve, immense édifice, dont la destination pourrait changer.

Le palais du ministre des relations extérieures, quai d'Orsay.

La halle aux vins et aux eaux-de-vie.

La restauration du palais du Temple.

Les marchés publics, les lycées.

La nouvelle galerie du Louvre.

La caserne vis-à-vis le jardin des Tuileries pour sa garde impériale, aujourd'hui la caserne des gardes-du-corps.

Les ponts du Louvre (ou des Arts), celui de la Cité, celui du Jardin des Plantes (ou d'Austerlitz), celui de l'École militaire (ou Jéna).

Le commencement du palais du roi de Rome, sur la colline de Chaillot, position beaucoup plus convenable pour former un vaste hôpital.

Le commencement de l'arc de triomphe de l'Étoile, qui masque le plus beau point de vue qu'il y ait en Europe.

La continuation du Louvre, qu'on a gratté, ce qui toujours altère les ornemens; mais on voulait faire croire à la multitude que ce monument datait du règne de Buonaparte; son chiffre et ses armoiries et son monogramme y ont été sculptés avec profusion à la place de ceux de Henri.

Les fontaines de Paris, la plupart d'un goût médiocre, ayant été exécutées d'après les idées d'un ingénieur hydraulique, au lieu de l'être sur les dessins d'architectes.

On ne doit pas oublier le canal d'Ourcq.

Les quais sont aussi une construction par lui ordonnée, résultat d'une dépense excessive.

Nous ne parlerons pas du décret pour la construction au Gros-Caillou d'un palais pour l'université, un autre pour les archives, etc., qui devaient coûter dix-sept millions; du monument, décrété à Dresde, sur le mont Saint-Bernard, qui devait coûter vingt-cinq millions.

Buonaparte a voulu faire disparaître à Paris tout souvenir de l'existence de la Bastille; il a ordonné de construire sur le terrain la fontaine de l'Éléphant.

On lui doit des succursales du Mont-de-Piété; mais le malheureux paie 12 pour 100 d'intérêt au lieu de 5 p. 100 que veut la loi.

Il a fait démolir les tours du Temple, mais il a fait construire des cachots avec des murs de dix pieds dans la forteresse de Vincennes. Nous avons vu ce lieu du despotisme ; celui des architectes qui en a donné le plan était digne de son maître et de son ministre de la police. Néanmoins les embellissemens de Paris, les ponts et les routes que Buonaparte a fait faire en France pendant son règne auraient suffi pour faire passer son nom à la postérité s'il avait voulu s'arrêter. Il fallait son activité, une volonté ferme comme la sienne, pour ordonner, faire exécuter autant de travaux dans l'espace de quatorze années, soit en France, soit en Italie et dans les pays conquis dans le Nord.

Lorsque Buonaparte arrêta le plan pour la continuation du Louvre, il demanda à son architecte combien il faudrait de temps pour terminer. *Sire, il faudra neuf ans.* C'est beaucoup trop long, répondit-il : voici mon moyen pour abréger ; vous ferez trois lots pour trois entrepreneurs, ils auront chacun trois ans. Buonaparte a encore fait faire d'immenses réparations, etc., ameublemens dans le château de Saint-Cloud, Trianon, Fontainebleau, Compiègne, Versailles ; il a achevé le jardin des Tuileries, celui du Luxembourg, qu'il a fait terminer dans l'espace d'une année, avec trois cent mille francs qu'il a trouvés dans la caisse des économies du sénat, qui gardait le silence sur cette somme.

Louis XVIII, depuis son retour, a fait continuer les travaux commencés sous Buonaparte; on a terminé les cinq abattoirs, la rue de Rivoli, le Louvre. L'on continue les travaux de la Bourse, de l'hôtel qui était destiné au ministre des affaires étrangères, la halle aux vins, le canal d'Ourcq; les quais sont achevés.

On doit encore à Louis XVIII le complément des vingt-deux salles du Musée des Antiques, qui sont décorées par neuf cent cinquante monumens. A l'arrivée du roi, en 1814, le Musée des Antiques n'était composé que de quatorze salles, renfermant quatre cents monumens.

RÉFLEXIONS PHILOSOPHIQUES SUR LA GRANDEUR DE PARIS.

Vu politiquement, Paris est trop grand: c'est un chef démesuré pour le corps de l'État; mais il serait plus dangereux aujourd'hui de couper la loupe que de la laisser subsister : il est des maux qui, une fois enracinés, sont indestructibles.

Les grandes villes sont fort du goût du

gouvernement absolu : aussi fait-il tout pour y entasser les hommes ; il y appelle les grands propriétaires par l'appât du luxe et des jouissances : il y précipite la foule, comme on enclave des moutons dans un pré, afin que la gueule des mâtins ayant une moindre surface à parcourir, puisse les ranger plus facilement sous la loi commune. Enfin Paris est un gouffre où se fond l'espèce humaine ; c'est là qu'elle est sous la clef : on n'entre, on ne sort que sous des guichets où règnent des yeux d'Argus. Des barrières, plus respectées que ne le seraient des murailles bordées de canons, arrêtent les denrées les plus nécessaires à la vie, et leur imposent une taxe que le pauvre supporte seul ; car, dispensé de tous les plaisirs, il ne l'est pas du besoin de manger. Il ne tiendrait qu'au prince d'affamer la ville : il tient en cage ses bons et fidèles sujets ; et s'il était mécontent, il pourrait leur refuser la béquée : avant qu'ils pussent forcer les barreaux, les trois quarts se seraient mangés, ou seraient morts de faim ; ce qui est arrivé sous la tyrannie de la convention nationale.

On voit dans cette ville florissante des baladins, des chevaliers d'industrie qui assiégent les antichambres des hommes puissans; des ministres, pour obtenir des places ou des pensions; d'autres, sans honneur, qui en sollicitent la décoration : ces batteurs de pavé ne servent ni l'état ni la société : néanmoins il faut que tout le monde vive; car la première loi est de subsister. Il faut que tout cela subsiste. Il y a des maux politiques qu'il faut tolérer tant qu'on ne peut y remédier d'une manière sûre; telle est l'étendue de la capitale : on ne fera pas refluer sur les terres ceux qui habitent les chambres garnies et les greniers, ils n'ont rien. Arrêterez-vous aux portes ceux qui entrent ? Conservez donc l'énorme loupe, puisque vous ne pouvez l'extirper sans mettre en danger le corps politique.

Le czar, lorsqu'il vint à Paris, fut tellement effrayé de sa grandeur, qu'après s'être recueilli, il proféra ces mots : *Je la brûlerais, si j'étais le souverain du royaume.* Il ne l'eût certainement pas fait; mais cet arrêt prouve qu'il sentait la difficulté d'alimenter une aussi grande ville.

On a dit qu'il fallait respirer l'air de Paris pour perfectionner un talent quelconque; ceux qui n'ont point visité la capitale, en effet, ont rarement excellé dans leur art.

L'air de Paris, si je ne me trompe, doit être un air particulier. Que de substances se fondent dans un si petit espace! Paris peut être consideré comme un large creuset, où les viandes, les fruits, les huiles, les vins, le poivre, la canelle, le sucre, le café, les productions les plus lointaines viennent se mélanger ; les estomacs sont les fournaux qui décomposent ces ingrédiens. La partie la plus subtile doit s'exhaler et s'incorporer à l'air qu'on respire : que de fumée! que de flammes! quel torrent de vapeurs et d'exhalaisons! comme le sol doit être profondément imbibé de tous les sels que la nature avait distribués dans les quatre parties du monde! Et comment de tous ces sucs rassemblés et concentrés dans les liqueurs qui coulent à grands flots dans toutes les maisons, qui remplissent des rues entières, ne résulterait-il pas dans l'atmosphère des parties atténuées qui pinceraient la fibre là plutôt qu'ailleurs ? Et de là naissent peut-être ce sentiment vif et léger qui distingue le Parisien ; cette étourderie, cette fleur d'esprit qui lui est particulière. Ou si ce ne sont pas ces particules animées qui donnent à son cerveau ces vibrations qui enfantent la pensée, les yeux, perpétuellement frappés de ce nombre infini d'arts, de métiers, de travaux, d'occupations diverses, peuvent-ils s'empêcher de s'ouvrir de bonne heure, et de contempler dans un âge où ailleurs on ne contemple rien ? Tous les sens sont interrogés à chaque instant ; on brise, on lime, on polit, on façonne ; les métaux sont tourmentés et prennent toutes sortes de formes. Le marteau infatigable, le creuset toujours embrasé, la lime mordante toujours en action, aplatissent, fondent, déchirent les matières, les combinent, les mêlent. L'esprit peut-il demeurer immobile et froid, tandis que, passant devant chaque boutique, il est stimulé, éveillé de sa léthargie par le cri de l'art qui modifie la nature ? Par-tout la science vous appelle.

Trop impatient pour vous livrer à la pratique, voulez-vous voir la théorie ? les professeurs dans toutes les sciences sont montés dans les chaires et vous attendent ; depuis celui qui dissèque le corps humain à l'académie de chirurgie, jusqu'à celui qui analyse au collège royal un vers de Virgile. Aimez-vous la morale ? les théâtres offrent toutes les scènes de la vie humaine ; êtes-vous disposé à saisir les miracles de l'harmonie ? au défaut de l'opéra, les cloches dans les airs éveillent les oreilles musicales ; êtes-vous peintre ? la livrée bigarrée du peuple, et la diversité des physionomies, et les modèles les plus rares, toujours subsistans, invitent vos pinceaux : êtes-vous frivoliste ? admirez la main légère de cette marchande de modes, qui décore sérieusement une poupée, laquelle doit porter les modes du jour au fond du Nord et jusque dans l'Amérique septentrionale : aimez-vous à spéculer sur le commerce ? allez tous les jours à la Bourse, vous parviendrez bientôt à vous initier dans le langage barbare de l'agiotage ; voulez-vous courir après la fortune imaginaire ou vous ruiner ? fréquentez les maisons de jeu ; aimez-vous les sciences et les arts ? suivez les différentes sociétés et académies qui les cultivent ; aimez-vous les lettres ? les bibliothèques publiques sont ouvertes tous les jours ; il y a encore des bibliothèques ambulantes sur tous les quais : aimez-vous la politique ? vous trouvez des cabinets littéraires pour les journaux dans tous les quartiers et dans toutes le promenades ; voulez-vous connaître la corruption des mœurs ? suivez le tribunal correctionnel.

Que de réflexions à faire sur le tableau mouvant de cette grande ville. On remarque dans le temple du Seigneur le baptême qui croise l'enterrement ; le même prêtre qui vient d'exhorter un moribond, et qu'on appelle pour marier deux jeunes époux, tandis que le notaire a parlé de mort le jour même de leur tendre union ; la prévoyance des lois pour deux cœurs amoureux, qui ne prévoient rien ; la subsistance des enfans assurée avant qu'ils soient nés ; et la joie folâtre de l'assemblée au milieu des objets les plus sérieux ; tout a droit d'intéresser l'observateur attentif.

Un carrosse vous arrête, sous peine d'être moulu sur le pavé ; voici qu'un pauvre couvert de haillons tend la main à un équipage doré, où est enfoncé un homme épais qui, retranché derrière ses glaces, paraît aveugle et sourd ; une apoplexie le menace, et dans dix jours il sera porté en terre, laissant deux ou trois millions à d'avides héritiers qui riront de son trépas, tandis qu'il refusait de légers secours à l'infortuné qui l'implorait d'une voix touchante.

Que de tableaux éloquens qui frappent l'œil dans tous les coins des carrefours, et quelle galerie d'images, pleines de contrastes frappans, pour qui sait voir et entendre?

La prodigieuse conformation de huit cent mille individus entassés et vivant sur le même point, parmi lesquels il y a deux cent mille gourmands ou gaspilleurs, cent mille dupes, cent cinquante mille dupeurs, et dix mille escrocs ou voleurs, conduit à bien de raisonnemens politiques. Comment n'être pas étonné de cet ordre incroyable qui règne dans une si grande confusion de choses? Combien il faut des lois sages pour conduire une machine aussi compliquée! Les mœurs ont bien changé; car avant la révolution la police n'occupait pas cinquante commis, et au plus cent cinquante agens de police; sa force militaire consistait en deux cents hommes de cavalerie, et quatre cents gardes à pied, que le public qualifiait de *tristes-à-pattes*.

La police de Londres est forte sans le secours des baïonnettes et sans l'habit militaire. Les lois en Angleterre ont une grande force morale sur le peuple, par la raison que le dernier citoyen obtient prompte justice contre les hommes les plus puissans, même contre un prince de la famille royale : un magistrat seul dissipe une multitude, en montrant le signe de ses fonctions.

HABITANS DES GRENIERS.

Parlons d'abord de la partie la plus curieuse de Paris, *les greniers*. Comme dans la machine humaine le sommet renferme la plus noble partie de l'homme, l'organe pensant, ainsi dans cette capitale le génie, l'industrie, l'application, la vertu, occupent la région la plus élevée. Là se forme en silence le peintre ; là le poète fait ses premiers vers ; là sont les enfans des arts, pauvres et laborieux, contemplateurs assidus des merveilles de la nature, donnant des inventions utiles et des leçons à l'univers ; là se méditent tous les chefs-d'œuvre des arts ; là on écrit un mandement pour un évêque, un discours pour un avocat général, un livre pour un futur ministre, un projet qui va changer la face de l'Etat, la pièce de théâtre qui doit enchanter la nation. *Diderot* n'aurait pas voulu quitter son logement pour aller demeurer au Louvre ; voici ce qu'il disait : Presque point d'hommes célèbres qui n'aient commencé par habiter un grenier. J'y ai vu l'auteur d'Emile, pauvre, fier et content. Lorsqu'ils en descendent, les écrivains perdent souvent tout leur feu, ils regrettent les idées qui les maîtrisaient lorsqu'ils n'avaient que le haut des cheminées pour perspective. Greuze, Fragonard, Vernet, se sont formés dans des greniers; ils n'en rougissent point, c'est là leur plus beau titre de gloire.

Que le riche escalade ces hautes demeures pour y apporter quelques parcelles d'or, et tirer un profit considérable des travaux de jeunes artistes pressés de vivre et encore inconnus. Le riche est utile, quoiqu'il soit dirigé par l'avarice, et qu'il cherche à tirer parti de l'indigence où languit l'ouvrier ; mais puisqu'il a fait le voyage, qu'il frappe à la porte voisine..... Osera-t-il entrer? Les horreurs de la misère vont l'investir et attaquer tous ses sens : il verra des enfans nus qui manquent de pain ; une femme qui, malgré la tendresse maternelle, leur dispute quelques alimens; et le travail du malheureux devenir insuffisant pour payer des denrées que grève le plus cruel des impôts. On a falsifié la nourriture du misérable, et il ne mange presque plus rien tel qu'il est sorti des mains de la nature. Le cri de l'infortuné retentit sous ces toits entr'ouverts, et ressemble en vain au son des cloches dont il est voisin, qui ébranle l'air et s'évanouit; la langueur le consume, en attendant que l'hôpital s'ouvre et l'engloutisse.

Quand cet infortuné s'éveille le matin pour recommencer ses pénibles et infructueux travaux, il entend le char de la fortune, qui en rentrant fait trembler la maison. L'homme opulent et débauché, voisin du malheureux par le local, éloigné de lui à mille lieues par le cœur, se couche, fatigué du plaisir, lorsque l'autre s'arrache au sommeil. Le riche a perdu ou gagné sur une carte ou à la roulette ce qui aurait suffi à l'entretien de deux familles, et il ne lui vient point à l'idée de soulager les souffrances de son semblable. Combien de greniers à Paris renferment des êtres vertueux! Le propriétaire d'une maison faubourg Saint-Marceau loge plus de soixante locataires, dont tous les mobiliers ne valent pas trois cents francs; une partie couchent sur de la paille, et ont pour oreillers des pierres.....

RUES ÉTROITES, HAUTEUR DES MAISONS.

Il est des rues à Paris où le soleil ne pénètre jamais, à cause de la hauteur des maisons. Si une ordonnance de police n'avait pas limité l'élévation des maisons, il y en aurait peut-être de douze étages. Beaucoup de maisons dans les quartiers populeux renferment jusqu'à cent ménages. Ceux qui habitent le cinquième ou le sixième étage jouissent de deux heures de jour de plus que ceux qui logent au premier et au second. On respire, en montant dans ces maisons, une odeur infecte qui vient de la malpropreté et plus souvent des latrines.

PARATONNERRES.

On ne voit des paratonnerres qu'au-dessus du château des Tuileries, du Luxembourg, et des hôtels nouvellement construits. Ainsi le tonnerre, ce fléau du ciel, et la cause de tant d'accidens funestes, est réservé à la classe bourgeoise, qui n'a pas au-dessus de ses maisons des paratonnerres.

CARACTÈRE DES PARISIENS.

On ne voit plus dans les Parisiens cette aménité et cette gaîté qui les distinguait il y a trente ans ; leur visage n'est plus si riant, leur abord n'est plus si ouvert ; un air d'inquiétude a pris la place de ce caractère libre et enjoué, qui annonçait des mœurs plus simples et une plus grande franchise. Leur air sérieux annonce que la plupart rêvent à leurs dettes, et qu'ils sont toujours aux expédiens.

Les affaires malheureuses, les dépenses qu'entraînent le luxe, la manie de paraître au-dessus de sa fortune, la cherté des objets de première nécessité, ont rendu tout le monde pauvre. Chacun s'intrigue pour parer aux frais de représentation.

Embarras des affaires, servitude, projets, tout cela se lit sur les visages. On devine dans une société de trente personnes que vingt-quatre s'occupent des moyens d'avoir de l'argent, et cependant vingt n'en trouvent point.

A dix-huit ans un Parisien croit tout savoir ; il a fait ses études, cependant il ne sait rien ; mais il n'est plus censé devoir rien apprendre dès qu'il est hors de la férule du régent de son lycée.

Cicéron, César, à l'âge de vingt-cinq ans, portaient encore le nom de disciples ; ils se préparaient par de longues études aux affaires du gouvernement.

Les anciens voulaient connaître par eux-mêmes les hommes, examiner les poids, les ressorts, les mouvemens de la machine politique.

Maintenant un jeune homme de vingt ans qui se destine au barreau se croit célèbre avocat, parce qu'il a pendant deux ans suivi l'Ecole de droit.

L'homme qui ose parler à vingt ans sera au-dessous du médiocre à trente. Mais les faveurs des femmes, quelques mots saisis à la volée, quelques calembourgs (1), un peu d'imagination, donnent à la jeunesse actuelle une hardiesse qui n'appartenait pas à la génération précédente.

Les jeunes gens ont réellement trop de cet esprit fondé sur les phrases qui circu-

---

(1) Voltaire écrivait à madame du Deffens au sujet des calembourgs : « Liguons-nous ensemble, » ne souffrons pas qu'un tyran si bête usurpe » l'empire du grand monde ».

lent, il faut que leur âme d'emprunt se dissipe bientôt en frivoles bleuettes ; le babil est l'infaillible marque d'un esprit sans consistance ; ils parlent beaucoup, ils tranchent ; et, chose remarquable, ils sont tous d'un sérieux qu'on pourrait appeler *triste*.

Les grands parleurs sont ordinairement des hommes médiocres.

Souvent un homme ne manque à la civilité que parce qu'il a un cœur dur et un esprit méchant. Les actions empesées ou pédantes, le babil immodéré ou frivole, les mal-à-propos, les prononcés orgueilleux et déplacés viennent du fond du caractère ; rien n'est plus impoli que d'ennuyer par une conversation à laquelle le plus grand nombre des personnes du cercle ne peuvent prendre aucune part. Rien n'annonce mieux une politesse fine et l'élégance des mœurs, que l'enjouement avec lequel des hommes graves se vengent des injures faites à leur place. Avec la douceur des mœurs et un fond de bienfaisance, on est poli comme par instinct.

Il est des hommes en société qui ne savent payer de leur personne que par la recherche de leur toilette, qui est souvent négligée chez l'homme de génie.

Il y a trente ans, les jeunes gens avaient des prévenances pour les femmes, leur faisaient des complimens ; jamais le cavalier ne quittait sa dame : aujourd'hui, dans les sociétés, ils se séparent des femmes; ils forment groupe, ils occupent toutes les glaces pour s'admirer.

Dans un bal, les jeunes gens se font prier pour danser, et passent souvent devant les femmes sans les saluer ; ils les quittent pour aller jouer au billard, ou aller apprendre par cœur les calembourgs de Brunet.

Cette séparation des hommes et des femmes dit assez qu'ils ne se cherchent plus, mais qu'ils se trouvent.

Le Parisien est en général assez indifférent sur sa position politique ; il n'est jamais profondément asservi ; jamais libre, il repousse le canon par des calembourgs, enchaîne la puissance et le despotisme par des saillies épigrammatiques. Il oublie promptement les malheurs de la veille ; il ne tient point registre des souffrances, et l'on dirait qu'il a assez de confiance en lui-même pour ne pas redouter un despotisme trop absolu.

En général le Parisien est doux, honnête, poli, confiant, facile à conduire.

On l'accuse de s'arrêter sur son chemin au moindre objet ; que la moindre chose lui sert de prétexte pour interrompre ses occupations ; mais Paris est composé d'une multitude d'étrangers et d'habitans des départemens, dans lesquels disparaît le vrai Parisien.

Cette quantité d'étrangers et habitans des villages et des petites villes est plus avide de curiosités que le Parisien, et forme la foule partout.

Mais lorsqu'il s'agit d'un accident, d'une personne blessée, les secours sont prodigués avec empressement ; on reconduit la personne chez elle, et c'est là qu'on reconnaît le Parisien.

L'on accuse les Parisiens d'aimer la nouveauté.

Voici, à cet égard, ce que le Grand Frédéric écrivait au philosophe d'Alembert :

« Il faut aux Parisiens toujours de la nouveauté ; ils disent beaucoup de bien de Louis XVI à son avènement au trône. Le secret, pour être approuvé en France, c'est d'être nouveau. Votre nation, lasse de Louis XIV, pensa insulter son convoi funèbre. Louis XV également a duré trop long-temps. On a dit du bien du feu duc de Bourgogne, parce qu'il mourut avant de monter sur le trône, et du dernier dauphin par la même raison. Pour servir vos Français selon leur goût, il leur faut tous les deux ans un nouveau roi; la nouveauté est la déité de votre nation; et quelque bon souverain qu'ils aient, ils lui cherchent à la longue des défauts et des ridicules, comme si pour être roi on cessait d'être homme.

» Vous autres Parisiens, vous allez vous remettre en pourpoints ; vous aurez des saintes ampoules, des sacres, des cavalcades de sacre avec des coiffures de vingt-deux pouces de hauteur.

» Cette sainte ampoule, qu'une colombe apporta du ciel pour oindre un roi de France, et qui ne se vide jamais.

» Tant que les souverains porteront des chaînes théologiques ; tant que ceux qui ne sont payés que pour prier pour le peuple lui commanderont, la vérité, opprimée par les tyrans des esprits, n'éclairera jamais les peuples; les sages ne penseront qu'en silence, et la plus absurde des superstitions dominera dans l'empire des Velches.

» Vos prêtres ont usurpé une autorité qui balance celle du souverain, et votre roi n'ose rien entreprendre contre un corps aussi puissant, et, s'il n'y prend garde, ils lui feront perdre sa couronne. »

DÎNERS DES PARISIENS.

Il y a trente-six ans que feu M. Panckouke, libraire, proposa, dans le Mercure de France, de dîner à quatre heures, de supprimer les soupers, et d'ouvrir les spectacles à sept heures comme à Londres. Dans son calcul il trouva non-seulement de l'économie, mais beaucoup d'agrément de ne s'occuper d'aucune affaire après dîner; il ajoutait que le travail des bureaux du soir était nul; en outre que la santé exigeait de ne pas se charger l'estomac pour se coucher, etc., etc., etc.

M. Panckouke fut traité de fou. Cependant, il est prouvé que le travail du soir n'est pas aussi bon que celui du matin.

Aujourd'hui, les fonctionnaires publics, les banquiers, les négocians, etc., dînent à six ou sept heures. Il n'y a plus que la classe des ouvriers, des anciens rentiers et quelques marchands qui dînent à trois heures.

Il se fait plus d'affaires à Paris en tout genre depuis midi jusqu'à cinq heures, qu'autrefois dans toute la journée; chacun active ses opérations, afin d'avoir son après-dînée libre.

Les employés, obligés de retourner à leur bureau, ne pourraient aller au spectacle.

La femme du chef de division ne pourrait tenir ni cercle ni jeu chez elle.

Aujourd'hui, le plus petit commis, l'huissier même reçoit compagnie. Madame fait sa toilette à huit heures, et l'économie du souper est employée à payer la marchande de modes.

Les commis sont maussades à trois heures; à quatre moins un quart ils sont inabordables; vingt fois ils tirent leur montre pour ne pas donner une minute de plus à leurs fonctions, et pour satisfaire aux besoins de leur estomac.

Le chef de division, qui ne doit compte à personne de son exactitude, n'est pas esclave de son estomac, comme le simple commis. Il en est qui arrivent au bureau à deux heures pour lire les journaux; d'autres qui, au mépris de leur devoir, ne paraissent pas au bureau le jour indiqué pour recevoir le public depuis deux jusqu'à quatre heures. Doit-on se jouer ainsi des administrés, qui les paient largement?

Ceux des chefs de division qui sont exacts à leur poste, sont critiqués par leurs confrères.

Le concierge d'un ministère a la consigne de ne laisser entrer dans la cour qu'à deux heures. Le public attend modestement dans la rue, à l'injure du temps, que deux heures sonnent, et M. le chef de division ne viendra pas à son bureau. Avis aux ministres.......

Pour acquérir de la considération à Paris ou tromper, il faut donner souvent de grands dîners ; mais lorsque vous n'êtes plus en état de soutenir ce genre de luxe, tous vos dîneurs vous blâment et vous abandonnent.

Un auteur a dit : « Les poètes dévorent comme des loups ; ils trouvent le temps des repas très-abrégé ; les académiciens regrettent le siècle de Charlemagne, où l'on restait quatre heures à table ; il est plus curieux de voir manger un académicien, que d'entendre tout ce qu'il promet vous dire. »

Les médecins sont, en général, gourmands ; mais ils ont la précaution de choisir les mets les moins indigestes.

Du temps de Louis XIV, on dînait à midi ; à une heure, il y a quarante ans ; et à trois, il y a vingt ans : on soupait à onze heures, après les visites, qui avaient lieu à dix heures après le spectacle.

Il est beaucoup de maîtres et de maîtresses de maisons à Paris, qui, sous prétexte de réunir une grande société pour dîner, et une soirée ou un bal, spéculent sur le bénéfice du jeu. Le *creps* et l'*écarté* font tous les frais de ces réunions, dont plusieurs des convives perdent depuis cinq cents fr. jusqu'à trente mille francs; c'est ainsi qu'on fait des dupes.

PUISSANCE DE L'OR.

L'or, à Paris, est d'une puissance sans bornes.

Un auteur ancien a dit :

« Ce que l'armée de Philippe n'était pas capable d'entreprendre, ce prince était sûr de le faire exécuter par un mulet chargé d'or : ce métal détrône les rois, il les couronne; il écrase les tyrans ou les élève; il détruit les empires et en fait de nouveaux. Un roi qui manque d'or est aussi impuissant que l'invalide qui a perdu les bras et les jambes à son service. »

Il n'y a pas de moyens qu'on n'emploie, à Paris, pour s'enrichir; les plus vils sont pour certains les plus honorables, s'ils sont sûrs; et dès qu'ils sont parvenus à avoir seulement un hôtel, un château et un carrosse, ce sont de très-grands personnages : ils peuvent dire, j'ai un million de *vertus* en espèces d'or bien comptées et pesées.

Certains riches du jour doivent craindre un examen rigoureux des moyens qu'ils ont employés pour parvenir à une grande fortune, plus heureux que plusieurs de leurs agens qui ont été repris par la justice. Il suffit, pour se convaincre de cette vérité, de suivre les audiences du tribunal de police correctionnelle.

Le roi de Prusse écrivait à d'Alembert : « Vous voyez honorer en France les plus gros voleurs, et rouer ceux qui ont pris trop peu ; vous voyez abonder toute la France chez vos fermiers-généraux, chez vos receveurs, vos trésoriers, etc., tous gens qui font métier de dépouiller votre roi et son royaume. »

Les réputations, à Paris, sont en raison de la fortune. On ne parle pas de celui qui a trois mille francs de revenu.

A dix mille francs, c'est un honnête homme.

A vingt-cinq mille francs, c'est un homme comme il faut.

A cinquante mille fr., c'est un homme d'esprit, qui reçoit bien.

A cent mille francs, c'est un homme du plus grand mérite.

Quiconque est riche est tout : sans sagesse il est sage ;
Il a, sans rien savoir, la science en partage ;
Il a l'esprit, le cœur, le mérite, le rang,
La vertu, la valeur, la dignité, le sang ;
Il est aimé des grands, il est chéri des belles.
Jamais surintendant ne trouva de cruelles.
L'or même à la laideur donne un teint de beauté ;
Mais tout devient affreux avec la pauvreté.

(BOILEAU).

L'or, a dit quelqu'un, cherche à s'amonceler ; il va où il y en a déjà : plus il est en tas, plus il multiplie.

Le premier écu, a dit Rousseau, est plus difficile à gagner que le dernier million.

JOUISSANCES ET LEURS DANGERS DANS LA CAPITALE.

Paris est la seule ville au monde où l'on puisse se procurer toutes les jouissances ; l'étranger ou le Français, qui se livre sans réflexions à tous les plaisirs de la capitale, sans prévenir les dangers, est perdu en six mois.

Si Paris est le centre des lumières, des arts et du luxe, c'est aussi le centre des vices de tous les genres. Combien de jeunes gens sont sortis de chez leurs pères et mères avec un cœur rempli de vertus filiales, et qui se sont tellement corrompus dans un séjour de trois mois à Paris, qu'ils n'ont rapporté dans le sein de leurs familles que des vices et de ridicules plaisanteries, même sur tous les liens qui les attachaient à leurs parens! Ajoutez à cela une santé délabrée.

Les jeunes gens nés à Paris sont moins exposés à la séduction, parce qu'ils ont tous les jours devant les yeux les tableaux hideux de la débauche.

Paris renferme une armée de dupeurs, d'escrocs, de voleurs, même d'assassins; ils s'attachent aux jeunes gens, qui, dans l'âge des passions et de la confiance, ouvrent une âme plus docile aux insinuations artificieuses; ils savent qu'il faut que l'œil soit d'abord frappé des couleurs de l'opulence, et ils ne négligent pas les dehors qui peuvent en imposer.

Malheur aussi à la jeune fille qui vient à Paris pour apprendre un état ou le commerce ; si ses parens ne s'assurent pas de l'honnêteté de la maison où ils l'adressent, le vice la découvrira ; elle ne voudra plus retourner dans sa famille.

HABILLEMENT ET BEAUTÉ DES FEMMES.

Les femmes, à Paris, sont aussi jeunes, aussi belles qu'elles veulent l'être ; elles ont à volonté un teint de lis et de rose : deux heures de toilette opèrent ces prodiges, grâces aux recettes des parfumeurs *Dumas*, *Laboulée*, *Tessier*, *Dulac*, *Fargon*, etc. Les marchands fournissent même du bleu pour imiter les veines sur la poitrine, sur la gorge, etc.

Le vinaigre de M. Acloque, successeur de M. Maille, est d'un grand secours pour la toilette secrète.

La petite bouteille de vinaigre est ordinairement accompagnée d'un imprimé qui indique la manière de se servir de cette liqueur astringente.

L'art de la toilette a tout prévu ; car on vend des gorges, des sourcils blonds ou bruns, des dents de dix-huit ans pour des femmes surannées.

Depuis trente ans la toilette des femmes

de tous les rangs, de tous les états, est presqu. la même, de manière qu'il est difficile de distinguer, dans une promenade, ou au spectacle, la femme d'un pair de France, d'un ministre, du président de la cour de cassation, de la femme d'un commis, d'un garçon de bureau, d'un huissier, d'une couturière, même d'une blanchisseuse.

Un écrivain a dit : *Les femmes de Paris veulent enchanter tout le monde, excepté leurs maris.*

HABILLEMENT DES HOMMES.

Les hommes en général ont une mise négligée, même dans certains cercles, en pantalon, et bottes ferrées comme des mulets.

Néanmoins les jeunes gens du bon ton ne se présentent et ne sont reçus dans les grands cercles qu'en habit-habillé, avec l'épée ; mais rien de plus ridicule que de voir un homme en habit noir, le chapeau sous le bras et l'épée au côté, avec des cheveux à la titus. On porte plus que jamais des habits noirs en négligé, pantalon, et bottes ferrées.

C'est le marquis de Villette qui le premier, en 1789, proposa de supprimer la roideur et l'*affèterie* des vêtemens français, et jusqu'au mot d'*habit-habillé*. Il conseilla d'adopter le chapeau rond, et de renoncer à ces trois cornes dont la forme bizarre offense certaines gens; des cheveux courts, des brodequins ou demi-bottes, des rosettes aux genoux et la cravatte.

On lit dans son ouvrage :

« Le dernier emblème de la féodalité, c'est l'épée, arme gothique, inutile à la guerre, plus inutile encore dans la paix. Il faut la proscrire et défendre de la porter, comme on défend les poignards et les poisons. Il est temps de briser enfin cet instrument homicide, qui servit à mettre la couronne sur la tête des rois, et les investit de la souveraineté. »

Ce langage est singulier de la part d'un marquis de l'ancienne cour.

CABINETS LITTÉRAIRES.

Il y a trente-six ans, on ne comptait à Paris qu'un cabinet littéraire, qui était établi dans l'une des maisons qui existaient alors sur le pont Notre-Dame ; aujourd'hui on loue des livres dans tous les quartiers de

Paris; cela prouve que le goût de la lecture s'est propagé dans toutes les classes de citoyens.

Pour la lecture des journaux on ne peut en définir le nombre ; dans toutes les rues dans les jardins publics, sous des échoppes, sous des portes cochères, etc. On remarque dans les grands cabinets de lecture pour les journaux la diversité des opinions des lecteurs : le libéral repousse avec dédain le *Drapeau blanc*, la *Quotidienne*, la *Gazette de France* ; le royaliste ou l'ultra rejette avec humeur le *Constitutionnel*, le *Courrier*, etc.

Une dame qui tient un cabinet littéraire au Palais-Royal, disait qu'elle devinait l'opinion des personnes qui entraient pour la première fois dans son cabinet, rien que par la manière dont elles parcouraient des yeux les titres des journaux.

CRIS DE PARIS.

Non, il n'y a point de ville au monde où les crieurs et les crieuses des rues aient une voix plus aigre et plus perçante. Il faut les entendre élancer leur voix par-dessus les toits ; leur gosier surmonte le bruit et le tapage des carrefours. Il est impossible à l'étranger de pouvoir comprendre la chose; le Parisien lui-même ne la distingue jamais que par routine.

Le porteur d'eau, la crieuse de vieux chapeaux, le marchand de ferraille, de peaux de lapin, la vendeuse de marée, c'est à qui chantera sa marchandise sur un mode haut et déchirant. Tous ces cris discordans forment un ensemble dont on n'a point d'idée lorsqu'on ne l'a point entendu. L'idiome de ces crieurs ambulans est tel, qu'il faut en faire une étude pour bien distinguer ce qu'il signifie.

Les servantes ont l'oreille beaucoup plus exercée que l'académicien; elles descendent l'escalier pour le dîner de l'académicien, parce qu'elles savent distinguer du quatrième étage, d'un bout de la rue à l'autre, si l'on crie des *maquereaux* ou des *harengs frais*, des *laitues* ou des *betteraves*.

On entend de tous côtés des cris rauques, aigus, sourds. *Voilà le maquereau qui n'est pas mort; il arrive, il arrive! Des harengs qui glacent, des harengs nouveaux! Pommes cuites au four! Ils brûlent, ils brûlent, ils brûlent!* ce sont des gâteaux froids. *Voilà le plaisir des dames, voilà le plaisir!* C'est du croquet. *A la barque, à la barque, à l'écailler!* Ce sont des huîtres. *Portugal, Portugal!* Ce sont des oranges.

Joignez à ces cris les clameurs confuses des fripiers et des vitriers ambulans, des vendeurs de parasols, de vieille ferraille, des porteurs d'eau. Les hommes ont des cris de femmes, et les femmes des cris d'hommes. C'est un glapissement perpétuel; et l'on ne saurait peindre le ton et l'accent de cette pitoyable criaillerie, lorsque toutes ces voix réunies viennent à se croiser dans un carrefour.

Le ramoneur et la marchande de merlans chantent encore ces cris discordans en songe quand ils dorment, tant l'habitude leur en fait une loi.

Depuis le règne des patentes, on rencontre dans les rues des commerçans dans tous les genres, avec de petites charrettes; des marchands de faïence, de mousselines, de rubans, de fil; enfin de tout ce qui concerne la mercerie.

L'un de ces commerçans ambulans, il y a peu d'années, traînait une petite voiture montée sur deux roues, et chargée de rubans; il s'arrêtait tous les vingt pas en criant: *N'achetez pas de mes rubans, ils sont encore trop chers, je ne veux pas vous en vendre.*

Ce moyen lui a parfaitement réussi, car toutes les femmes voulaient en avoir; il n'y avait pas de jour qu'il ne fît une recette de 100 ou 200 fr.

Un autre se promenait avec une grande corbeille pleine d'éponges, dont l'une des anses était portée par un chien. Il criait: *Voici des éponges fines pour les Titus, pour les petites-maîtresses, pour la toilette,* etc.

Les ponts et les quais sont tous les jours garnis de marchands qui étalent par terre toutes sortes d'objets à prix fixe; il en est qui disent: *C'est aujourd'hui mon dernier jour; c'est une banqueroute; je veux me ruiner pour faire plaisir au public,* etc.

SCIENCES, COMMERCE ET INDUSTRIE.

Les sciences à Paris étaient proscrites dans les années 1792 à 1795; un savant était traité d'aristocrate, d'ennemi de la liberté. Le célèbre chimiste Lavoisier, condamné à mort, demanda aux juges, aux bourreaux, de suspendre de quinze jours l'exécution de sa sentence, pour qu'il pût terminer des expériences utiles : « Je ne regretterai point alors la vie, ajouta-t-il, et j'en ferai volontiers le sacrifice ». On lui répondit que la république n'avait pas besoin de savans, et il marcha à la mort! Délivrées de l'horrible système de terreur, les sciences ont été perfectionnées dans tous les genres, la grammaire, la poésie, la critique, la chronologie, l'histoire, la mythologie, les antiquités, la philosophie, la géométrie, l'astronomie, la géographie, l'agriculture et la musique, Paris est le centre de toutes les sciences.

La chirurgie a fait de grands progrès à Paris.

La peinture, la sculpture et la gravure en tous genres.

L'imprimerie n'est pas restée en arrière. Un nombre d'imprimeurs et de fondeurs de caractères se disputent l'honneur de rivaliser avec les célèbres Didot.

Les arts en tous genres sont parvenus, à Paris, à un haut degré de perfection. On doit au génie créateur des Parisiens un grand nombre de productions. La variété infinie et le bon goût des modes, des nouveautés et des objets de luxe, l'élégance et la richesse des meubles, la perfection et le beau fini des ouvrages de bijouterie, d'orfévrerie, de verrerie, de porcelaine, d'horlogerie, des pièces dorées et bronzées, les ouvrages en acier, la serrurerie, la mécanique, etc., ne se rencontrent nulle part en Europe comme dans cette capitale.

Les instrumens de musique, d'optique, les fleurs et les perles artificielles, la parfumerie, la tabletterie, les éventails, la sellerie, le papier peint, les gazes, les blondes, la broderie, les tulles, les dentelles, la mousselinette, la batiste, les toiles peintes, les soieries, les chapeaux, la miroiterie, les tabatières, les bas de soie, particulièrement les bas noirs, les velours, les cachemires, les perruques, les souliers de femmes, sont des objets recherchés par toute l'Europe.

Nous avons remarqué à la dernière exposition des produits de l'industrie nationale qui a eu lieu au Louvre que toutes les villes de France ont rivalisé avec Paris pour les découvertes, inventions, perfection de fabrication dans tous les genres.

Les Français peuvent défier les Anglais pour les inventions.

Depuis l'anéantissement des maîtrises et jurandes, tout le monde fait le commerce; l'industrie n'est plus concentrée dans un cercle étroit.

Lorsqu'un genre d'industrie ne réussit pas, on en entreprend un autre.

Le commerce de la librairie, qui correspond avec toutes les villes du monde, est considérable.

Il est beaucoup d'anciens nobles et de prêtres qui, ayant renoncé à l'état ecclésiastique, font le commerce, particulièrement la librairie ; d'autres établissent des manufactures. Les nobles ne veulent plus être nuls dans l'état ; ils sont convaincus que la partie industrielle en est le nerf et la force. Nous souhaitons que la noblesse de Buonaparte soit pénétrée de ce principe, et qu'elle ne nous prive pas de son génie industriel. En Angleterre, le fils d'un lord fait le commerce ; tous les pairs sont intéressés dans toutes les parties du commerce et de la fabrication : ils ne sont pas, comme les nobles en France, restreints à un revenu fixe.

Depuis vingt-cinq ans le nombre des marchands en boutique, etc., s'est accru de plus de dix mille ; il est des quartiers où il n'y avait pas une boutique, où l'on en compte maintenant un grand nombre. Nous citerons seulement la rue Vivienne et les quais ; tous les propriétaires des hôtels en ont changé le devant en boutiques.

Paris ressemble à une foire perpétuelle; les magasins et les cafés n'ont jamais été aussi brillans. (Voir les articles du Palais-Royal, des rues Vivienne, Saint-Honoré, de la Paix, du Roule, etc.)

PRIX FIXE.

Il n'y a pas de moyens que certains marchands n'emploient pour faire venir des acheteurs dans leurs magasins. Les marchands à prix fixe, qui font distribuer sur le Pont-Neuf, aux portes des spectacles, et qui font publier dans les journaux des catalogues de tous les articles qu'on trouve, disent-ils, chez eux à prix fixe, sont souvent embarrassés lorsqu'on se présente pour avoir quelques-uns des objets annoncés. Mais voici leur excuse : « Il n'y a pas deux heures que nous venons de vendre la dernière pièce. Au surplus l'article que vous demandez ne vous aurait pas convenu; voilà ce qu'il vous faut. La qualité de ce drap est bien supérieure : le drap commun n'est pas fait pour un homme comme vous. »

Il y a des magasins qui sont sombres; les croisées ont des carreaux en bois par le bas, les autres en verre sale; vous apercevez une jalousie à moitié tombée, de manière que ce jour donne une nuance favorable aux couleurs, et lorsque vous êtes dehors vous ne reconnaissez plus la couleur que vous avez cru acheter.

Les marchands de draps et soierie changent les noms des couleurs selon les événemens politiques. Leurs livres d'échantillons ressemblent à la carte d'un restaurateur, etc.

CONSCIENCE DES MARCHANDS.

L'on peut acheter chez un grand nombre de marchands avec toute confiance, sans craindre d'être trompé : ordinairement les grandes maisons de commerce n'ont qu'un prix.

Beaucoup d'autres marchands ont toujours leur *conscience* en activité; ils vous trompent en conscience.

Le marchand de draps vous vend en *conscience* du drap d'Elbeuf ou de la Belgique, pour du Louviers.

Le marchand de bas, des bas de Nîmes pour des bas de Paris.

L'épicier, en *conscience*, de l'huile commune pour de l'huile d'Aix. Il vous pèse, en *conscience*, un quarteron de sucre dans du papier qui pèse 3 onces.

Le marchand de bois, en *conscience*, du bois flotté pour du bois neuf.

La marchande de volaille ou le traiteur, en *conscience*, une vieille poule pour une poularde fine.

Le pâtissier, en *conscience*, une tourte ou une brioche de quatre jours pour une qui sort du four.

La marchande de poisson, en *conscience*, une carpe œuvée pour une laitée.

Le libraire, en *conscience*, une mauvaise édition ou un ouvrage *nouveau* seulement par le titre.

Le fripier, en *conscience*, un drap noir pour bleu, et un vieux habit pour un neuf.

Le tapissier, en *conscience*, un meuble dans lequel il y a, dit-il, cent livres de crin, et dont les trois quarts sont en foin. Des matelas de bourre pour des matelas de laine.

Le bijoutier vous vend une topaze pour une émeraude qu'il vous fait payer en conscience 3,000 fr. et qui ne vaut pas 1,500 fr.

L'on doit donc prendre des précautions chez les marchands qui vous disent : « Je ne puis vous donner pour le prix que vous m'offrez, cela me coûte, en *conscience*, 12 f. de plus ». Ils finissent par vous le donner pour 18 fr. de moins.

Nous avons connu un marchand de toiles, de draps et de soierie, faubourg St.-Germain, qui ne trompait jamais qu'en *conscience*; nous lui avons entendu dire : *Sur le Dieu que j'adore*, cela me coûte 12 fr., je ne peux donc vous le vendre à moins de 13 fr.; et il a donné l'article pour 8 fr.

Comme on voit, ce marchand était de *bonne foi*. Il allait tous les jours à la messe.

D'après ce que nous venons de dire sur les marchands qui vendent tout en *conscience*, l'on est moins trompé chez ceux qui n'ont pas de conscience.

COMMERCE ET INDUSTRIE SANS PATENTES.

Ce sont ceux qui dès que le jour commence à paraître parcourent les rues, les promenades, le devant des portes de spectacles, de la bourse, pour y ramasser les portefeuilles, les mouchoirs, les montres, les ridicules perdus la veille, etc.

Ils trouvent aussi des cuillers et fourchettes d'argent, que des cuisinières laissent échapper par les tuyaux des laviers en jetant l'eau de la vaisselle.

Ce genre de commerce se fait sans mise de fonds, sans magasins, et presque sans domicile. Ils ont de petits crochets pour remuer les tas d'ordures et l'eau des ruisseaux ; et avant que les habitans n'aient les yeux ouverts, la journée de ces *négocians* est terminée.

PORTEURS D'EAU, COMMISSIONNAIRES, HOMMES DE PEINE, etc.

Il y a à Paris un grand nombre de porteurs d'eau ; ils portent deux seaux d'eau pour trois sous, au premier et au second étage ; au troisième et au-dessus quatre sous.

Les Auvergnats sont presque tous porteurs d'eau ; ce sont ordinairement des hommes probes. Il en est qui font rouler sur le pavé de Paris deux ou trois tonneaux montés sur deux roues, et attelés chacun d'un cheval. Nous en connaissons qui vendent pour 3000 francs d'eau par année, et lorsqu'ils veulent se retirer dans leur pays, après avoir amassé une somme suffisante, ils vendent leurs pratiques à leurs camarades. Un fonds de porteur d'eau a été vendu il y a deux ans 2,400 fr., non compris les ustensiles.

C'est mal à propos que l'on dit que les eaux de la Seine ne sont pas salubres, le contraire a été démontré tant par des expériences chimiques que par l'expérience de plusieurs siècles.

Mais il faut avoir attention de ne pas boire l'eau de la Seine avant de l'avoir laissée reposer dans une fontaine filtrante en terre de grès : il est dangereux de la laisser dans le plomb ou dans le cuivre.

Les Savoyards sont décrotteurs, ramoneurs, frotteurs, scieurs de bois et commissionnaires.

Il est de ces hommes qui depuis quarante ans exercent leur état avec une probité à toute épreuve ; on pourrait leur confier des millions avec plus de sûreté qu'à certaines maisons de banque.

Les chaudronniers, les marchands de peaux de lapins, les raccommodeurs de faïence, ne jouissent pas d'une réputation aussi intacte que les porteurs d'eau, les commissionnaires, etc.

DÉCROTTEURS.

Depuis vingt ans l'état de décrotteur est devenu important. Il n'était question autrefois que de la *célébrité* de ceux du Pont-Neuf ; aujourd'hui une rivalité terrible existe entre les décrotteurs du Pont-Neuf et les *Artistes-Décrotteurs* du Palais-Royal, et dans d'autres quartiers, qui occupent des locaux décorés avec luxe : ces derniers ont une toilette de garçons limonadiers ou restaurateurs.

La mode des bottes a donné à cette branche d'industrie une activité inconnue jusqu'à ce jour. Il est de ces *artistes-décrotteurs* du Palais-Royal qui font des recettes de deux cents francs. Autrefois un décrotteur du Pont-Neuf qui gagnait dans sa journée six livres était très-content.

MATRONES OU MAQ........

Il n'est pas de moyens que ces femmes n'emploient pour avoir ce qu'elles appellent du *gibier frais*. Pour en attraper, elles épient les jeunes filles à la promenade, chez les marchandes de modes, les lingères, les filles de boutique dans tous les genres de commerce; elles s'adressent aux couturières, aux brodeuses, qui peuvent leur procurer une plus ample moisson; elles font demander de la marchandise, ou des ouvrières pour travailler; elles suivent les promenades pour les petites bonnes d'enfans; se trouvent à toutes les fêtes publiques, à tous les bals, aux spectacles; elles s'introduisent dans les grands cercles, assistent aux distributions de prix des pensions de demoiselles : on les voit même dans les églises les jours de grandes fêtes. D'autres se trouvent à l'arrivée des diligences, et examinent s'il n'y a pas de la *marchandise pour leur commerce ;* elle se présentent dans les hôtels garnis, sous le costume de marchandes à la toilette. Il en est qui voyagent dans les départemens, parcourent les campagnes et les villages pour débaucher les pauvres filles, sous le prétexte séduisant de les rendre plus heureuses. Il est des hommes qui font cet infâme commerce. M. Bertrand-Rival, professeur de physiologie et d'accouchement, dit dans son ouvrage : *Il y a à Paris tant de vieux pénards à amuser, qu'il faut bien que les campagnes fournissent des filles, puisque celles des villes sont toutes infectées.*

La mère de famille doit encore prendre des précautions en confiant ses jeunes filles à des gouvernantes d'enfans ; on en a vu procurer des petites filles de huit à dix ans.

FILLES PUBLIQUES.

Charlemagne avait essayé de bannir absolument les filles publiques. Il avait ordonné qu'elles seraient condamnées au fouet, et que ceux qui les auraient logées, ou chez qui on les aurait trouvées, les porteraient sur leur cou jusqu'au lieu de l'exécution. L'expérience fit bientôt connaître que ces sortes de femmes sont un mal nécessaire dans les grandes villes, et on prit le parti de les tolérer. Dès lors elles commencèrent à faire corps, et furent imposées aux taxes ; elles avaient leurs juges et leurs statuts : on les appelait *femmes amoureuses, filles folles de leur corps.* Tous les ans, elle faisaient une procession solennelle le jour de la Madeleine. On leur désigna pour leur commerce les rues *Champ-Fleuri*, *Pavée*, *Froidmentel*, *Glatigny*, *Tiron*, *Chapon*, *Tire-boudin*, *Brise-Miche*, du *Renard*, et de la *Vieille-Bouclerie*, l'*Abreuvoir*, et *Mâcon*. Elles avaient dans chacune de ces rues un *clapier* qu'elles tâchaient à l'envi de rendre propre, agréable et commode ; elles étaient obligées de s'y rendre à dix heures du matin, et d'en sortir dès qu'on sonnait la cloche qu'on nommait *couvre-feu*, pour avertir de dire ses prières, et de couvrir son feu avant de se coucher : c'était en été à neuf heures du soir, et en hiver à six heures. Il leur était absolument défendu d'exercer ailleurs, même chez elles. *Celles qui suivaient la cour*, disent du Tillet et Pasquier, *tant que le mois de mai durait, étaient tenues de faire le lit du Roi des ribaults*. Le père Daniel assure que la *charge du Roi des ribaults* était considérable, et qu'il avait juridiction pour certain point de police dans la maison du roi et dans tout le royaume.

Le *couvent des Filles-Dieu* avait été fondé à Paris dès l'an 1226, pour *retirer des pécheresses qui toute leur vie avaient abusé de leur corps*. Les Filles-Péni-

Filles publiques.

tentes furent instituées en 1497 : Jean-Simon de Champagny, évêque de Paris, voulut lui même dresser leurs statuts.

Il est dit : « On ne recevra aucune religieuse malgré elle, aucune qui n'ait mené, au moins pendant quelque temps, une vie dissolue ; et pour que celles qui se présenteront ne puissent pas tromper à cet égard, elles seront visitées en présence des mères, sous-mères et discrètes, par des matrones nommées exprès, et qui feront serment sur les saints évangiles de faire bon et loyal rapport.

» Afin d'empêcher les filles de se prostituer pour être reçues, celles qu'on aura une fois visitées et refusées seront exclues pour toujours.

» En outre, les postulantes seront obligées de jurer, sous peine de leur damnation éternelle, entre les mains de leur confesseur et de six religieuses, qu'elles ne s'étaient pas prostituées à dessein d'entrer un jour dans cette congrégation. Pour que les femmes de mauvaise vie n'attendent pas trop long-temps à se convertir, dans l'espérance que la porte leur sera toujours ouverte, on n'en recevra aucune au-dessus de l'âge de trente ans. »

Dans les premiers siècles de l'église, lorsque quelqu'un épousait une fille dont la conduite avait été déréglée, cela s'appelait faire *œuvre de miséricorde.*

On lit dans les mémoires de D. Vincent Bacalat *Y Sanna*, marquis de J. Philippe, pour servir à l'histoire d'Espagne, sous le règne de Philippe V, que les Portugais qui s'étaient déclarés pour l'archiduc étant venus camper aux environs de Madrid, les courtisanes de cette ville résolurent entre elles de marquer leur zèle pour Philippe V, et qu'en conséquence celles qui étaient les plus sûres de leur mauvaise santé se parfumaient, allaient de nuit au camp des Portugais, et qu'en moins de trois semaines il y eut plus de six mille hommes de cette armée ennemie dans les hôpitaux, où la plupart moururent.

Sainte-Foix dit qu'il a ouï discuter le cas de conscience sur la conduite de ces filles, pour savoir si elles avaient péché en se prostituant aux Portugais, et si leur action n'était pas corrigée par l'intention de servir la patrie. Le docteur qui soutenait qu'elles n'avaient pas péché, disait que puisqu'il est *permis de massacrer l'ennemi, de brûler, de saccager les villes et d'employer toutes*

Filles publiques.

sortes de moyens pour affaiblir ses forces, à plus forte raison est-il permis de lui donner la v......

Saint-Louis voulut détruire la *prostitution*. Son ordonnance de 1254 porte que toutes les femmes et filles qui se prostitueront seront chassées, tant des villes que des villages ; que leurs biens seront saisis ; qu'elles seront même dépouillées de leurs habits ; que les maisons de ceux qui les auront logées seront confisquées.

Si l'on voulait exécuter aujourd'hui l'ordonnance de Saint-Louis, chasser les filles publiques, matrones, femmes galantes de la capitale, le nombre est si considérable, qu'il faudrait peut-être six mille voitures pour les conduire hors de France.

Charles VI, en 1224, prit sous sa protection spéciale les prostituées de la ville de Toulouse. Voici ce que son ordonnance porte :

« Savoir faisons à tous présens et à venir, que ouïe la supplication qui nous a été faite par les filles de joie du bordel de notre grande cité de Toulouse, pour qu'elles ne soient nullement inquiétées par nos officiers de notre ville, etc., etc., etc. »

Une ordonnance de police, rendue par

M. Lenoir en 1778, fait défense à toutes femmes et filles de débauche de raccrocher dans les rues, même par les fenêtres, sous peine d'être rasées et enfermées à l'hôpital.

Jusqu'à l'époque de 1789, un inspecteur de police avait la souveraineté absolue sur ces filles. Lorsqu'il avait besoin d'argent, il faisait répandre chez les maq....... et les filles en chambres garnies, qu'au premier jour il ferait la visite de nuit : alors les cadeaux, l'argent, les présens lui venaient de toutes parts, et les maq....... du premier ordre couronnaient ces contributions par l'envoi de quelque jeune fille nouvellement séduite, et dont M. l'inspecteur avait les faveurs. Le revenu valait plus de trente mille livres chaque année à l'inspecteur de police chargé de cette souveraineté.

L'inspecteur général de police *Vérat* a exercé cette souveraineté sous le gouvernement impérial.

Si l'on voulait actuellement mettre en vigueur l'ordonnance de *Charlemagne* sur les femmes publiques, la police serait fort embarrassée sur le nombre des rues à leur assigner ; car il n'est pas pour ainsi dire de rue, de carrefour, de place publique où l'on n'en rencontre. Les ponts mêmes sont le théâtre de leurs exploits; et si ceux qui les logent étaient obligés de les porter jusqu'au lieu de l'exécution, le plus habile peintre ne pourrait placer, sur un tableau de cent pieds de longueur, toutes les têtes des porteurs et des portées, chaque jour d'exécution.

Puisque malheureusement ce genre de femmes est un mal nécessaire, ne pourrait-on pas exiger de celles qui font leur métier dans les rues et à leurs croisées, qu'elles fussent mises plus décemment? on devrait surtout les empêcher de tenir les propos indécens qu'elles se permettent, et dont la pudeur de la mère de famille, obligée de passer par ces rues avec ses enfans, est souvent effrayée par les conséquences auxquelles ils peuvent donner lieu.

Rétif-de-la-Bretonne a proposé, pour ôter au vice ce qu'il a de plus redoutable, son effronterie, d'exiger que les filles portassent des voiles.

Les rues Saint-Honoré, d'Orléans, Croix-des-Petits-Champs, Dauphine et celle de Bussy, les quais, et en général presque tous les quartiers de Paris, sont empoisonnés de ces filles dès le soleil couchant.

Les premiers étages des maisons qui environnent la Halle-au-Blé sont occupés par elles : elles y appelaient depuis long-temps les passans en plein jour; mais depuis six ans on les a obligées à fermer leurs fenêtres, et pour se dédommager elles frappent aux carreaux.

Combien de cultivateurs venant vendre leurs denrées sur ce marché après la moisson, retournent dans leurs foyers avec une moisson d'un autre genre, et qui est le funeste résultat de ces rencontres et de ces invitations !

Le seul moyen de se débarrasser de ces nymphes nocturnes qui harcellent de toutes parts, c'est de leur dire, je n'ai pas d'argent.

Les filles ou matrones disent à leurs élèves : Il faut aller aujourd'hui faire le pavé dans tel ou tel quartier, c'est-à-dire changer de poste, pour faire de nouvelles connaissances. Les filles qui courent les rues sont appelées *impures* par celles qui font leur métier sans sortir de leur domicile.

RETRAITE DES FILLES DU PALAIS-ROYAL.

Leurs traits altérés, grossis, commencent-ils à se ressentir de leur vie licencieuse, leurs supérieures leur annoncent aussitôt que l'heure de la retraite a frappé pour elles ; qu'il faut renoncer aux plaisirs sans cesse renaissans qu'elles goûtent dans ce séjour enchanteur, et aller, sur un théâtre moins brillant, chercher à tirer parti des talens variés qu'elles ont acquis. Cet avis est un ordre absolu et irrévocable, et le lendemain on voit notre prêtresse de Vénus s'acheminer humblement vers le quartier de la ville où elle croit que ses charmes lui produiront le plus de ressources. Arrivée dans l'asile qu'elle a choisi, il lui faut commencer par y essuyer les plaisanteries, les sarcasmes de celles dont elle va devenir la compagne, et que la veille elle se serait bien gardée d'approcher. Là, logée, vêtue à tant par jour, *à un taux modéré*, il faut qu'elle commence de bonne heure à chercher chaland, si elle ne veut pas courir le risque de se coucher sans *étrenner*. La veille on se disputait sa conquête, aujourd'hui trop heureuse si elle peut obtenir de fixer les regards du dernier manœuvre dont le vin a enflammé l'imagination. Alors les goujats succèdent aux mille fleurs ; l'haleine forte et empoisonnée de l'ivrogne remplace la bouche parfumée qui naguère parcourait ses charmes; un lourdaud, grossier et butor, vient chercher de l'amusement auprès de celle qu'un petit-maître agréable et enjoué caressait avec légereté et délicatesse. Quel changement de situation! Tel est le triste sort de ces êtres déplorables. Mais la résignation est prompte, et elle a bientôt pris les manières et les habitudes de son nouveau séjour.

La maison de Saint-Lazare renferme toujours mille à douze cents femmes publiques qui se succèdent; elles en sortent plus dissolues, parce que rien n'est plus fatal que l'exemple pour les femmes, et plus communicatif que le grand libertinage. Celle qui n'a fait qu'effleurer le vice, désapprend à rougir; il n'y a plus chez elle de retour à la vertu.

(Voir l'article *Palais-Royal*, pour les filles qui le fréquentent habituellement.)

JEUX ET JOUEURS.

L'empereur de la Chine a dit: « Je défends le jeu; si quelqu'un brave mes ordres, il bravera la Providence, qui n'admet rien de fortuit; il contredira le vœu de la nature, qui nous crie, *espérez, mais travaillez; les plus actifs seront les mieux traités*, etc.

Le concile de Mayence, tenu en 813, excommunie les ecclésiastiques et les laïques qui joueront au jeu de hasard.

Un philosophe a dit :

« Les jeux portent un préjudice réel à l'homme ; ils le démoralisent. Ils remplacent le travail, l'économie, l'amour des arts; ils prosternent l'homme devant des êtres fantastiques, le sort, le hasard, le destin. Au lieu de remédier à l'inégalité des richesses, ils donnent l'or à celui qui en a déjà et qui en est le plus avide. Ils ravissent à l'homme l'idée de s'enrichir par des moyens légitimes : ils nourrissent, ils enflamment sa cupidité et la trompent, pour l'abandonner au désespoir.

» C'est dans ces assemblées où des dupes sont aux prises avec des fourbes, des voleurs, qu'il faut voir des physionomies défigurées par toutes les passions honteuses, la rage, le remords, la joie féroce; on a raison d'appeler ces salles un *enfer*. Ce vice se punit de lui-même, mais il est comme indestructible dans les cœurs qu'il ravage.

» Si l'or du moins ou l'argent, dans cette rapide circulation, en changeant de main, pouvait tomber dans celle du pauvre! Mais non, il remonte toujours vers le banquier de profession; les *ponteurs* isolés perdent toujours.

» Quelle différence entre le rateau que le jardinier promène sur la terre pour en féconder les présens utiles, et le rateau que les joueurs promènent sur une table de jeu pour tirer à eux les louis qu'ils gagnent. La ressemblance de la dénomination fait naître malgré soi les idées les plus singulières sur le travail agreste de l'un, et l'emploi oisif et cupide de l'autre. »

Les ordonnances de Charlemagne, de Saint-Louis et de Charles V contre les jeux, ne font point mention du jeu de cartes, ce qui fait croire qu'elles n'étaient point encore inventées. Alors la fureur du jeu avait fait de si grands progrès, que Charles V fut obligé, pour prévenir la corruption générale, de défendre tous les jeux.

La passion pour les jeux de hasard avait fait oublier tous les amusemens honnêtes et utiles; et vers la fin de 1370 tous les jeux frivoles furent proscrits. Charles V exhortait en même temps à choisir pour divertissement des récréations propres à rendre *et Joueurs.*

robustes et à aguerrir, telles que l'exercice de la lance, de l'arc et de l'arbalète.

Le jeu de cartes fut inventé, dit-on, pour procurer quelque soulagement à Charles VI, lorsque les accès de sa maladie lui laissaient des intervalles de tranquillité.

Jacquemin Gringonneur, peintre, demeurant rue de la Verrerie, fut le premier qui peignit *des cartes à or et à diverses couleurs, pour l'ébattement du roi.*

L'invention de ces sortes de figures n'était certainement pas nouvelle ; car un statut du synode de Worchester proscrit, entre autres jeux de hasard, celui du *Roi et de la Reine.*

En 1675 on représenta sur le théâtre de l'hôtel de Guénégaud une comédie de Thomas Corneille, en cinq actes, intitulée le *Triomphe des Dames*, qui n'a point été imprimée, et dont le *Ballet du Jeu de Piquet* était un des intermèdes. Les quatre valets parurent d'abord avec leurs hallebardes pour faire faire place. Ensuite les rois arrivèrent successivement, donnant la main aux dames, dont la queue était portée par quatre esclaves : le premier de ces esclaves représentait la paume ; le second, le billard ; le troisième, les dés ; le quatrième, le trictrac. Les rois, les dames et les valets, après avoir formé par leurs danses, des tierces et des quatorzes, après s'être rangés tous les noirs d'un côté et les rouges de l'autre, finirent par une contredanse où toutes les couleurs étaient mêlées confusément et sans suite.

Cet intermède était déjà connu ; il n'était que l'esquisse d'un grand ballet exécuté à la cour de Charles VII, et sur lequel on eut l'idée du jeu de piquet, qui ne fut imaginé que vers la fin du règne de ce prince. Combien de personnes jouent ce jeu sans en connaître tout le profond mérite ! Une dissertation du père Daniel (*Mém. pour l'Hist. des Sciences et des Beaux-Arts, ann.* 1720), prouve qu'il est symbolique, allégorique, politique, historique, et qu'il renferme des maximes très-importantes sur la guerre et le gouvernement. *As*, est un mot latin qui signifie *une pièce de monnaie, du bien, des richesses.* Tous les *as* au piquet ont la primauté, même sur les rois, pour marquer que l'argent est le nerf de la guerre, et que lorsqu'un roi n'en a pas, sa puissance est bien faible.

Le *trèfle*, herbe si commune dans les prairies, signifie qu'un général ne doit jamais camper son armée en des lieux où le fourrage peut lui manquer, et où il serait difficile d'en transporter.

Les *piques* et les *carreaux* désignent les magasins d'armes, qui doivent être toujours bien fournis : les carreaux étaient des espèces de flèches fortes et pesantes qu'on tirait avec l'arbalète, et qu'on nommait ainsi parce que le fer en était carré.

Les *cœurs* représentent le courage des soldats. *David*, *Alexandre*, *César* et *Charlemagne* sont à la tête des quatre quadrilles, ou couleurs du piquet, pour signifier que quelque nombreuses et quelque braves que soient les troupes, elles ont besoin de généraux aussi prudens que courageux et expérimentés.

Quand on se trouve dans une position fâcheuse, dans un camp désavantageux, et dans l'impuissance de disputer la victoire, il faut tâcher que la perte que l'on va faire soit la plus petite qu'il sera possible ; c'est ce qui se pratique au piquet : si le fonds de notre jeu est mauvais, si les as, les quintes et les quatorzes sont contre nous, il faut se précautionner, en tâchant d'avoir le point, pour prévenir le pic et repic ; il faut donner des gardes aux rois et aux dames pour éviter le capot.

Sur les cartes des quatre valets, les noms d'*Ogier* le Danois, et de *Lancelot* qu'on y lisait, rappelaient les temps héroïques des anciens paladins, et la chevalerie moderne était représentée par deux seigneurs de la cour, qui vivaient encore dans le temps où le jeu de cartes devenu commun reçut sa dernière forme. Ces deux seigneurs sont le fameux *la Hire* et le brave *Pector de Galard*.

Le titre de *valet* était anciennement honorable, et les seigneurs qui occupaient des fonctions dans la domesticité de la maison du roi, le portaient jusqu'à ce qu'ils eussent été faits *chevaliers*. Les quatre valets au piquet représentaient donc la noblesse, comme les dix, les neufs, les huits et les sept désignaient les soldats.

L'anagramme d'*Argine*, nom de la dame de trèfle, est *regina*; c'est la reine Marie d'Anjou, femme de Charles VII. La belle *Rachel*, dame de carreau, était *Agnès Sorel*. La pucelle d'Orléans était représentée par la chaste et guerrière *Pallas*, dame de pique; et Isabeau de Bavière, par *Judith*, dame de cœur : ce n'est pas la Judith de l'Ancien Testament, mais l'impératrice Judith, femme de Louis-le-Débonnaire, qu'on avait accusée d'être très-galante, qui causa tant de troubles dans l'état.

Il est aisé de reconnaître Charles VII sous le nom de *David*, donné au roi de pique.

Les lecteurs curieux de s'instruire de pareilles interprétations peuvent consulter la bibliothèque curieuse de P. *Ménestrier*, tom. II, pag. 174; le *Journal de Trévoux*, mai 1710; le nouveau *Choix des Mercures et Journaux*, tom. 77, etc.

M. de Crousaz dit que l'on joue pour se débarrasser de la conversation des sots. M. de *Villaret* dit : « Qu'heureux est celui qui, sachant se procurer des ressources plus agréables et plus versées contre la fastidieuse situation de ne savoir que dire ni que faire, ignore jusqu'aux élémens d'un jeu dont l'acharnement n'a pas même le premier mérite qui doit caractériser toute récréation, celui d'inspirer des sentimens de plaisir et de joie à ceux qui s'y livrent avec le moins de ménagement. »

Les droits que l'on payait sur chaque jeu de cartes avaient été accordés au profit de l'Ecole-Royale-Militaire.

On voit que de tous les temps il y a eu des joueurs comme des buveurs; mais jusqu'à l'époque de 1789, il n'y avait à Paris que les joueurs de profession et les nobles qui fréquentassent les deux ou trois jeux publics.

Un négociant, un fonctionnaire, un magistrat avant la révolution, qui eût été vu dans ces rassemblemens, eût perdu la confiance et le respect de ses concitoyens.

Les maisons de jeu les plus considérables étaient l'hôtel d'Angleterre, place du Palais-Royal, l'hôtel des Américains, la maison Charrier, sur le boulevard. On jouait encore dans plusieurs maisons de grands seigneurs et chez des ambassadeurs.

L'intention des gouvernemens qui autorisent les jeux publics, est d'empêcher les joueurs nationaux de porter leur argent chez l'étranger, et d'attirer chez eux les joueurs du dehors.

Mais lorsque le mal devient trop grand, elles doivent être fermées, principalement pour les jeux de hasard, qui ne peuvent être considérés que comme des piéges tendus à la crédulité ou à l'ignorance.

L'on dira: mais la police trouve souvent

dans ces maisons des filous, des voleurs et des assassins qui ont su se soustraire à ses recherches dans tous les autres quartiers. Nous répondrons que c'est un grand malheur pour la société, que pour découvrir les malveillans, il faille tolérer des rassemblemens de joueurs, écoles de corruption et de coquinerie ; car ordinairement un honnête homme qui les fréquente habituellement devient fripon. L'on a remarqué depuis long-temps qu'il y avait moins de voleurs lorsque les jeux étaient prohibés.

On lit dans Sainte-Foix qu'un célèbre cordelier, appelé père *Richard*, prêchait avec tant de succès dans la petite église du village de Boulogne, qu'on venait en foule de Paris pour l'entendre. Un jour entre autres, il fit un si beau sermon sur le jeu, que peu d'instans après le retour de ceux qui y avaient assisté, on vit plus de deux cents feux allumés au milieu des rues de Paris, dans lesquels les hommes brûlaient les tables de jeux, les dés, les cornets, les cartes, etc.

La direction a établi les jeux sous Buonaparte; il y avait des jeux dans presque tous les grands quartiers laborieux et manufacturiers; aussi jamais on n'a pu obtenir la permission de jouer la pièce *Beverley*, contre-poison de la passion du jeu.

Que de victimes depuis vingt ans! Combien de suicides! Combien de familles abandonnées! Combien de jeunes gens déshonorés et dénaturés! le joueur n'est ni époux, ni père, ni citoyen; la passion du jeu est une rage qui porte à commettre tous les crimes.

Combien de jeunes gens qui viennent à Paris pour cultiver les sciences et les arts: dès qu'ils ont le malheur d'aller deux fois dans ces infâmes maisons de jeu, ils sont perdus pour leurs familles et pour leur patrie : si le gouvernement croit devoir maintenir les jeux publics, il devrait au moins en interdire l'entrée à tous détenteurs de deniers publics, aux jeunes gens, aux commis des banquiers, des négocians, aux clercs de notaires, aux magistrats, aux avocats, aux étudians en droit, en médecine, etc., etc.; éxiger que tous ceux qui veulent entrer dans les maisons de jeu justifient de leurs cartes de sûreté ou de leurs passeports; inscrire les noms des négocians, des fabricans : et en cas de faillite, faire passer leurs noms au tribunal de commerce, et les déclarer banqueroutiers frauduleux, pour être puni d'après les lois.

Il y a douze ans, un particulier fait faillite ; ne pouvant justifier un déficit de 400,000 francs, les créanciers rendirent plainte. Le faillant leur montra pour 400,000 francs de billets de loterie ; on ne donna pas suite à la plainte.

On compte à Paris neuf maisons de jeu sous la protection du gouvernement.

Quatre au Palais-Royal, galeries de pierre, savoir :

Une au n° 9. — *Id.* n° 113. *Id.* n° 129, et une au n° 154.

Une rue de Marivaux, n° 13.

Une rue de Richelieu, hôtel Frascati, n° 108.

Une rue Grange-Batelière, hôtel d'Oigny, cercle dit des étrangers, n° 6.

Une rue du Temple, hôtel de l'Hôpital, ancien jardin de Paphos, n° 116.

Une rue Dauphine, faubourg Saint-Germain, n° 36.

Il y a tous les jours un nouveau mouvement dans ces neuf maisons, de sept à huit mille individus, dont la faible minorité sont des dupeurs, et les autres des victimes de la fatale roulette et du jeu de *trente et quarante*.

Le tableau suivant prouvera encore le danger de fréquenter les maisons de jeu.

Les frais d'administration des neuf maisons sont par jour de 30,000 fr.

Par année. . . . . . . 10,950,000 fr.

Les fermiers paient à la ville de Paris. 6,600,000

Indépendamm. de cette somme pour la ville de Paris, les bénéfices se partagent encore avec les fermiers. L'on peut évaluer les bénéfices par année à 3,000,000

Total 20,550,000.

Voilà chaque année le capital énorme de vingt millions cinq cent cinquante mille fr. enlevé aux sciences, aux arts, à l'industrie et au commerce; et ce qu'il y a de plus affligeant, c'est la démoralisation, la ruine et le désespoir de milliers de familles.

La chance de la roulette, et du trente et quarante est toute à l'avantage des fermiers ; mais le jeu de cartes trente et quarante est encore plus funeste, car l'un des plus anciens tireurs de cartes, qu'on nomme *tailleurs*, disait dernièrement : *je réponds de renvoyer à sec, dans l'espace de huit jours, cent joueurs qui auraient chacun un million.*

(Voyez l'article *Palais-Royal* pour la physionomie de l'intérieur des *maisons de jeu*, qu'on peut nommer *guet-apens*.)

FILOUS ET VOLEURS.

Piéges qu'ils tendent aux étrangers qui arrivent à Paris, et même aux habitans de cette grande ville.

Le nombre des filous, des voleurs, est dans une ville en raison de sa population. Paris en a une armée qui viennent de tous les pays. A Londres, il y a plus de voleurs que de filous; l'Anglais dédaigne de fouiller dans les poches, il a honte d'une subtilité; il attaque ou il enfonce les portes. Dans Paris la ruse du vol est plus commune que la violence; l'adresse veille le jour et la nuit; il faut tout garder, tout serrer; une porte ne reste pas impunément entr'ouverte; les mains vigilantes des filous, qui se glissent à pas de loup, se portent invisiblement sur tout, et l'on n'oserait confier, même pendant le jour, aucun objet à la foi publique.

Les filous sont très-bons physionomistes et anatomistes; ils devinent ce que vous avez dans vos poches; ils connaissent l'effet de tous les mouvemens du corps humain; la main qui soutire une montre ou un portefeuille est légère et souple; mais elle s'est exercée sur un mannequin suspendu, qu'il faut voler sans qu'il vacille.

On n'est reçu dans la bande infernale que lorsque l'on a fait preuve d'adresse.

Les filous et voleurs sont organisés; ils ont des règlemens; ils distribuent des grades en raison *des services rendus à la société*. *L'administration* est composée de ceux qui, depuis plusieurs années, ont fait preuve de grande subtilité.

Lorsqu'un filou a commis une faute grave contre les *intérêts de la société*, il est interdit pendant un certain temps de *ses fonctions*; c'est-à-dire qu'on le force d'être honnête homme pendant un délai prescrit; et si, au mépris de *la loi* faite par *l'administration*, il s'avisait de voler et d'apporter les objets à la masse, l'administration discuterait pour savoir si l'on fera remettre l'objet volé; mais un filou nous a assuré que jamais rien n'avait été rendu. Il nous ajouta : « Si vous saviez,

Monsieur, combien il y a d'intrigans et de mauvais sujets parmi nous! *L'administration* favorise des hommes qui n'ont rendu aucun service, et qui, au préjudice des *bons sujets*, obtiennent des grades. »

Le conseil d'administration de ces messieurs, délibérant sur les intérêts de la société, l'un des membres annonça avec douleur l'arrestation d'un de leurs élèves; il dit : « Par quelle fatalité le nommé….. âgé de quatorze ans, à peine entré dans la carrière, et ayant donné les plus grandes espérances par son intelligence, est-il dans les fers ? Cette victime, qui faisait à merveille le mouchoir, allait passer à la montre. Je propose que le conseil *d'administration* emploie toutes ses protections pour obtenir la liberté d'un enfant qui peut devenir l'un des meilleurs sujets de la société à qui il appartient, qu'en attendant il ne lui manque rien dans sa captivité. »

Les filous et les voleurs, ayant à combattre une inspection vigilante, ont besoin de plus de ruse et de souplesse.

La défense est devenue aussi ingénieuse que l'attaque ; il faut donc qu'ils aient recours à des astuces nouvelles. Les chefs tiennent des cours de filouterie; souvent un projet passe à la *censure* de dix *professeurs* dans ce genre.

Ils ont des registres, non pas par *doit* et *avoir*, mais par *pris* et *gardé*. Ils ont des correspondances dans toutes les villes : les vols faits à Paris se vendent à Bordeaux, Marseille, Nantes, etc. Les vols faits dans les départemens sont envoyés à Paris. Les filous qui sont dans les prisons de Bicêtre, hors des murs de Paris, et dans les autres prisons, sont instruits jour par jour des vols qui se font; ils savent combien il faut voler de montres dans un spectacle, lors de la représentation d'une nouvelle pièce.

L'ordre est donné de manière que ceux qui exécutent ne peuvent tromper; tout est enregistré; ils ont des ouvriers qui démontent les mouvemens des montres et en font des envois à leurs correspondans.

Les filous et les voleurs en prison ne manquent jamais d'argent (1); *l'adminis-*

---

(1) Madame Emasle, seule marchande de vin des prisons de Bicêtre, devine par une consommation extraordinaire, que la veille il a été fait un grand vol à Paris. C'est un thermomètre qui ne manque jamais.

tration leur procure tout ce dont ils peuvent avoir besoin ; et lorsqu'ils sont condamnés aux fers et qu'ils ont été dignes des premiers grades, la caisse leur fournit les moyens de s'évader. Ils ne se dénoncent point, un pareil délit serait puni sévèrement, et le coupable serait déclaré indigne d'être membre de la bande.

Les chefs des filous et voleurs ont les formes agréables, une mise élégante ; ils parlent bien ; ils sont instruits sur presque toutes matières, s'introduisent dans les meilleurs cercles, mangent chez les restaurateurs les plus renommés, fréquentent les grands cafés. Ils sont continuellement à l'Opéra, aux Français, à Feydeau, aux Italiens ; ils occupent les premières loges ; ils observent leurs agens qui sont au parterre, font la conversation avec les étrangers, leur font remarquer les beaux passages de la pièce, et finissent par savoir leur pays, leur domicile à Paris, et soulèvent provisoirement leur montre ou le ridicule de la dame.

C'est ordinairement au Palais-Royal qu'ils se réunissent tous les jours ; c'est dans cet endroit, avant dîner et le soir, que le mot d'ordre se donne. Les filous se trouvent à l'arrivée des diligences, soit aux barrières, soit aux bureaux ; d'autres sont chargés de voyager, de faire connaissance avec les personnes qui sont dans les voitures : ils savent combien il y a d'argent pour le compte du gouvernement sur les diligences, etc.

Ils suivent les audiences du palais de justice, pour connaître les personnes qui gagnent des procès pécuniaires.

Ils lisent les Petites-Affiches, pour ceux qui ont des fonds à placer.

Ils s'introduisent chez les banquiers, sous prétexte de négociations.

Ils assistent à toutes les grandes cérémonies religieuses.

Ils s'introduisent dans les familles le jour d'une noce.

Ils se trouvent à tous les incendies ; et, sous prétexte de donner du secours, ils volent.

Ils se sont fait recevoir dans les sociétés populaires ; pendant la révolution, ils étaient les orateurs par excellence.

Ils visitent les loges des Francs-Maçons ; ils ne négligent aucun des moyens qui peuvent leur procurer la facilité de faire des dupes.

Dans les rues ou à la promenade, lorsque quelqu'un s'aperçoit qu'il a été volé, souvent il se trouve entouré par des complices qui semblent lui indiquer le filou qui se sauve; et lorsque le vol a été fait par un enfant, ils l'arrêtent eux-mêmes, en lui disant : *Petit coquin, tu mériterais bien que l'on te conduisît chez le commissaire de police;* ils lui donnent du pied dans le cul, et le laissent évader. Les spectateurs, de bonne foi, approuvent la correction et la fuite du filou.

Il est parmi les filous de très-bons mécaniciens, serruriers, etc.

Les orfèvres de Paris peuvent rendre de très-grands services à la police, en retenant des objets volés dont ils ont reçu le signalement; mais les filous et les voleurs sont plus en sûreté en vendant leurs vols à certains juifs.

On a vu des filous ramasser une bague ou autre bijou faux, et se disputer entre eux pour la valeur de l'objet : un particulier témoin de la découverte, et à qui on propose honnêtement de la partager, offre un prix; alors l'un des filous dit : Je vais faire estimer cet objet chez le premier bijoutier; il revient, et dit : Cela est estimé 72 fr.

plus ou moins. Le particulier qui ignore ce genre de friponnerie donne une partie du prix de l'estimation, et souvent le prétendu bijou ne vaut que 24 sous ou 3 fr.

Chez les restaurateurs, ils tiennent conversation avec celui qu'ils soupçonnent nouvellement à Paris ; remarquent, lorsqu'il paie au comptoir, s'il a beaucoup d'or; le suivent dans toutes ses démarches, finissent par savoir son adresse, son nom, et ne tardent pas à le dévaliser.

Il leur est arrivé plusieurs fois de rapporter une montre volée, et sur laquelle il y avait le nom du propriétaire : c'était un motif de s'assurer d'une nouvelle capture plus importante.

D'autres vont visiter des appartemens à louer, enlèvent sur la cheminée montres, bijoux ou portefeuilles ; ils savent que tel locataire est sorti avec son épouse, qu'il ne rentrera qu'à minuit, et avec de fausses clefs ils s'introduisent dans l'appartement.

Il est des filous qui vont en voiture acheter du drap, de la toile, des mousselines ou des bijoux ; ils disent au marchand : Vous enverrez dans deux heures à mon hôtel, mon secrétaire vous paiera. Monsieur, dit le vendeur, emportez toujours. Après quelques façons ils emportent, et l'hôtel est introuvable.

Ils vont encore plusieurs ensemble chez un marchand. Le plus beau parleur occupe la maîtresse, lui fait des complimens; pendant ce temps-là un paquet est emporté.

Ils louent un bel appartement dans un hôtel garni; s'introduisent dans les grands cercles; jouent les négocians étrangers; parlent plusieurs langues, et sont de tous les pays.

D'autres suivent les jardins publics, surtout le matin. Là, ils reconnaissent l'homme arrivant à Paris, qui admire la beauté du palais des Tuileries, du Luxembourg, du Jardin des Plantes; lient conversation, vantent la beauté du monument; ils ajoutent : il y a beaucoup de belles choses à voir à Paris; j'ai vu hier un superbe tableau (ou toute autre chose curieuse) dans une maison; ils détaillent le sujet : si monsieur désire le voir, je lui donnerai l'adresse. — Vous êtes bien honnête, monsieur. — Cela n'est pas bien loin d'ici : si c'est votre chemin, je vous y conduirai. On arrive dans un endroit où il y a un billard ou une table de jeu; mais la personne qui a la clef du salon où est le beau tableau vient de sortir. Si vous voulez,

monsieur, en attendant, faire une partie ?
— Je vous remercie, monsieur. Et vous ne sortez pas sans avoir été escroqué.

Le soir, dans les quartiers peu fréquentés, ils demandent l'heure à un homme bien couvert, qui complaisamment s'approche du premier réverbère pour la leur dire au juste : on lui enlève sa montre.

Dans les fêtes publiques, toutes les issues sont encombrées par le mouvement qu'ils font faire : ils sont certains de voler dans le même instant tel nombre de montres ou portefeuilles.

Ils vont chez un restaurateur commander à dîner pour dix à douze personnes, arrivent deux ou trois, enlèvent l'argenterie.

Un filou, ayant tous les dehors d'un honnête homme, met son couvert dans sa poche après dîner ; la femme du restaurateur s'en aperçoit, et par une présence d'esprit admirable, ajoute à sa carte 36 fr. *pour un couvert ;* le filou paie sans rien dire.

Les filous vont chez un banquier, ou riche propriétaire, prévenir de la part de la police qu'on doit voler chez lui le lendemain à dix heures du soir : le vol a lieu le même jour.

Deux filous se présentent chez une dame

veuve le jour du mariage de sa fille ; ils la préviennent que souvent des filous s'introduisent dans les noces. Ils l'invitent à prendre des précautions : cette dame les remercie beaucoup. Deux montres et une tabatière d'or, qui se trouvaient sur la cheminée, sont enlevées.

Les filous demandent le chemin pour aller dans telle rue à ceux qui leur paraissent être étrangers, qui ne peuvent par conséquent la leur indiquer ; ils se lient de conversation, et insensiblement conduisent l'étranger dans un endroit suspect.

D'autres marchent dans la rue d'une manière très-préoccupée, se jettent sur vous, vous demandent excuse, et votre montre est volée. Il faut encore se méfier de ceux qui font les ivrognes le soir.

Les filous suivent aussi ceux qui lisent les affiches au coin des rues.

Ils se trouvent à tous les bureaux de spectacles, au grand bureau de la poste aux lettres.

Ils suivent la bourse et les caisses publiques.

Ils connaissent les propriétaires qui paient exactement leurs impositions.

Ils font adresser des caisses, venant d'Allemagne ou des grandes villes de France, avec une lettre de voiture sur laquelle il est dit qu'il y a telle somme à rembourser.

Ils envoient des boîtes contenant des dragées de Verdun ou des bijoux.

Il y a six ans qu'une femme va louer une boutique et un appartement au premier, rue des Saints-Pères, sous prétexte de faire un dépôt de chapellerie de Lyon. Après avoir bien examiné le local, elle dit au propriétaire qu'elle désirerait faire un escalier dans la boutique, qui communiquât à l'appartement, afin d'éviter de sortir pour aller au premier.

Il est décidé que l'escalier peut se pratiquer; au bout d'un mois l'ouverture est faite, la boutique reste toujours fermée, en attendant quatre prétendues voitures de chapeaux.

Elle fait construire un petit bureau contre l'ouverture de l'escalier. Elle avait posé adroitement douze boîtes de carton contre le grillage, de manière que l'ouverture ne pût se découvrir. Elle va chez un changeur près le Palais-Royal, demande 50 mille fr. en louis d'or contre *et Voleurs.*

des billets de la banque de France, disant qu'il lui fallait cette somme pour le lendemain deux heures. Le changeur, n'ayant pas la somme complète en or, lui demande son adresse, et promet qu'à une heure on la lui portera.

Cette femme recommande d'envoyer des balances pour peser les louis, voulant éviter les difficultés qu'elle pourrait éprouver dans le voyage qu'elle doit faire.

Le lendemain, le changeur, n'ayant pu compter les 50,000 mille fr., lui envoie un à-compte de 30,000 mille fr., avec la promesse de lui fournir le surplus dans la journée. Cette femme était dans son petit bureau, reçoit et pèse les louis les uns après les autres, en fait des rouleaux de cinquante, met le tout dans un sac, le lie avec précaution, feint de le mettre dans son bureau pour donner de suite les billets; elle disparaît par une échelle qu'elle avait placée à l'ouverture, sort par la boutique, et monte dans un cabriolet qui l'attendait au coin de la rue. La police n'a jamais pu la découvrir. Cette femme avait combiné ce tour de filouterie depuis plus de trois mois.

D'après ce fait, s'il est possible de tromper un marchand d'argent, principalement du Palais-Royal, personne n'est à l'abri d'être volé.

Les filous ont plusieurs logemens, plusieurs noms, plusieurs états : l'un fait la banque, dit-il ; l'autre fait la commission dans l'étranger; celui-ci suit un procès, un recouvrement; enfin aucun moyen ne leur manque pour exercer leurs brigandages. Il en est qui tiennent cercle chez eux, d'autres annoncent des fêtes, etc.

Un étranger arrivant à Paris ne doit se lier avec qui que ce soit, à moins qu'il ne le connaisse bien.

Avant la révolution, les filous se décoraient du cordon bleu et de la croix de St. Louis. Plusieurs filous, sous l'habit militaire, décorés de la légion d'honneur, se sont introduits dans diverses maisons sous prétexte de donner des nouvelles de leurs enfans aux armées.

Les filous s'introduisent encore dans les sociétés où ordinairement on ne se connaît pas ; ils se trouvent aux cérémonies de mariage : les parens de la demoiselle les croient alliés ou amis de son futur, qui de son côté les prend pour des parens de la mariée : alors il y a non-seulement des montres et de l'argenterie volées, mais aussi des bagues en donnant la main aux dames pour danser, et les cachemires disparaissent en les conduisant à leurs voitures.

D'autres louent un bel appartement, demandent à en jouir un mois avant le délai expiré pour entrer en jouissance, sous prétexte d'une réunion d'amis. Ils s'informent s'il y a un bon traiteur dans le quartier, se font servir à dîner plusieurs fois, paient bien, lui commandent un repas de vingt-quatre ou trente couverts, et l'argenterie est enlevée.

Deux filous dans une superbe voiture, deux laquais derrière, vont chez un riche bijoutier demander des diamans pour, disent-ils, une dame étrangère qui est indisposée; ce qui l'empêche de venir choisir elle-même. Le marchand porte avec lui ce qu'il a de plus précieux : on le présente effectivement à une femme dans son lit ; elle fait son choix. Monsieur, dit-elle, ces objets me conviennent; je désire pourtant les voir au jour : je vais me lever, donnez-vous la peine de passer dans l'autre pièce. Le bijoutier attend une heure, frappe à la porte : personne ne répondant, il s'adresse au portier, qui lui déclare qu'il n'y a point de femme dans cet appartement, mais bien quatre particuliers qu'il ne connaît pas, puisqu'ils ne sont dans la maison que depuis deux jours, et qu'ils viennent de sortir.

Une autre dame ayant pour 50,000 francs de diamans à vendre, fait venir un joaillier, qui lui dit que pour le moment il n'a point de placement, mais qu'il viendra aussitôt qu'il s'en présentera. Huit jours après, deux particuliers viennent de la part du marchand joaillier, font des offres raisonnables, et le marché ne se conclut que le lendemain. Madame, disent-ils, comment voulez-vous être payée, en or, en argent ou en billets de caisse? — Vous me feriez plaisir, messieurs, répond la dame, en me donnant de l'or. Demain, madame, nous vous apporterons la somme en or. Mais quelle garantie nous donnerez-vous que vous nous conserverez les diamans, que vous ne ferez pas un marché avec d'autres personnes, si elles vous donnent un meilleur prix. Nous pensons que vous devez mettre le tout dans une boîte, que nous cachèterons nous-mêmes avec notre cachet : voilà, madame, une boîte. Adroitement ils substituent une pareille boîte toute cachetée, et la dame attend encore la somme en or. Le commissaire de police qui fit l'ouverture de cette boîte n'y trouva que des petites pierres. On a vu plusieurs de ces *honnêtes gens* substituer, dans de pareils marchés, des diamans faux aux vrais.

Un filou entre dans l'étude d'un notaire à huit heures du matin ; n'apercevant aucun clerc, passe dans le cabinet du notaire, qui était occupé à travailler. Ce filou, ne le voyant pas, s'avance contre le secrétaire, et dès qu'il aperçoit le notaire il ne se trouble pas, il va à la cheminée, sur laquelle il y avait une superbe pendule, il lève le verre, comme pour remonter la pendule ; le notaire croit que c'est un garçon horloger, se plaint de la négligence de son bourgeois. Le prétendu garçon l'excuse, et dit : Si monsieur voulait, j'emporterais la pendule pour la régler. Le notaire y consent, et la pendule disparaît.

Il faut encore se méfier de ceux qui s'introduisent dans un appartement sous prétexte de demander une adresse. Lorsqu'ils ne voient personne dans les premières pièces, ils enlèvent tout ce qu'ils trouvent. Beaucoup de femmes font ce métier ; elles dépouillent des petites filles que leurs bonnes ou leurs mères négligent trop souvent à la promenade.

Les filous se réunissent sur une place publique, dans un carrefour, dans une rue très-passagère : là, ils se disputent pour faire assembler les passans, qui bonnement cherchent à les mettre d'accord : pendant ce temps les montres disparaissent.

Il faut éviter les réunions qu'occasionnent les escamoteurs : c'est dans le moment qu'ils font reculer le cercle pour faire leurs tours, que les filous, mêlés avec ceux qui regardent, enlèvent mouchoirs et montres.

Lorsqu'un filou a volé une montre d'or, il dit avoir fait *une bogue jaune*, et *une bogue blanche* pour une montre d'argent. Il est des filles publiques qui sont très-adroites dans ce genre de filouterie : souvent le soir elles entourent un homme dans la rue et lui enlèvent sa montre.

Un particulier se promenait à midi aux Tuileries ; des filous s'aperçurent qu'il avait une tabatière d'or dans la poche de sa veste; mais ils remarquèrent qu'il tenait toujours sa main dans sa poche : ils le suivirent jusqu'à la grille du côté des Champs-Elysées ; là, l'un d'eux lui frappe fortement sur l'épaule, le particulier se retourne aussitôt ; le filou lui dit : *Monsieur, c'est ainsi que cela se fait.* Pendant ce temps l'autre filou lui enlevait sa tabatière et disparaissait ; celui qui avait donné le coup ajouta fort honnêtement : Pardon, pardon, monsieur, je croyais vous connaître.

Un filou sachant qu'il y avait dans la maison d'un notaire une chambre à louer, s'y introduit furtivement, y quitte ses habits, passe bien vite une robe de chambre et des pantoufles qu'il avait apportées, et va chez un horloger qui demeurait près de là, s'annonçant comme clerc de notaire, et lui dit : Nous faisons dans ce moment un mariage riche, et on demande des montres, vous pourriez en vendre trois ou quatre ; mais il faudrait venir de suite, car il va arriver un autre horloger. L'horloger lui dit : Si vous voulez avoir la complaisance de prendre la boîte de montres à répétition, je vais porter celle de montres unies et je vous suis. Le filou entre bien vite dans la chambre, quitte sa robe de chambre, et file avec la boîte de montres, dans laquelle il y en avait au moins vingt. L'horloger arrive un instant après dans l'étude du notaire, et lui dit : Monsieur, voici les montres unies que vous avez fait demander par M. votre clerc. Le notaire lui répond qu'il n'a pas quitté l'étude depuis une heure, et que personne n'est sorti. Il eut beaucoup de peine à le désabuser.

On exerce encore à Paris un genre de filouterie, mais marqué sous le point de vue d'utilité publique. Ce sont certains bureaux de placement pour un emploi de caissier, etc. Il vous faut, dit-on, donner en écus un cautionnement de 1500 francs. Après bien des pourparlers la somme arrive, mais la place reste en route.

Il y a aussi des bureaux de mariage. On propose une demoiselle ou une jeune veuve ayant dix mille francs de rente ; mais elle désire une fortune égale à la sienne. Un particulier se présente au bureau : on lui demande la communication de ses titres de propriété, après avoir exigé un à-compte pour les frais de bureau. Le particulier demande à connaître celle qui s'est fait annoncer ; on lui promet un rendez-vous ; ensuite mille obstacles s'opposent à l'entrevue : a-t-elle lieu, c'est avec une fille qui a reçu les instructions du directeur du bureau pour jouer son rôle.

Il importe beaucoup d'être prévenu cor

tre les piéges que tendent les filous, même dans les églises, les jours de fêtes solennelles, principalement dans les plus fréquentées, telles que Notre-Dame, Saint-Roch, Saint-Eustache, Saint-Sulpice, etc. Le gouvernement a sagement défendu toute espèce de musique pour la messe de minuit; mais malgré cette précaution, souvent les temples religieux deviennent les théâtres de l'immoralité et du vol.

C'est encore dans les spectacles, et particulièrement à l'Opéra, aux Français, à Feydeau, aux Variétés, au Vaudeville, surtout les jours où on donne des pièces nouvelles, que les filous exercent leur brigandage avec plus de succès..

Les chefs des filous distribuent les rôles, et arrêtent entre eux que tel ou tel doit rapporter tant de *bogues jaunes*, c'est-à-dire de montres d'or, de ridicules, de capotes, de schalls, voiles, tabatières, etc.

Ces fripons, très-bien vêtus, lient conversation avec ceux qui doivent être leurs victimes. Ils ont dans les premières loges, au balcon, dans les baignoires, des femmes qui leur sont affidées, et qui feignent de faire connaissance avec eux, afin d'inspirer de la confiance aux personnes qui sont dans la même loge.

Les filous qui sont au parterre se tiennent ordinairement contre les baignoires, et dès qu'ils ont décidé de dévaliser un individu quelconque, ils sortent du spectacle les premiers, ou se tiennent dans les corridors ; d'autres se placent aux différentes issues, offrent la main aux dames pour monter en voiture, et pendant ce temps ils les volent.

Pour sa sûreté on ne doit accorder aucune confiance ni lier conversation avec qui que ce soit, quelle que soit la mise ou la décoration, dans les spectacles ; car les fripons, qui sont très-adroits et très-impudens, se travestissent de toutes les manières ; ils se tiennent aussi dans les différentes entrées des parterres où il y a foule, parce que c'est dans les flux et reflux qu'ils volent.

Il est presque impossible d'échapper à ces coquins, lorsqu'ils vous ont mis sur la liste de leurs *victimes*. Les hommes qui sortent des spectacles avec deux femmes qu'ils tiennent par-dessous le bras, doivent prendre les plus grandes précautions, parce qu'il est difficile de se garantir des fripons dans la foule.

Quoique la police ait des agens dans les spectacles, qui ont les signalemens de presque tous les filous, elle ne peut empêcher le grand nombre de vols qui s'y commettent. Souvent, quand les spectacles finissent très-tard, plusieurs de ces agens se retirent d'avance chez eux, et au moment de la sortie, vingt ou trente voleurs s'emparent de toutes les issues et entourent ceux qui sortent; on n'échappe aux piéges de l'un que pour retomber dans ceux d'un autre.

Il ne faut jamais dire le quartier où l'on demeure, car plusieurs personnes ont été volées pendant le spectacle par cette imprudence.

Un particulier arrête un filou en sortant du théâtre de l'Opéra, et l'accuse de lui avoir volé sa montre; le filou lui dit : « Monsieur, ne me perdez pas; ce n'est pas moi qui vous ai pris votre montre; mais en voilà une ». Le particulier satisfait se retire chez lui; mais quelle est sa surprise d'avoir une montre bien supérieure à la sienne !

Il faut se garder encore, lorsqu'on a une tabatière de prix, d'offrir ni de laisser prendre du tabac; car les filous y glissent adroitement un petit plomb attaché à un fil de soie, et à peine a-t-on remis sa tabatière dans la poche, qu'ils la retirent. Les filous appellent cela *pêcher des tabatières à la ligne.*

Voici encore un trait qui prouve combien les filous savent se contrefaire et prendre toutes les physionomies.

Une dame, étant à la grand'messe à Saint-Sulpice, avait sur une chaise devant elle son ridicule où était une tabatière en or qui disparut. A côté d'elle était un particulier qui semblait prier Dieu avec piété. A la fin de la messe, cette dame s'aperçoit que sa tabatière lui manque ; elle la cherchait sans soupçonner personne. Ce particulier lui demande le sujet de ses recherches, elle le lui dit, en ajoutant que ce qui lui faisait de la peine, c'est que sa tabatière était un cadeau de son mari, dont le portrait était dessus. Le voleur feint de prendre beaucoup de part à l'événement, sort avec elle de l'église, lui offre de la reconduire ; elle le remercie beaucoup en disant qu'elle allait rendre une visite dans une maison où elle devait dîner : elle eut l'imprudence de nommer les personnes et de dire leur adresse ; elle ajouta même que son mari devait venir la rejoindre pour dîner aussi sur les quatre heures et demie.

Le filou profitant de ces instructions, va au domicile de la dame, demande de sa part à la domestique douze couverts d'argent pour la personne chez laquelle devaient dîner son maître et sa maîtresse, parce que, disait-il, il était survenu beaucoup plus de monde à dîner qu'on n'en attendait. La domestique ne le connaissant pas, refusa d'abord de les lui donner ; le filou lui dit : « Votre méfiance est louable ; mais pour vous prouver que vous ne devez avoir aucune crainte, voilà la tabatière de madame, qu'elle m'a confiée, et qu'elle m'a dit de vous montrer. » La domestique, d'après une preuve aussi irrésistible, lui remit les douze couverts, qui éprouvèrent le même sort que la tabatière.

Nous recommandons aux chefs de maisons de ne jamais laisser en leur absence des enfans seuls, crainte d'incendie, et de ne pas confier leur maison à un domestique seul, qui ne peut prévoir tous les piéges que tendent les voleurs.

Rien n'échappe aux filous, qui, pour la plupart, sont nés avec un génie inventif qui fait le malheur de la société. Ils envoient des paquets, des malles, des paniers remplis de pierres, pour lesquels ils font payer des ports considérables. Non-seulement ils trompent impunément les personnes qui reçoivent ces objets, mais ils les exposent très-souvent à être compromises ; car, il y a quelques années, des voleurs ont mis dans des malles des cadavres de personnes assassinées.

Il y a quelques années, un homme qui venait de recevoir un paiement chez un notaire, retournait chez lui dans un carrosse de louage. Le cocher ne se souvenant plus du nom de la rue qu'on lui avait indiquée, descendit de son siége et ouvrit la portière pour le redemander. Il trouva notre homme roide mort. A sa première exclamation le monde s'amassa. Un filou qui passait fend tout à coup la presse, et d'une voix lamentable et pathétique, il s'écrie : *C'est mon père ! malheureux que je suis* ! Et donnant toutes les marques de la plus vive douleur, pleurant, sanglotant, il monte dans le carrosse, embrasse le visage du mort. Le peuple fut touché et se dispersa, en disant : *Le bon fils* ! Le filou fit marcher le carrosse et les sacs d'argent, et s'arrêtant à une porte, il dit au cocher qu'il voulait prévenir sa sœur du funeste accident qui venait d'arriver. Il descend, ferme la portière, et laisse le mort dépouillé de tout ce qu'il avait sur lui. Le cocher ayant attendu long-temps, s'informa vainement dans la maison du jeune homme et de sa sœur; on ne connaissait ni elle, ni lui, ni le mort.

Avant la révolution, on faisait, à la réquisition de l'archevêque, la chasse aux abbés qui allaient voir des filles. Ces abbés n'avaient pour tout caractère que l'habit violet ou marron, quelquefois le manteau court et le petit collet. C'était surtout dans les promenades du soir que ces abbés accostaient les filles.

Un filou s'étant avisé de s'habiller en exempt de police, parcourait les promenades, et dès qu'il voyait un de ces abbés parler à des filles, il ne le perdait pas de vue. Lorsque l'abbé sortait, il allait à lui, et montrant tout à coup son bâton d'ivoire, il lui disait : *Vous savez ce que vous venez de faire, monsieur l'abbé ; je vous arrête de par le roi.*

Le pauvre abbé, tremblant, montait dans un fiacre, et osait enfin demander où on le conduisait. *Au Châtelet*, répondait le faux exempt. *Au Châtelet? ah! monsieur!* Il tâchait d'attendrir le conducteur, en lui représentant combien sa réputation en souffrirait. Bientôt l'inexorable exempt composait avec son prisonnier, et lui tirait tout l'argent qu'il avait en poche.

Il suivait ce métier lucratif, lorsque le lieutenant de police en ayant été informé, fit déguiser un exempt en abbé, lequel joua dans les Tuileries le rôle convenable pour attirer le faux exempt. Quand il vint à lui montrer son bâton et l'ordre du roi, l'abbé en tira un autre de sa poche, en lui disant : *voici le véritable, monsieur; suivez-moi.*

On vit ce qu'on n'avait pas encore vu, un exempt en manteau court arrêter un homme en habit bleu, et le conduire réellement au *Châtelet*, où il avait feint d'en conduire tant d'autres.

On fit à ce sujet une gravure représentant un exempt en rabat, transpirant sous la calotte : l'imposteur qui avait endossé l'habit n'avait qu'une teinte de cet œil hardi et pénétrant, qui devine et en impose aux escrocs. La surprise, les deux bâtons croisés, l'audace terrassée, tout cela faisait un sujet très-piquant.

Il est encore un genre de filouterie que

des femmes exercent, ce sont les *dépouilleuses d'enfans.*

Ces femmes infâmes épient les enfans qui sont les mieux habillés, elles ont des dragées; et, après les avoir amadoués, elles les conduisent dans une allée et les déshabillent; et lorsque l'enfant crie, l'une de leurs complices gronde l'enfant, dit qu'il faut le fouetter.

Il y a quatre ans, une petite fille de quatre ans ayant été ainsi dépouillée le soir, alla se cacher sous un banc de pierre à côté d'un hôtel, faubourg Saint-Germain. Cette petite fille ne criait pas par pudeur, dans la crainte d'être vue dans cet état de nudité.

De tous les temps il y a eu beaucoup de filous et de voleurs à Paris; mais autrefois le nombre n'en était pas aussi considérable; mais les grandes routes étaient beaucoup plus dangereuses.

Voici deux anecdotes sur deux hommes dont la mémoire ne s'oubliera jamais :

Le maréchal de Turenne fut arrêté la nuit aux environs de Paris par des voleurs; ils lui prirent sa montre, ses bijoux et son argent; il réclama une bague, non à cause de sa valeur, mais parce qu'elle lui venait d'une femme qu'il aimait. Il offrit cent louis aux voleurs si on voulait la lui envoyer le lendemain. L'un des voleurs lui demanda son nom, son adresse et son heure ; à l'heure indiquée la bague est reportée, et Turenne compte la somme.

Près de Pantin, un voleur salue le maréchal de Saxe, monte à la portière le chapeau à la main, tenant dessous un pistolet. Il lui dit : Il me faut deux cents louis, et surtout que vos gens ne s'aperçoivent de rien. Le maréchal répondit : Je ne les ai pas sur moi. — A quelle heure voulez-vous que je passe demain à votre hôtel ? — A dix heures. — Cela suffit.

On annonce le lendemain la personne qui a parlé sur la route au maréchal. Faites entrer. Le domestique se retire.—Vous n'avez donc pas craint que je vous fisse arrêter ?— Non, lorsque le maréchal de Saxe donne une parole d'honneur, l'on doit y compter. Le maréchal lui donne les deux cent louis, plus cent autres pour son audace.

Il faut suivre pendant huit jours les audiences de la cour de justice criminelle ou correctionnelle, pour être instruit de leur adresse. Les filous connaissent le code criminel ; ils savent que tel article ne les condamne qu'à la détention ou aux fers pour tant d'années. Il en est qui ont eu la hardiesse de dire aux juges en plein tribunal : Vous ne pouvez nous condamner que pour deux ans de fers; mais nous vous déclarons que dans deux mois nous serons à Paris. Cela est arrivé à plusieurs de ces coquins, et qui ont été arrêtés de nouveau.

Voici plusieurs traits dont nous avons été témoins, qui prouvent la témérité audacieuse de ces voleurs.

Nous étions alors juré de jugement; le président demanda à l'accusé son nom;—Lequel? répondit-il, j'en ai plusieurs.—Vous avez été arrêté sous tel nom, je prends celui-là. Votre état? — Je suis voleur. — Accusé, je vous ordonne de répondre avec le respect que vous devez à la justice.—Je vous fais observer, M. le président, que je vous dis la vérité; je ne sais pas mentir, je suis voleur, c'est un état comme un autre; je fais ce métier en homme courageux : il y a des voleurs dans toutes les fonctions publiques, qui sont plus lâches que moi; ils volent sans craindre d'être arrêtés, et moi j'ai fait preuve de courage, je suis dans les fers. Il fut condamné à vingt ans de fers; il dit:—M. le président, j'ai vingt-deux ans, j'ai déjà été condamné à dix ans de fers; vous me condamnez à vingt; si je subissais mes deux condamnations, j'aurais donc cinquante-deux ans. Je vous donne ma parole d'honneur que dans trois mois, jour pour jour, je serai à Paris, et ferai une affaire qui en vaudra la peine.

Effectivement, il fut rencontré sur le Pont-Neuf trois mois après par un huissier du tribunal, qui lui dit : — Te voilà donc, coquin. — Oui, je suis venu à Paris pour une opération de cent mille francs ; c'est la dernière que je ferai, je me retire en province pour vivre tranquillement.

Il est possible que ce fripon soit propriétaire d'un château.

Un autre, condamné à vingt ans de fers, promit de faire un vol sous trois mois chez le magistrat de sûreté Saucède. Le vol eut lieu. Arrêté de nouveau, il se plaignit à ce magistrat qu'il avait fait une mauvaise opération chez lui, qu'il croyait trouver beaucoup plus d'argenterie, mais que le bocal de cerises l'avait dédommagé.

Il y aurait vingt volumes à faire sur l'histoire des filous et des voleurs. Notre article paraîtra peut-être trop long ; mais nous ne saurions trop inviter nos lecteurs à se pénétrer des dangers de cette horde pestilentielle.

Personne en France ne connaît mieux cette horde malveillante que M. Henri, chef de la division de la préfecture de police. Depuis plus de trente ans, il est chargé de la pénible surveillance des escrocs, des filous, des voleurs, des vagabonds, des gens sans aveu, des évadés des prisons, des fous, etc., etc., etc. De volumineux registres, par ordre alphabétique, contiennent tous les noms de ceux qui ont bien mérité d'y être inscrits; mais les lois ne peuvent en atteindre qu'un nombre. Personne ne peut en imposer à M. Henri sur les réputations, sa discrétion est à toute épreuve. Combien de gens qui ont des équipages, des hôtels, des châteaux, ont mérité l'*honneur* d'être portés sur ce fatal registre.

Tous les jours M. Henri rend de grands services à la société, en donnant les renseignemens sur un nombre d'individus qui ont l'art de faire des dupes, en en imposant par une apparence d'opulence.

Hommes trop confians, consultez le respectable M. Henri, il ne vous trompera pas.

PLAISIRS DES DIMANCHES.

Le peuple va peu à la messe; les églises sont désertes à vêpres, excepté les grandes fêtes solennelles. Autrefois les nobles disaient que les vêpres étaient l'opéra des *gueux*. Le malheureux est maintenant obligé de se tenir debout, à cause de la cherté des chaises.

La cherté du vin, par l'énorme impôt qu'il paie, oblige le peuple de sortir des barrières pour en boire. Rien de plus curieux, dans la belle saison, que de parcourir le dehors des barrières du côté du midi : les barrières de Vaugirard, du Maine, de Montrouge, de l'Hôpital ou d'Austerlitz, des Gobelins, etc. Cent mille hommes, femmes et enfans, tous assez bien vêtus, garnissent des milliers de tables, des bals champêtres ; de superbes salons sont encombrés de curieux pour voir danser. Le même spectacle hors des barrières du côté du nord : les barrières du Trône ou de Vincennes, de Montreuil, de Charonne, de Ramponeau, de Belleville, de la Villette, Poissonnière, Blanche, Montmartre, etc.

Les maîtres artisans vont aux prés Saint-

Gervais, dans le bois de Romainville, à Sceaux, à Vincennes, etc.; du côté du midi, ou hors des petits boulevards, au moulin Janséniste, au moulin de Javelle, etc. Partout l'on danse ; partout des salles de danse, ornées de glaces et éclairées avec des lustres. Ce n'est plus ce même peuple qu'on allait voir il y a trente ans par curiosité aux Porcherons, à la Courtille, chez Ramponeau ; la classe ouvrière est aujourd'hui plus civilisée.

Ceux des artisans qui ne sortent pas de Paris le dimanche, vont dans les guinguettes des Champs-Élysées, dans l'allée des Veuves, etc. Sur les petits boulevards, à la Chaumière ; sur les grands boulevards, au jardin Turc, à Paphos, aux Marronniers, à Tivoli, etc. etc.

Le gros négociant, le banquier, le juge, l'avocat, l'avoué, partent le samedi soir pour leur campagne, jusqu'au lundi à l'heure du palais ou de la bourse.

La classe marchande fait grande toilette pour aller aux Tuileries, au Luxembourg, aux Champs-Élysées, au Jardin des Plantes ou du Roi; le soir elle va aux jardins de Tivoli, de Beaujon, de Marbeuf. Beaucoup de boutiquiers partent aussi pour la maison de campagne, qui souvent n'est composée que de deux chambres, au second ou premier étage, et le jardin commun pour tous les locataires, à Passy, à Chaillot, à Belleville, aux prés Saint-Gervais, etc.

Les gens à équipages vont au bois de Boulogne, depuis deux jusqu'à cinq ou six heures.

L'hiver, les spectacles sont toujours garnis de beaucoup de monde, ainsi que les bals les concerts, etc. (Voyez en tête l'*Instruction* aux étrangers, où l'on trouve aussi pour les parties fines.)

Barriere d'Enfer.

PREMIÈRE PROMENADE.
AU MIDI.

QUARTIER DE L'OBSERVATOIRE.

BARRIÈRE D'ENFER.

En face se trouve un bon café, où l'on peut déjeuner avant de commencer sa promenade, à partir de cette barrière, en suivant les nouveaux boulevards jusqu'au pont du Jardin du Roi, ci-devant d'Austerlitz; nous nous arrêterons dans le quartier de la rue d'Enfer, les faubourgs Saint-Jacques, Saint-Marcel; nous reviendrons sur les boulevards, le Port-à-l'Anglais, le pont du Jardin du Roi, en suivant la rivière, les quais, les ponts, le Jardin du Roi, le quartier Saint-Victor, l'île Saint-Louis, la Cité, la rue Saint-Jacques, le quartier Sainte-Geneviève, la rue de la Harpe, celle de l'Ecole de Médecine, de Saint-André-des-Arts, le quai des Augustins, le quartier du palais de Justice, le Pont-Neuf, les rues Dauphine et du pont de Lodi, où nous terminons cette première promenade.

La barrière d'Enfer est l'une des plus jolies de celles qui entourent Paris. L'on peut en juger par la gravure.

CATACOMBES.

Monument funèbre dans des carrières, situées sous le lieu appelé la *Tombe Issoire*; on y entre par un escalier ouvert dans l'enceinte des bâtimens de la barrière d'Enfer. Cet escalier conduit à quatre-vingts pieds au-dessous du sol; c'est là où sont transportés, depuis 1786, les ossemens trouvés dans le cimetière des Innocens, et dans d'autres situés dans l'intérieur de Paris, dont la suppression fut ordonnée. On y a réuni aussi ceux trouvés lors de la démolition d'un grand nombre d'églises depuis 1789. On doit aux soins de M. Héricart de Thury, ingénieur en chef, inspecteur-général des carrières, l'ordre religieux qui règne dans ce lieu où disparaissent toutes les fortunes et les grandeurs humaines.

On parcourt dans l'intérieur de longues galeries et des salles en grand nombre, tapissées d'ossemens placés avec symétrie et compartimens; des écriteaux indiquent les cimetières d'où ils ont été exhumés. Dans quelques-unes des salles sont des autels; quelques-uns sont composés d'ossemens mêmes maçonnés avec du plâtre. De distance en distance sont écrites, en lettres noires, sur un fond blanc, des sentences selon tous les systèmes philosophiques et religieux, formant entre elles un déchirant contraste. On évalue à dix millions le nombre des morts qui ont fourni ces ossemens. On éprouve une impression douloureuse, à la vue d'une petite chapelle au fond de laquelle est un hôtel expiatoire. Sa forme a quelque chose de plus effrayant que le reste des Catacombes : on cherche une inscription qui indique à quels morts est consacré ce lieu qui n'est point tapissé d'ossemens. On lit sur une pierre de granit :

2 *septembre* 1792.

Cette inscription simple retrace un événement affreux. Il faut au moins trois heures pour visiter les nombreuses galeries et salles de ce lieu du néant. On a formé dans une salle à part un cabinet de minéralogie où se voient toutes les sortes de sables, de glaise, de cailloux et de pierres dont est composée la couche épaisse de plus de quatre-vingts pieds que le spectateur a dans ce séjour sur sa tête. On voit dans un autre endroit une collection d'ossemens d'une construction extraordinaire, soit naturelle soit accidentelle, etc.

On sort de ces souterrains par un escalier placé à trois cents toises à l'est de la route d'Orléans, que l'on a traversée sous terre.

BOULEVARDS DU SUD, OU MIDI.

Les boulevards neufs ont été achevés en 1761 ; ils sont très-champêtres.

Ces boulevards ont trois mille six cent quatre-vingts toises de longueur, depuis le Jardin du Roi jusqu'à l'École royale Militaire.

Le duc d'Angoulême a fait son entrée à Paris le 27 mai 1814 par la barrière du Maine, située sur le boulevard.

Ces boulevards sont la promenade ordinaire des poëtes et des amans.

OBSERVATOIRE.

Il est situé à peu de distance de la barrière d'Enfer, ayant une entrée par la rue d'Enfer ; il a été commencé sous Louis XIV, en 1667, et terminé en 1672 sous la conduite de Claude Perrault, à qui l'on doit la belle colonnade du Louvre. Sa forme est rectangle : on n'a employé dans sa construction ni bois ni fer. Les quatre faces sont

Vue de l'Observatoire.

exactement placées aux quatre points cardinaux de l'horizon. Dans une grande salle, au premier étage, est tracée la ligne méridienne, qui divise cet édifice en deux parties : c'est de là que, prolongée au sud et au nord, elle traverse toute la France. L'on a percé une avenue qui va rejoindre celle du Jardin du Luxembourg, ce qui procure une perspective agréable.

CASSINI (Rue de).

Le premier nom de cette rue, située à côté de l'*Observatoire*, était *des Deux-Anges*; depuis quinze ans on l'a nommée de *Cassini*, en mémoire de Jean-Dominique *Cassini*, né à Périnaldo en 1625, et mort à Paris en 1712; c'est lui qui a continué la méridienne de l'Observatoire de Paris, commencée par Picaut. Les fils de Cassini, son petit-fils et son arrière petit-fils, le comte de *Cassini*, ont rendu ce nom célèbre. On remarque dans cette rue le château d'eau, contenant le premier départ des eaux d'Arcueil.

BOURBE (Rue de la).

C'est là qu'était l'ancienne abbaye de Port-Royal, démembrement de la fameuse abbaye du Port-Royal-des-Champs, fondée en 1204, près de Chevreuse.

En l'an IV de la république (1795), les membres du directoire exécutif, tourmentés par le parti des *jacobins*, instrument de la *terreur*, dont ils s'étaient servis pour parvenir aux premières dignités, et ne pouvant donner à tous des places ou de l'argent, suscitèrent un mouvement anarchique, pour avoir un motif d'en faire enfermer un grand nombre dans cette maison. On appelait les prisonniers les *bourbiers*. L'année suivante on y établit un

HOSPICE DE LA MATERNITÉ,

Composé de deux maisons, l'une pour les enfans au-dessous de deux ans abandonnés de leurs parens.

L'autre maison en face, sous le nom de maison de l'accouchement, rue d'Enfer, est l'ancienne maison de l'institution de l'oratoire, qui avait été fondée en 1650 par *Nicolas Pinette* ; cette maison est pour toutes les femmes qui veulent y faire leurs couches. Mais on n'y est reçu qu'au huitième mois de grossesse, ou dans un péril imminent d'*accoucher*.

Madame Lachapelle, célèbre sage-femme,

dirige depuis long-temps avec succès les cours d'accouchemens ; tous les départemens peuvent y envoyer des élèves sages-femmes.

L'administration des hôpitaux a depuis huit ans placé dans la rue de la Bourbe la maison de l'accouchement, qui était rue d'Enfer.

Les enfans trouvés et les nourrices sont rue d'Enfer.

On voit dans la maison des enfans trouvés une belle statue de *saint Vincent de Paule*, exécutée par Stouf ; il mourut le 13 août 1729, et Clément XI le mit au nombre des saints, le 16 juillet 1737. Il était le fondateur de la maison des *enfans trouvés* et des *filles de la charité* pour le service des pauvres malades.

Le 25 mars 1805 les sœurs de la charité reprirent leur ancien habit qu'elles avaient été forcées de quitter dans la révolution ; Buonaparte, voulant singer Louis XIV, les avait placées sous la protection de sa mère, la vénérable *Létitia*, sachant que ce fut sous les auspices de la mère de Louis XIV que *Saint-Vincent de Paule* forma son établissement.

D'ENFER (Rue).

Près de la barrière d'Enfer est l'infirmerie de Marie-Thérèse, fondée par madame la duchesse d'Agoulême.

Sous *saint Louis*, on fit courir le bruit qu'il y avait dans cette rue des diables et des revenans ; saint Louis donna une partie de la rue aux chartreux, pour exorciser les fantômes, et on n'y vit plus dès lors des spectres. Les chartreux demandèrent encore l'hôtel *Vauvert*, qui était, dit-on, abandonné parce que les diables s'en étaient emparés ; les chartreux, désirant s'établir à Paris, firent bâtir de belles maisons dont ils tiraient de bons revenus, ainsi que de leurs jardins. Le couvent des chartreux a disparu depuis la révolution; la rue d'Enfer était autrefois un véritable coupe-gorge, et digne de son nom; on n'y passait pas avec sécurité.

On voyait rue d'Enfer le couvent des *Carmélites*, où se retira la sensible duchesse de la Vallière, sous le nom de sœur *Louise de la Miséricorde* ; elle y mourut l'an 1710, après trente ans de pénitence.

Au n° 32 on remarque un hôtel qui appartient à la chambre des pairs, et au n° 34 l'hôtel de Vendôme, occupé maintenant par divers particuliers.

FAUBOURG SAINT-JACQUES (Rue du).

Hôpital Cochin, n° 45,

Fondé par le curé de Saint-Jacques-du-Haut-Pas. Le curé, M. Cochin, né à Paris en 1726, mort en 1783, l'avait destiné pour trente-huit lits des pauvres de la paroisse, aujourd'hui il y en a plus de deux cents. On y reçoit des malades de tous les quartiers de Paris. La construction de cette maison a été très-dispendieuse; *M. Viel*, architecte, ne s'est distingué que par l'escalier; les salles sont des plus mesquines ; On y voit le buste en marbre de M. Cochin, fondateur de cet hôpital, nommé pendant la révolution *Hospice du Midi*.

CAPUCINS (Rue des).

Hôpital des Vénériens,

Pour les deux sexes, dans l'ancien couvent des Capucins. Le traitement des maladies vénériennes se faisait auparavant dans la maison de Bicêtre.

Il y a six cents lits; trois cents pour les

hommes et trois cents pour les femmes, y compris les femmes grosses ou nourrices, qui ne sont pas des prostituées.

Nous avons assisté à plusieurs visites des chirurgiens et à des opérations ; nous frémissons encore de l'effet du libertinage.

Il faut entendre le langage des prostituées, l'histoire de leur vie, le nombre d'hommes qu'elles ont empoisonnés, les dupes qu'elles feront après leur traitement, en leur persuadant qu'elles ont été six mois à la campagne, ce qui leur a donné un teint *frais*; mais que l'air étant trop vif, elles ont perdu leurs couleurs.

Les matrones viennent les chercher en voiture après le délai de leur traitement; elles leur apportent robes de gaze, de linon, de batiste, chapeaux à la mode, et le soir même on les rencontre au Palais-Royal ou dans des bals publics. Là, des dupes leur font la cour, leur débitent des complimens sur la blancheur de leur teint; ils ne se doutent pas que c'est le prodige du mercure.

SAINT-JACQUES (Rue).

Institution des Sourds-Muets, n° 254,

Établie dans le ci-devant séminaire Saint-Magloire. Le nombre des élèves des deux sexes que la nation entretient dans cette école, moyennant une pension de cinq cents fr., ne peut excéder cent vingt.

Les séances publiques ont lieu tous les quinze jours. L'assemblée est toujours nombreuse et bien composée : il y a une école de gravure de pierres fines, etc.

Cette maison a été visitée, le 23 février 1805, par le pape Pie VII, accompagné de cinq cardinaux, au nombre desquels était le cardinal *Dubelloy*, archevêque de Paris.

Au n° 262, la Mairie ; à côté du n° 286, *la fontaine* dite des *Carmélites*.

Hôpital militaire, rue du Val-de-Grâce, ci-devant abbaye du Val-de-Grâce.

La reine Anne d'Autriche, femme de Louis XIII, après vingt-deux ans de stérilité, pour rendre grâce à Dieu de la naissance inattendue de Louis XIV, fit élever ce superbe monument des beaux-arts et de sa piété. Le célèbre François *Mansard* en fournit les dessins, et les vit exécuter jusqu'au rez-de-chaussée ; mais, par une fatalité trop ordinaire aux gens à talens, *Mansard* fut obligé d'abandonner la direction de cet ouvrage : des architectes moins habiles que lui, voulant renchérir sur les dessins de ce grand maître, altérèrent une foule de beautés. *Mansard*, piqué de se voir corrigé par ses inférieurs, entreprit au château de *Fresne*, chez M. *d'Aguesseau*, à sept lieues de Paris, une chapelle qui, en miniature, était l'exacte exécution de son dessin du Val-de-Grâce, voulant ainsi prouver la préférence qu'il méritait.

On ne peut s'empêcher d'admirer le dôme du Val-de-Grâce ; c'est un chef-d'œuvre de peinture à fresque, par le célèbre *Mignard*. Cette peinture représente le séjour des bienheureux, divisé en plusieurs hiérarchies. Dans cette église furent enterrées la reine *Anne d'Autriche* et la famille d'Orléans.

On a fait depuis la révolution un hôpital militaire de cette abbaye ; on cultive dans son jardin un grand nombre de plantes qui forment une belle collection, destinée à l'instruction des élèves en médecine.

Du même côté, les dames *religieuses de*

Saint-Michel, maison de correction pour les filles repentantes.

JACQUES-DU-HAUT-PAS (l'Eglise Saint-).

Cette église était en 1320 un hôpital; l'édifice que l'on voit fut commencé en 1630, et achevé en 1684, sur les dessins de Gittard. C'est aujourd'hui la deuxième succursale de la paroisse Saint-Étienne-du-Mont.

Dans l'un des couvens de filles de ce faubourg, l'archevêque de Paris vint entendre les vêpres. Les religieuses ne comprenaient pas le latin qu'elles psalmodiaient; le prélat entendit ces mots : *Fratres, sobri estote et vigilatote, quia adversarius vester* CHRISTUS....., au lieu de *diabolus*. Ces bonnes religieuses, quoiqu'elles ignorassent le latin, comprenaient bien que ce mot signifiait *diable*. Un mot aussi impur ne devant pas sortir d'une bouche sacrée, elles pensèrent plus convenable de substituer *Christus*. Ces pauvres filles furent censurées, plusieurs manquèrent de mourir de chagrin.

L'abbesse, pour réparer la faute, obligea les religieuses de prononcer tous les jours avant le repas, et après les prières, le mot *diabolus*.

Revenons sur les nouveaux boulevards;

nous ne dirons rien des barrières Saint-Jacques, de l'Oursine, de la Glacière.

On remarque dans l'enclos des Prêtres, barrière de l'Oursine, sur la rivière des Gobelins, le *Clos-Payen*, sur la gauche du boulevard des Gobelins. Ce terrain était consacré autrefois au culte des idoles des païens, qui y avaient érigé un temple. Ce n'est aujourd'hui qu'un endroit vague loué à des blanchisseuses.

BARRIÈRE ET RUE DES GOBELINS.

Dans la nuit du 12 au 13 juillet 1789, douze à quinze hommes armés de bâtons et de torches se présentèrent à la barrière des Gobelins, et après en avoir chassé les commis, pillé le bureau, ils incendièrent la barrière qui était en bois ; la foule s'accrut bientôt, et toutes les barrières de Paris, qui étaient en bois, furent brûlées dans la même nuit ; c'était le prélude de la prise de la Bastille le lendemain 14.

GOBELINS (Rue des).

On y voit la manufacture royale des tapisseries des Gobelins, qui a pris son nom d'un teinturier nommé Gille Gobelin, originaire de Reims, qui avait fait bâtir ses ateliers dans cet endroit. Le ministre *Colbert* établit tout auprès la manufacture des tapisseries, et en 1667 il en confia la direction au peintre Lebrun.

Les jours d'entrée, pour le public, sont tous les samedis, de deux à six heures.

OURSINE (Rue de l').

La maison qu'habite M. *Vérité*, apprêteur de draps, a appartenu à la *reine Blanche*; elle servit ensuite de prison, où il y avait vraisemblablement une juridiction, car on a trouvé des chaînes dans les caves.

RUES DU QUARTIER SAINT-MARCEL.

Le faubourg Saint-Marcel est très-populeux et très-laborieux; il y a beaucoup de tanneurs, corroyeurs, mégissiers, amidonniers, brasseurs, maroquiniers; des fabriques de teintures, de papiers peints, de couvertures, des filatures de coton, etc. Beaucoup de petits rentiers, de prêtres, de gens de lettres, habitent ce quartier. Les loyers sont moins chers que dans le centre de Paris.

Les mœurs, le langage et la mise des habitans ne ressemblent nullement à ceux des autres citoyens de Paris; l'on dirait que le faubourg Saint-Marcel, quoique dans Paris, est éloigné de trente lieues de cette capitale. On entend dire : *j'irai demain à Paris.*

MOUFFETARD (Rue).

La caserne, située entre la rue des Gobelins et la rue Pierre-Assis, a été construite pour une compagnie de gardes françaises.

Le maréchal Augereau est né dans cette rue, son père était fruitier ; mais ce qui fait honneur au maréchal, c'est le grand respect qu'il avait pour son père et sa mère ; il y a conduit plusieurs fois des généraux ses amis ; mais il avait la modestie d'y arriver à pied, et laissait son carrosse à une certaine distance.

En 1800 deux femmes publiques de la rue Mouffetard ont été se battre en duel avec des couteaux, rue des Poules, derrière l'Oratoire ; l'une d'elles, frappée de onze coups, fut transportée à l'hospice Cochin, et l'autre de quatre, à l'Hôtel-Dieu : elles y sont mortes.

C'est dans la rue Mouffetard que Louis-le-Gros se promenant à cheval, un cochon vint s'embarrasser entre les jambes de son cheval et fit tomber sa majesté. Le lendemain on publia un ordre du roi qui défendait de laisser courir les cochons dans les rues.

CLOÎTRE SAINT-MARCEL.

L'église collégiale de Saint-Marcel était une des trois filles bien aimées de l'archevêché de Paris.

Le maréchal de Lowendal, de la maison royale de Voldemar, de Danemarck, vainqueur de Berg-op-Zoom, a été enterré dans cette église le 12 juillet 1754.

On voyait dans le cloître Saint-Marcel l'*église Saint-Martin*, qui était érigée en paroisse depuis 1200.

Le poète Sylvain Maréchal, l'ami particulier de l'astronome Lalande, avait acheté en 1796 le presbytère Saint-Martin ; c'est là qu'il a écrit son dictionnaire des *Athées*.

EGLISE SAINT-MÉDARD,

Succursale du 12me *arrondissement.*

Le célèbre *Nicolle*, et *Olivier Patru*, surnommé le *Quintilien français*, sont enterrés dans cette église.

Le diacre François Pâris, mort à trente-sept ans, le 1er mai 1727, a été inhumé dans le petit cimetière, où une multitude payée ou ignorante, sous prétexte de miracles opérés par les vertus de Pâris, allait se faire guérir de prétendues maladies ou infirmités. Le roi fit fermer le cimetière de Saint-Médard. Un plaisant écrivit ces deux vers :

> De par le roi, défense à Dieu
> De faire miracle en ce lieu.

L'on a construit une fontaine dans ce quartier à l'entrée de la rue du Censier.

MARCHÉ DES PATRIARCHES.

En descendant les rues du Noir et d'Orléans, l'on trouve à droite de cette dernière, vis-à-vis le petit séjour dit d'Orléans, une porte qui conduit dans le marché des Patriarches.

L'ARBALÈTE (Rue de).

On remarque l'Ecole de Pharmacie au n° 13. On y fait des cours publics et gratuits de *chimie*, de *botanique*, de *matière médicale*, etc. Le jardin botanique est ouvert tous les jours, excepté les dimanches et les fêtes.

Au coin des rues des Postes et du Cheval Vert, aujourd'hui rue des *Irlandais*, est le *séminaire des Irlandais*, fondé par Louis XIV en 1687, sous l'invocation de saint Grégoire-le-Grand, pour servir de retraite à des prêtres et écoliers obligés de sortir d'Angleterre, d'Ecosse et d'Irlande, à cause de la religion catholique qu'ils professaient. Un décret du 28 floréal an 13, 17 mai 1805, a rétabli cette maison et la réunion des trois colléges des *Irlandais*, *Anglais* et *Ecossais*.

RUE DES POSTES.

Entre la rue de l'Arbalète et la place de l'Estrapade on voit depuis deux ans le superbe établissement de l'Association des anciens élèves de la communauté de Sainte-Barbe; institution pour l'éducation des jeunes gens depuis l'âge de huit ans. C'est M. l'abbé Nicolle, aumônier du roi, recteur de l'université, membre de la commission royale d'instruction publique, un des derniers préfets de Sainte-Barbe, qui en est le fondateur.

La situation de la maison est avantageuse: elle a trois jardins considérables; des locaux spacieux, bien distribués; des professeurs du premier mérite. La nourriture est fort bonne. Néanmoins la pension n'est que de 800 fr. Il faut s'adresser à M. Nicolle ou à M. Parmentier.

VIEILLE ESTRAPADE (Rue de la).

Appelée ainsi parce que l'on a fait bien long-temps subir le supplice de *l'estrapade* aux soldats. Ce supplice consistait à lier le condamné les mains derrière le dos, à l'élever avec une corde au haut d'une pièce de bois et le laisser tomber ; le poids de son corps lui disloquait les membres. Louis XV a aboli en 1776 cette exécution.

Nous sommes encore obligés de revenir sur les boulevards pour suivre avec ordre notre promenade.

BOULEVARD DE L'HÔPITAL.

Vous y voyez l'abattoir ou tuerie, qu'on nomme d'Ivry ou Villejuif, parce qu'il est près du village de *Villejuif*. Ce bâtiment a été commencé en 1810, sous la direction de l'architecte *Leloin*. Il est décoré d'une superbe grille dorée, luxe peu convenable à ce genre de monument.

HOSPICE DE LA SALPÉTRIÈRE.

On éprouve un frémissement à la vue de cette maison destinée aux femmes infirmes et aux femmes folles ou en démence. C'est un triste tableau de l'espèce humaine. Il y a eu dans cette maison jusqu'à six à sept mille femmes infirmes. Cette maison a été fondée en 1646 par Louis XIV.

Si nous ne nous étions pas engagés à donner les faits historiques, nous ne rappellerions pas les horribles journées des 2, 3, 4 et 5 sept. 1792.

A cette époque l'hospice de la Salpétrière renfermait les femmes condamnées à la détention par jugement et les prostituées. Le 3 septembre, vers les quatre heures après midi, deux cent cinquante hommes armés de fusils, de sabres, etc., entrèrent dans l'intérieur de la partie de cette maison appelée le *commun* ; ils firent sortir cent quatre-vingt-trois femmes prostituées, qu'ils reconnurent pour avoir eu des liaisons avec eux, et principalement les plus jeunes.

Ils revinrent le lendemain, massacrèrent trente-cinq femmes ; dans ce nombre on remarqua madame de Lamotte, qui y était renfermée depuis le 31 mai 1786, impliquée dans l'affaire du collier, avec le cardinal de Rohan-Guémenée. La femme Desrues avait fait sa toilette, espérant toucher ses assassins, mais elle périt comme les autres.

Le 2 sept. 1786 la princesse Lamballe alla visiter la maison de la Salpétrière ; elle témoigna le désir de voir madame de Lamotte, ce qui lui fut refusé. Cette princesse ne se doutait pas que six ans après elle serait assassinée le même jour que madame de Lamotte, le 2 septembre 1792, dans la prison de la Force.

Les horribles massacres des prisonniers dans la

révolution française ont été dirigés par des hommes qui connaissaient les grands crimes qui se commettent dans les révolutions ; car on lit, dans l'Histoire de Paris par *Lobineson*, « que le 12 juin 1418 il y eut plus de huit cents personnes assommées ou égorgées dans les prisons de Paris, sans distinction d'âge ni de sexe ; que ce carnage dura depuis quatre heures après midi jusqu'au lendemain dix heures du matin. Telles furent les suites de la trahison de *Perinet le Clerc*, qui avait introduit les troupes du duc de Bourgogne dans sa patrie, la nuit du samedi au dimanche 28 et 29 mai 1418. Ce massacre se renouvela le 20 août de la même année, et, pour comble de calamité, fut suivi d'une maladie contagieuse qui fit périr plus de cent mille individus à Paris dans les cinq derniers mois de l'année.

De l'autre côté du boulevard sont des traiteurs fameux ; les principaux sont à l'*Arc-en-Ciel*, au *Feu Eternel*, au *Petit Moulin*, au *Point du Jour*, etc. Ils ont de jolis jardins où l'on danse, des cabinets particuliers, et des salons pour 100, 150 ou 200 couverts.

Du même côté, une filature de schalls et de cachemires ; le marché aux chevaux.

JARDIN DU ROI, OU DES PLANTES.

Ce jardin et le Muséum d'histoire naturelle sont situés au levant de Paris.

En 1686 Guy de La Brosse, médecin de Louis XIII, engagea ce monarque à fonder un jardin pour la culture des plantes étrangères. Plusieurs ministres le protégèrent ;

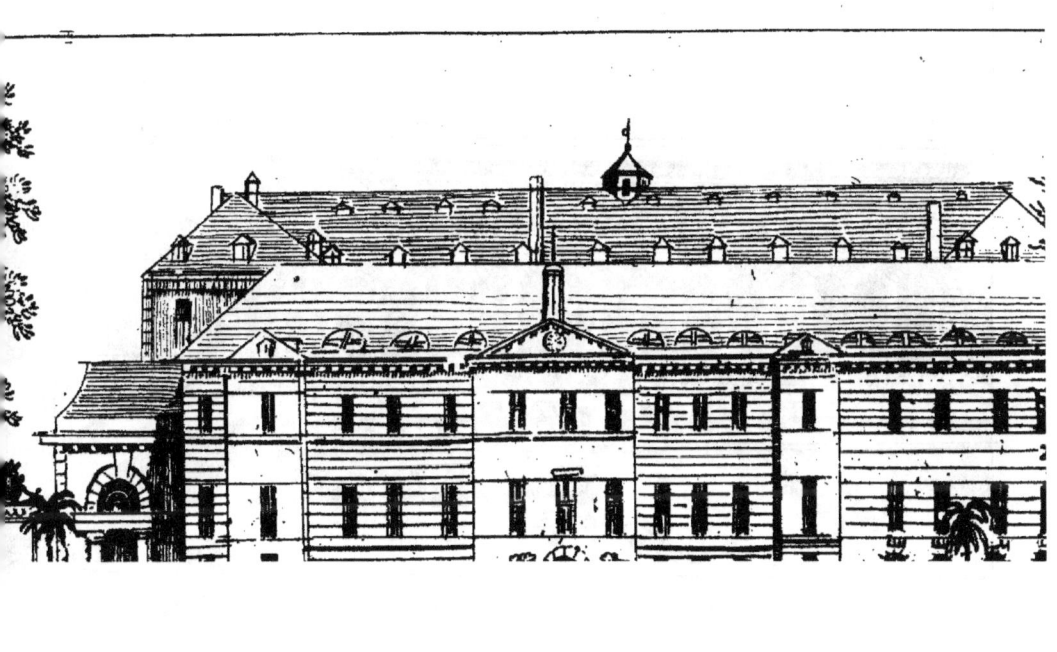

Grande Serre du Jardin des Plantes.

mais il fut par suite abandonné. MM. Valot et Fagon le repeuplèrent d'un grand nombre de plantes ; le catalogue qu'ils firent en 1665, sous le titre d'*Hortus regius*, se montoit à plus de 4000.

La surintendance passa en plusieurs mains jusqu'en 1718, que Louis XV y nomma M. Leclerc, de l'académie françoise, qui fut nommé ensuite comte de Buffon, mort à Paris le 15 avril 1788. Ce jardin est devenu l'un des établissemens les plus précieux de l'Europe.

Depuis quinze ans le Jardin des Plantes s'est agrandi, vers le sud-est, de plusieurs arpens de terrain qui ajoutent à sa vaste étendue des promenades variées et des points de vue charmans.

La portion de terrain qui s'étend à droite, dans la direction du midi, est consacrée à la science : des serres y ont été bâties, et on y cultive des plantes médicinales.

L'école comprend :

1° Le jardin botanique et les serres,

2° Le laboratoire de chimie ;

3° Le cabinet d'anatomie ;

4° Le cabinet de préparation pour l'anatomie et l'histoire naturelle ;

5° Une école de pharmacie ;

6° La bibliothèque, composée principalement d'ouvrages relatifs à l'histoire naturelle, où sont différens dessins très-curieux, et la statue de Buffon, par Pajou.

CURIOSITÉS HISTORIQUES.

On voit dans un caveau le tombeau et le corps de *Guy de la Brosse*, fondateur de l'établissement, et dont nous avons déjà parlé.

En l'an 2 (1794) on a célébré dans le jardin des Plantes une fête à l'occasion de nouvelles conquêtes.

Le cabinet est ouvert tous les jours aux étudians, qui reçoivent pour entrer une carte des différens professeurs. Les cours publics se font dans l'amphithéâtre, dans les galeries d'histoire naturelle et dans les écoles de botanique. Les galeries et la bibliothèque sont ouvertes au public et aux étrangers les mardi et vendredi de chaque semaine, depuis trois heures jusqu'à la nuit. La ménagerie est ouverte au public les mardi, jeudi et dimanche de chaque semaine, depuis onze heures du matin jusqu'à six heures du soir en été, et jusqu'à quatre dans l'hiver. Les lundi, mercredi, jeudi, samedi, sont réservés aux élèves du

Pont du Jardin des Plantes ou du Roi.

muséum et aux artistes qui dessinent l'histoire naturelle.

PLACE VALHUBERT.

En face du Jardin du Roi et le pont.

Cette place porte le nom d'un officier mort glorieusement à la bataille d'Austerlitz. Elle est occupée par des voitures de place.

PONT DU JARDIN DU ROI, OU D'AUSTERLITZ.

Ce pont commence aux quais de l'Hôpital et Saint-Bernard, et finit aux quais Morland et de la Rapée. Les cinq arches de ce pont sont en fer. Il a été commencé en 1802 et terminé en 1806, sur les dessins de l'ingénieur Becquai Beaupré; ses piles et ses culées sont en pierre; ses arches d'une construction hardie, à l'épreuve des plus lourdes voitures. La largeur de ce pont est de trente-sept pieds, la longueur est de quatre cent un pieds. Sa construction a coûté plus de trois millions. Il fut nommé pont d'Austerlitz, en mémoire de la célèbre bataille d'*Austerlitz*, gagnée par les Français sur les Russes et les Autrichiens, le 2 décembre 1805. Depuis 1815 on lui donne le nom qu'il porte, parce qu'il est en face du Jardin des Plantes, ou du Roi.

BARRIÈRE DE LA GARRE.

Limite de Paris de ce côté. Le coup d'œil de la rivière est magnifique : ce port est destiné au bois pour les bâtimens. On rencontre beaucoup de chantiers. A peu de distance au-delà de la barrière de la Garre on voit une verrerie pour les bouteilles.

Vous apercevez sur la même ligne le *Port-à-l'Anglais*, renommé pour les parties fines de goujons et matelottes ; on y est aussi bien traité et aussi chèrement qu'au port de la Rapée qu'on voit en face, de l'autre côté de la rivière ; principalement au grand maronnier, qui existe depuis plus de cent cinquante ans ; il peut couvrir une table de cent couverts.

QUAI SAINT-BERNARD.

Ce quai commence au jardin du Roi et à la place *Valhubert*, et finit au quai de la Tournelle. Il y a beaucoup de chantiers de bois à brûler.

L'on a abattu une grande partie des maisons pour construire la halle aux vins.

HALLE AUX VINS.

La première pierre fut posée le 13 août 1811. Ce magnifique entrepos général, destiné à recevoir plus de trois cent mille pièces de vin, eau-de-vie et vinaigre, est divisé en quatorze halles et celliers, partagés en quatre-vingt-onze parties, formant trois grandes masses de construction dont les travaux pour terminer se poursuivent avec activité, sous la direction de M. Gaucher, architecte. L'ancienne halle aux vins existait depuis 1662; tous les vins pour la consommation de Paris doivent être déposés à la nouvelle halle.

QUAI DE LA TOURNELLE, OU DES MIRAMIONES.

Il y a sur ce quai un port aux tuiles et aux ardoises; un peu plus loin le marché aux veaux et au suif. La *pharmacie centrale* pour le service des hôpitaux de Paris, des maisons de détention et des comités de bienfaisance de Paris, est établie dans l'ancienne communauté des dames *Miramiones*. On voit encore près de ce quai l'ancien couvent des Bernardins, premier collége qui fut fondé à Paris. Cette maison a servi de dépôt aux galériens qui devaient partir pour la chaîne; ils y furent massacrés aux 2 et 3 septembre 1792.

La porte Saint-Bernard était sur ce quai, c'était une des portes de l'enceinte de Paris sous Philippe-Auguste. On lui donna la forme d'un arc de triomphe en l'honneur de Louis XIV; elle a été abattue sous le règne de Louis XVI.

EGLISE DE SAINT-NICOLAS-DU-CHARDONNET,

Succursale de Saint-Etienne-du-Mont.

Le 16 février 1818 ont été transférés du collége de Charlemagne dans cette église les restes mortels de J. B. *Santeuil*, chanoine de Saint-Victor, décédé à Dijon le 5 août 1697, âgé de soixante-six ans; d'abord inhumé dans l'église de Saint-Etienne de cette ville; depuis transporté à Paris, aux frais de la maison de Condé, dans l'abbaye Saint-Victor, exhumé à l'époque de la destruction de cette abbaye, et déposé au collége de Charlemagne.

SAINT-VICTOR (Rue).

Au n° 1 est l'*hospice de la Pitié*; établissement fondé en 1612; depuis 1792 jusqu'en 1816, *hospice des orphelins* et *hos-*

pice *des élèves de la patrie*; aujourd'hui c'est une annexe de l'Hôtel-Dieu, il y a six cents lits pour des malades. On voit au n° 60 le pavillon de la fontaine Saint-Victor, la maison des nouveaux *convertis* à la foi.

SAINTE-PÉLAGIE.

Maison de force, rue de la Clef : c'était jadis où l'on renfermait les filles de mauvaises mœurs. Depuis quinze années elle sert de prison aux détenus pour dettes, pour ceux qui sont à la disposition du procureur du roi.

Sainte-Pélagie fut comédienne de la ville d'Antioche, et devint au cinquième siècle pénitente.

En face on remarque au n° 920 la maison où demeurait *Saint-Foix*, auteur des *Essais sur Paris*.

FOSSÉS SAINT-BERNARD (Rue des).

C'est dans la maison du séminaire de *Saint-Firmin*, autrefois *séminaire des Bons-Enfans*, que la commune de Paris fit enfermer en 1792 quatre-vingt-douze prêtres, avec un chevalier de St.-Louis; ils furent égorgés dans la journée du 3 septembre 1792. Dix-sept ont eu le bonheur de se sauver.

Dans cette rue est la fontaine dite Saint-Bernard.

CLOVIS (Rue).

Nouvelle rue percée depuis quelques années, porte ce nom en mémoire de *Clovis*, premier roi chrétien en France. En faisant des fouilles pour le percement de cette rue le 10 mars 1807, l'on découvrit les tombeaux de *Clovis* et de *Clotide*, qui furent portés au musée des monumens français.

QUARTIER DE L'ILE SAINT-LOUIS.

Cette île était anciennement partagée en deux par un bras de rivière qui la traversait dans l'endroit où se trouve *l'église* de la paroisse de *Saint-Louis*, à qui elle doit sa dénomination. Leur réunion n'eut lieu qu'au commencement du septième siècle, et ne fut terminée qu'en 1646.

Le pape Pie VII a visité l'église Saint-Louis le 10 mars 1805.

On entre dans cette île par trois ponts; savoir: *Pont de la Tournelle, Pont de la Cité et Pont-Marie.* Il y a trois quais dans cette île: celui *d'Anjou*, celui *d'Alençon*, et celui *d'Orléans*.

Le Pont-Marie a été achevé en 1625 par Christophe Marie, dont il porte le nom. On lui donna en paiement tout le terrain de l'île Saint-Louis.

Ce pont était couvert de maisons : dans l'inondation, en 1658, une partie de ce pont et des maisons furent emportés ; beaucoup d'habitans périrent.

Le plus bel hôtel était celui Bretonvilliers, rue Saint-Louis, bâti par Ducerceau pour le président le *Ragois-de-Bretonvilliers*, qui fit construire le quai qui environne la pointe de l'île.

C'est le long de l'île Saint-Louis qu'est le port au charbon.

PONT DE LA CITÉ.

Situé entre le Parvis-Notre-Dame et l'île Saint-Louis, il est d'une construction nouvelle, les piles et les culées sont en pierre, le ceintre en bois, mais un affaissement à l'arche a prouvé les vices de sa construction ; il a fallu suspendre le passage des voitures et des chevaux.

La démolition d'un grand nombre de maisons et de la porte du cloître Notre-Dame facilite la communication avec le pont de la Cité, et procure l'avantage d'admirer la belle architecture extérieure de la cathédrale.

On remarque dans l'ancien cloître Notre-Dame, *cour des Chantres*, n° 10, maison de l'ancien chanoine *Fulbert*, sur la muraille donnant sur la cour, deux anciens médaillons sculptés représentant *Abeilard* et *Héloïse* : selon la tradition, c'est dans cette enceinte qu'eut lieu la vengeance de *Fulbert*; mais on ignore en quel cénacle, le local ayant beaucoup changé depuis 1142. C'est de cette maison que la sensible *Héloïse* recevait d'*Abeilard* de si douces leçons et composait de si belles lettres latines.

NOTRE-DAME.

Eglise métropolitaine élevée sous l'empereur Valentinien Ier vers l'an 365, et dédiée à Saint-Etienne, c'est la première église construite à Paris; elle l'a été sur les ruines d'un temple érigé à *Esus* ou à *Vulcain*, et à *Castor* et *Pollux*, par les commerçans de Paris, sous le règne de Tibère : c'est ce qu'on doit présumer d'après les pierres chargées de bas-reliefs qu'on a trouvées dans les fondemens, et qui ont été ex-

Eglise de Notre Dame.

posées au musée des monumens français, rue des Petits-Augustins. Elle était encore la seule église qui existât dans Paris en 522, lorsque Childebert, fils de Clovis, contribua à la faire réparer et à y faire mettre des vitres, à l'agrandir et à l'augmenter d'une nouvelle basilique, qui fut dédiée à Notre-Dame ; Philippe-Auguste la fit terminer l'an 1185 pour le jour de la Pentecôte. Il était d'usage de jeter par les ouvertures des voûtes d'en haut des étoupes enflammées, et de lâcher des pigeons, qui volaient sur les assistans pendant la messe.

C'est un des plus vastes édifices de l'Europe ; il a soixante-cinq toises de long, sur vingt-quatre toises de large, et dix-sept toises de haut ; il est soutenu par cent vingt-huit piliers.

La principale façade est composée de trois portes chargées de statues et de figures. Au-dessus de ces trois portes on a vu, jusqu'en 1792, les statues en pierre de vingt-six rois de France, plus grandes que nature, depuis Childebert Ier jusqu'à Philippe-Auguste, sous le règne duquel on croit que cette façade fut achevée.

La façade de Notre-Dame présente à ses extrémités deux énormes tours carrées qui ont chacune 204 pieds de hauteur; on y monte par un escalier de 389 marches.

Il y avait jusqu'en 1792 neuf cloches, sept dans la tour du nord, et deux dans celle du midi, on nomma les deux cloches *bourdons* : elles pesaient chacune trente-deux milliers. Il n'en reste qu'une.

Un sieur *Vire*, marchand de chevaux, rue St.-Martin, propriétaire d'un petit cheval savant, qui avait plusieurs fois paru à l'Opéra, fit le pari de le faire monter sur les tours Notre-Dame, et l'en ferait descendre en trois heures. Le 25 mai 1803, le cheval était sur la tour du bourdon, le pari fut gagné.

On voyait dans l'église, en entrant, à droite, contre le pilier le plus proche du chœur, la statue équestre de Philippe de Valois. Ce prince, en arrivant à Paris après la bataille de Cassel, entra à Notre-Dame tout armé, et y laissa son cheval et ses armes après avoir remercié Dieu de la victoire qu'il avait remportée.

Le grand autel a été exécuté par les ordres de Louis XIV, pour accomplir le vœu de son père; depuis le retour de Louis XVIII on y a replacé en 1816 les deux statues de ma bre blanc de Louis XIII et Louis de XIV qui étaient déposées au musée français, ainsi que les anges de métal de grandeur naturelle jetés en fonte en 1715 par Roger Chabert.

Autrefois le lit de l'évêque et des chanoines morts appartenait à l'Hôtel-Dieu ; mais lorsque le luxe et la mollesse eurent introduit des lits mieux fournis et plus riches, il y eut souvent entre les créanciers de l'évêque et cet hôpital des contestations sur les rideaux, la courte-pointe et le nombre des matelas. En 1614 le parlement débouta de leurs oppositions les créanciers de François de Gondi, archevêque de Paris, et adjugea son lit avec tous les accompagnemens à l'Hôtel-Dieu ; ce fut, dit-on, le lit de noces de la fille d'un des économes.

Le dernier archevêque de Paris jusqu'en 1790 fut M. de *Juigné*, qui, au retour de son émigration, fut nommé par Buonaparte chanoine de St.-Denis. M. de *Juigné* avait succédé à l'archevêque *Cristophe de Beaumont*. Il eut souvent des querelles avec le parlement de Paris. La fameuse lettre de *J.-J. Rousseau* a fait un nom à ce prélat, qui n'avait d'autre mérite que l'entêtement.

(1790). L'assemblée nationale se rendit en corps à Notre-Dame, où il fut chanté un *Te Deum*. La garde nationale la fit passer sous la voûte d'acier ; grand honneur que les francs-maçons rendent à ceux qu'ils vénèrent.

(1791—27 mars). D'après la nouvelle constitution monarchique, on installa l'évêque de Lidda (*in partibus*) qui fut nommé archevêque de Paris.

(1793). On força cet évêque de se rendre à la barre de la convention nationale avec tous ses vicaires. Il dit : *Je me soumets ainsi que mes vicaires au vœu de la nation, et renonce dès aujourd'hui à exercer mes fonctions de ministre du culte catholique*, etc. Un an après ce prélat a été décapité à l'âge de soixante-dix ans, sans motif pour sa condamnation.

(1793). La convention nationale après avoir décrété que le peuple Français reconnaissait l'Etre suprême et l'immortalité de l'âme, arrêta que l'église Notre-Dame porterait désormais le nom du *Temple de la Raison*, inscription que l'on grava sur le portail.

(1794). La convention nationale se rendit dans cette église sur l'invitation de la commune de Paris, pour y chanter avec le peuple l'*Hymne de la Raison*. Une jolie femme, vêtue à la romaine, la gorge et les bras nus, représentait la déesse de la Raison. Nous avons remarqué plus d'un législateur qui, avec des lorgnettes, observaient si les formes et la fraîcheur de la déesse étaient dignes du caractère qu'elle représentait.

Les théophilanthropes ont exercé leur culte dans cette église: Ces nouveaux prêtres portaient le bonnet rouge pour prêcher leur doctrine.

Le procureur syndic (*Chaumette*) et son substitut (*Hébert, dit le Père Duchêne*), à la tête des membres de la commune de Paris, se rendirent à Notre-Dame pour y célébrer la fête de la liberté des Noirs. On invita tous ceux de cette colonie qui se trouvaient à Paris. La fête fut terminée par des danses sur un théâtre qu'on avait construit près du chœur.

(1797 — an 5). Il s'y tint un concile national, composé d'évêques constitutionnels et de prêtres insermentés, qui termina la session le 12 novembre (22 brumaire) de la même année. Vers les six heures du soir tous les membres du conseil eurent beaucoup de peine à retrouver leur domicile, par un brouillard d'une épaisseur extraordinaire.

(1801, 11 juillet. — 23 messidor an 9). Concile national dans l'église Notre-Dame. Un décret en onze articles; dans le premier il proteste de sa foi ; le sixième reconnaissant une autorité temporelle, le septième veut qu'on lui promette fidélité. Un deuxième décret ordonne qu'en commémoration du 14 juillet il soit chanté dans Notre-Dame un *Te Deum*.

(1801, 16 août). Le concile tient sa dernière séance et rend son décret de clôture, parce que le concordat entre le pape Pie VII et Buonaparte venait d'être signé, ce qui mettait fin à toutes contrevenances.

(1802, 18 avril. — 28 germinal an 10). Les trois consuls se rendent en pompe à Notre-Dame. Il y fut chanté un *Te Deum* en actions de grâces de la paix générale, et de la sanction du concordat fait entre le pape et le premier consul Buonaparte.

(1804, 3 décembre). Napoléon-Buonaparte et Joséphine sa femme se font sacrer empereur et impératrice par le pape Pie VII.

(1804, 25 décembre). Le pape officie pontificalement dans cette église, et donne la bénédiction apostolique après la messe. S. S. passa dans les appartemens de l'évêque, où le clergé et le public furent à la cérémonie du baisement des pieds.

La même année, en décembre, le conservateur de la bibliothèque nationale remit au chapitre de Notre-Dame plusieurs reliques provenant de la sainte chapelle de Paris, à qui la piété de saint Louis les avait confiées. Elles avaient été déposées en 1792, par ordre du roi, au trésor de St-.Denis.

Le carton contenait, 1° la sainte couronne d'épines; 2° un morceau de bois et une cheville de la vraie croix; 3° une petite fiole qui renferme du sang du sacré côté de J.-C; 4° une discipline de fer qui a servi à saint Louis, et autres reliques.

(1814, 12 avril). Le comte d'Artois s'est rendu à Notre-Dame le jour de son entrée à Paris.

Le 3 mai suivant Louis XVIII s'y rendit le jour de son entrée à Paris.

(1816). Mariage du duc et de la duchesse de Berri.

On a fait reparaître sur les grands vitraux de l'église Notre-Dame les fleurs de lis, couleur d'or sur un fond d'azur, qu'on avait barbouillées avec de la peinture.

De beaux tableaux décorent le chœur de la cathédrale.

On y remarque une superbe grille qu'on peut regarder comme un chef-d'œuvre de serrurerie.

Ce beau monument menaçait ruine. Les architectes avaient évalué la dépense pour la maçonnerie à 1,500,000 fr.; mais M. Dilla, marchand de porcelaine, s'en est chargé pour 300,000 fr., par le procédé de son mastic qui imite la pierre la plus dure.

MAISON ARCHIÉPISCOPALE.

C'est dans la grande salle que l'assemblée nationale a tenu sa première séance à Paris, le 19 octobre 1789. Par suite de l'insurrection qui eut lieu à Versailles les 4 et 5 octobre du même mois, le roi fut forcé de venir faire sa résidence à Paris au château des Tuileries. C'est dans cette salle que l'assemblée nationale a rendu le fameux décret qui porte que tous les *biens ecclésiastiques* appartiennent à la nation. C'est là que la loi martiale a été décrétée ; c'est enfin dans cette salle que les électeurs de de Paris de 1789 ont tenu leurs séances.

Buonaparte a fait embellir ce palais dans l'intention d'en faire la résidence du pape *Pie VII* : et pour la *sûreté* de sa sainteté, deux guérites étaient placées à la porte du palais.

Le jardin est entouré d'une superbe grille. Le nouveau quai de la Cité fait le tour du jardin et du palais. Le cardinal Maury l'a habité en qualité d'archevêque de Paris, après le cardinal de Belloy, décédé archevêque de Paris Le cardinal Maury n'en est sorti que le 17 mai 1814, au retour de Louis XVIII.

HÔTEL-DIEU.

Place du Parvis-Notre-Dame, un des plus anciens monumens de la ville de Paris. Saint-Landry paraît être son premier fondateur. Louis IX, autrement dit *saint Louis*, fit beaucoup de bien à cette maison; plusieurs personnes pieuses imitèrent son exemple; Henri IV fut aussi un de ses principaux bienfaiteurs.

Le nouveau portail construit depuis 1804 est du plus mauvais goût, ce qui fait contraste à côté de la superbe façade de la métropole. Pendant le cours de la révolution, cette maison se nommait hospice d'*humanité*. Il était défendu aux parens ou amis de porter des alimens aux malades, dans la crainte de compromettre leur rétablissement.

Aujourd'hui la médecine est à l'abri de cet inconvénient; car l'on porte aux malades de la viande, du pain, du vin, du bouillon, des biscuits, des brioches, etc., etc. Pie VII a visité cette maison le 12 janvier 1805.

L'administration des hôpitaux de Paris

était depuis nombre d'années dans une maison modeste en face de l'Hôtel-Dieu ; aujourd'hui elle occupe l'immense bâtiment de l'ancien hôpital des enfans trouvés, où était la *pharmacie centrale*. Le caissier des hôpitaux occupe seul la maison de l'administration. Avant la révolution les hôpitaux de Paris étaient administrés gratis par les échevins de Paris, avec douze commis ; aujourd'hui il y a six divisions composées de quatre-vingts employés.

MORGUE OU BASSE-GEOLE.

Construite en 1804, près de la rivière, à côté des Marchés Neuf et Pallu.

Nous sommes fâchés de voir des femmes et des jeunes filles, qui vont sans répugnance, sans sensibilité, et même sans pudeur, examiner les cadavres exposés à la Morgue. Il peut en outre arriver des accidens pour des femmes grosses.

C'est dans la rue du marché Pallu que demeurait le malheureux *Denis François*, boulanger, dont la tête fut promenée au bout d'une pique le 21 novembre 1789, sous prétexte qu'il avait caché du pain. Ce brave homme était connu dans son quartier pour être l'un des plus honnêtes et des plus humains boulangers de Paris ; mais une femme lui a fait un crime de six douzaines de petits pains qui étaient destinés pour des députés de l'assemblée nationale : il a été reconnu que cette misérable femme était payée pour ameuter la multitude et commettre un crime! Le pain de quatre livres ne valait que treize sols.

MARMOUSETS (Rue des).

Rue fort étroite, qui a pris son nom d'une maison nommée le lieu des *Marmousets;* un bout donne derrière le parvis Notre-Dame; anciennement, plusieurs traiteurs y avaient la vogue; tout Paris y venait pour acheter des pâtés qui étaient très-renommés et composés avec de la chair humaine.

Le pâtissier qui les travaillait était voisin d'un barbier qui, lorsqu'il se présentait chez lui quelqu'un de replet pour se faire faire la barbe, lui coupait la gorge, le jetait dans une cave par le moyen d'une trappe faite en bascule. Ce crime horrible a été découvert par la fidélité du chien de l'une des victimes, qui avait accompagné son maître; le chien ne voulut pas quitter la porte du barbier. Plusieurs personnes moururent de désespoir d'avoir mangé de ces pâtés.

C'est au coin de cette rue que demeurait la famille Regnaud, marchand de papier, dont le père, le fils, l'une des filles, et une tante religieuse, âgée de soixante ans, ont péri sur l'échafaud en l'an 2 (1793), accusés d'avoir conspiré contre Robespierre, parce que la fille aînée dit un jour : Robespierre est un tyran.

SAINT-PIERRE-AUX-BOEUFS (Rue).

Dans la petite église de ce nom qui n'existe plus, un jeune homme d'Abbeville profana et arracha l'hostie des mains du prêtre, en s'écriant : Quoi ! toujours cette folie.

Ce jeune homme était très-instruit ; il fut brûlé vif. C'est dans cette église qu'on mariait ceux que l'on condamnait à s'épouser par sentence. Dans l'origine, la mariée avait un anneau de paille. Était-ce pour annoncer au mari que celle qu'il épousait était bien fragile? Cela n'était pas très-charitable.

BUCHERIE (Rue de la).

L'Université avait anciennement ses écoles des deux côtés de cette rue : elle prit le nom de *Fouarre* (vieux mot qui signifiait de la paille), de la grande consommation qu'en faisaient les écoliers : ils n'étaient assis dans les classes que sur de la paille. Ce bâtiment a servi depuis pour des cours de chirurgie.

L'Université de Paris, sous Charles VII, comptait vingt-cinq mille écoliers; celle de Prague en comptait quarante mille.

HUCHETTE (Rue de la).

Elle a eu une grande réputation pour les poulardes. La maison du plus fameux rôtisseur, chez lequel on faisait des noces et festins, s'est écroulée le 7 février 1767 ; plusieurs personnes ont péri.

Nous allons reprendre la rue Saint-Jacques, à commencer des rues du Petit-Pont et Galande, jusqu'à la place Sainte-Geneviève.

SAINT-JACQUES (Rue).

Rue principale du quartier appelé autrefois *quartier Latin*, attendu que la Sorbonne y était établie. Tous les libraires, imprimeurs, étaient obligés d'y résider. Depuis la révolution, il y en a dans tous les quartiers de Paris, sans compter les libraires ambulans, sur les grands boulevards, et sur les parapets des quais.

La rue Saint-Jacques est encore peuplée de libraires, d'imprimeurs en lettres et en taille-douce, de marchands de papier blanc et peint, de marchands d'estampes ou images. Le plus fameux magasin est celui du coin de la rue des Mathurins ; on y trouve en gros toutes les caricatures et tous les saints possibles, même ceux inconnus. L'on croirait que M. Basset, propriétaire de ce magasin, a un moule, car toutes les physionomies se ressemblent. Néanmoins il est des saints dont il se fait un plus grand débit.

Les fabricans d'almanachs demeurent tous dans la rue Saint-Jacques ; ce sont eux qui se chargent de distribuer des empires, d'annoncer la naissance, le mariage, la maladie et la mort d'un prince.

Autrefois les almanachs donnaient la liste des miracles arrivés dans l'année. La pluie, le beau temps, la gelée, les orages, les tempêtes et les comètes françaises et étrangères, sont des objets que les fabricans d'almanachs ne négligent pas.

En 1787, le poète Silvain Maréchal publia un *Almanach des honnêtes gens;* c'était une espèce de calendrier où, en délogeant tous les saints du paradis et la vierge Marie, il plaçait des noms de philosophes, d'athées, et puis Brutus; on mit l'auteur à Saint-Lazarre. Pendant ce temps-là, l'avocat général Séguier arma toutes les foudres de l'éloquence contre ce calendrier, qui fut brûlé par la main du bourreau, au pied du grand escalier du Palais de Justice.

Silvain Maréchal, l'ami intime de l'astronome

Lalande, s'est bien vengé, en 1792, en publiant son *Dictionnaire des Athées* dans lequel il a placé M. *Séguier*, et dans une dernière édition, le cardinal Maury et Buonaparte.

SAINT-SEVERIN (Rue).

A droite est l'*église paroissiale de Saint-Severin*. Les habitans de cette paroisse passent pour être *jansénistes*.

C'est dans l'ancien cimetière de l'église Saint-Severin que se fit au mois de janvier 1495 la première opération de la pierre. Les médecins et chirurgiens de Paris, ayant représenté à Louis XI que plusieurs personnes de considération *étaient travaillées de la pierre, qu'il serait très-utile d'examiner l'endroit où s'engendrait cette maladie*, ils demandèrent qu'on leur li*vrât un franc-archer, qui venait d'être condamné à être pendu.*

Cette opération se fit publiquement. *Après qu'on eut examiné et travaillé*, on remit les en*trailles dans le corps* du dit franc-archer qui fut guéri en quinze jours, et eut la remission de ses crimes.

La fontaine de Saint-Severin n'a rien de remarquable.

NOYERS (Rue des).

On voyait au coin la chapelle Saint-Yves ; le terrain sur lequel elle était bâtie fut donné par Philippe de Valois, en 1348, aux écoliers bretons étudiant à Paris, qui désiraient construire une chapelle et la dédier à Saint-Yves, dont le père avait été seigneur de Caumartin, auprès de Tréguier, en Bretagne.

Le roi Jean, fils de Philippe de Valois, en posa la première pierre le 30 mai 1352; la chapelle Saint-Yves est détruite; on voit à la place un magasin de charbon de terre.

Depuis nombre d'années le dépôt des cartes de la marine est dans la rue des Noyers, chez M. Dezauche, géographe estimé.

Jean-Baptiste Rousseau naquit dans une maison de cette rue, presque en face de celle Saint-Jean-de-Beauvais, d'un cordonnier. *Saint-Foix* dit dans ses Essais sur Paris que de son temps le rez-de-chaussée de cette maison était encore occupé par un cordonnier, en 1787 et 1788. Cette maison fut tenue en chambre garnie; on lisait au-dessus de la porte : Hôtel où naquit le grand Rousseau, de son siècle le flambeau. *Chambres garnies à louer.*

Il serait à souhaiter que sur un marbre destiné à perpétuer le souvenir des grands hommes on fît pour J.-B. Rousseau ce qu'on a fait pour Molière.

SAINT-JEAN-DE-BEAUVAIS (Rue).

On voyait le collége Lisieux, où le célèbre abbé Rollin a été principal.

Le savant *Laramée* ou *Lamées*, l'une des victimes de la Saint-Barthélemy, demeurait dans ce collége.

FOUARRE (Rue du).

Le célèbre amant d'*Héloïse* avait un appartement dans cette rue ; mais on était plus certain de le trouver dans le cloître Notre-Dame, où le chanoine *Fulbert* logeait avec sa nièce.

En revenant rue Saint-Jacques, est l'

ÉGLISE SAINT-BENOIT, *ci-devant collégiale.*

L'histoire rapporte que c'est Saint-Denis qui a été le fondateur de cette collégiale.

Michel Baron, le plus fameux comédien qui ait paru sur la scène, a été enterré dans cette église en 1729.

Le 6 avril 1807, on a fait dans l'église Saint-Benoît la cérémonie funèbre de *Jérôme Lefrançois Lalande*, astronome, cérémonie qui avait attiré un grand concours de monde; plus de cinquante voitures suivaient le convoi. *Lalande*, qui se faisait gloire d'être l'un des premiers athées, donnait beaucoup à l'église pour les pauvres. En 1806, il envoya 2,000 francs au curé pour habiller soixante-dix enfans indigens pour faire leur première communion.

Si *Lalande* ne croyait pas en Dieu, il croyait à la charité et à l'humanité. L'on pourrait citer un grand nombre de traits à son avantage.

CAMBRAI (Place).

On y voit le Collége royal de France, établi par François 1er. On y enseigne toutes les sciences et les langues. Ce collége a été construit sur les dessins de l'architecte *Chalgrin*. Le plafond d'une salle représente une allégorie à la gloire des princes.

LA TOUR DE SAINT-JEAN-DE-LATRAN,

Cloître de ce nom.

Cette tour, bâtie en 1348, servait jadis aux pélerins de Jérusalem.

La commanderie de Saint-Jean-de-Latran était anciennement le chef-lieu du grand prieuré de France, jusqu'à l'époque de la révolution. C'était un endroit privilégié pour les ouvriers qui ne pouvaient pas payer de maîtrise.

En sortant de Saint-Jean-de-Latran, on voit sur la place Cambrai une fontaine dite Saint-Benoit, construite en 1624.

HILAIRE (Rue Saint-).

On y voyait la paroisse Saint-Hilaire, qui fut profanée et ensanglantée en 1513 par deux peintres, qui s'y querellèrent et s'y battirent, à l'occasion d'un tableau qui représentait Adam et Eve dans le paradis terrestre. « L'enfant, disait l'un, quand il est sorti du corps de la mère, y reste encore attaché par un assemblage de vaisseaux que l'on coupe et qu'on noue le plus près du ventre qu'il est possible, ce qui fait ce trou qu'on appelle le *nombril* : or, Adam et Eve n'ayant point eu de mère, il faut être aussi sot que vous l'êtes, pour les avoir représentés avec un nombril.... » La critique était juste, et c'est une faute que la plupart des peintres ont faite et font encore.

Du même côté de la place Cambrai, en reprenant la rue Saint-Jacques, on voit l'ancien *collége Duplessis-Sorbonne*. Il existe encore à ce collége la lucarne que le poëte Gresset occupait, et qu'il a si bien décrite.

Au-dessus de ce collége était celui de Louis-le-Grand, qui a été ci-devant occupé par les jésuites. Pendant le cours de la révolution, il fut nommé *collége de l'Egalité*, ensuite *Prytanée français*, *lycée Impérial*, aujourd'hui *lycée Louis-le-Grand*.

JACOBINS DE LA RUE SAINT-JACQUES.

Ce couvent, qui n'existe plus, datait de 1217; il occupait un terrain immense. On y a vu depuis 1792 des bastringues dans le jardin, des fêtes publiques, etc. L'église et une partie des bâtimens ont disparu, mais ils sont remplacés par des boutiques.

Edmont *Bourgoin*, prieur de ce couvent, dont *Jacques Clément* était religieux, osa dans ses sermons faire l'éloge de Jacques Clément, assassin de Henri III, en 1589, dans le château de Saint-Cloud; ce moine fanatique ne se bornait pas à échauffer les esprits, mais prenait les armes et combattait avec les ligueurs; il fut fait prisonnier à la tête des habitans des faubourgs de Paris, et conduit à Tours; le parlement le condamna à être écartelé.

Au quatorzième siècle, Jean de *Mehum* légua aux jacobins un coffre-fort. Son exécuteur testamentaire ne devait le remettre aux bons pères qu'après ses funérailles. Elles se firent magnifiquement; on courut ensuite au coffre-fort, on n'y trouva que des ardoises ornées de figures de géométrie; les jacobins s'en prirent au cadavre et l'arrachèrent du tombeau; il fallut un arrêt du parlement qui leur ordonna de l'enterrer dans le cloître.

ÉGLISE SAINTE-GENEVIÈVE,

Fondée par Clovis en 500, à la prière de Clothilde. Sainte-Geneviève est sous la dédicace de saint Pierre et de saint Paul. Tout le monde a connu la châsse de sainte Geneviève, autour de laquelle on a vu des *ex voto* pour la remercier de la journée du 14 juillet 1789, et de celle du 10 août 1791. On découvrait cette châsse pour des cas extraordinaires, comme maladie du roi, ou pour faire cesser la pluie, et dans des temps de sécheresse pour avoir de l'eau, etc., etc.

Cette châsse était enrichie de diamans et de pierres précieuses. Tous les jours, du matin au soir, de bonnes gens venaient invoquer sainte Geneviève; ils payaient un petit cierge de deux ou quatre sous, qu'ils faisaient brûler contre la grille de la chapelle où était la châsse. Nous avons compté jusqu'à six cents cierges qui brûlaient à la fois.

Pantheon ou Eglise S.te Genevieve.

On déposa, le 20 novembre 1793, au pied du bureau du président de la commune de Paris, la châsse de sainte Geneviève. Il fut ordonné qu'elle serait brûlée sur la place de Grève. (Voir le Journal de Paris du 3 frimaire an 2, 23 novembre 1793.) Ce procès verbal est curieux : vraisemblablement on n'a pas brûlé les diamans.

En 1804, un prédicateur à Saint-Etienne-du-Mont voulut persuader que cette châsse avait été soustraite des mains des profanes, et que bientôt le peuple la reverrait. Ce fut l'abbé *Bernier*, nommé par Buonaparte évêque d'Orléans par suite de la pacification de la Vendée, qui avait donné le conseil de faire ressusciter cette relique ; mais la difficulté de donner à cette nouvelle châsse l'air de vestuté a fait renoncer à ce projet ; s'il avait réussi, l'on aurait employé le même procédé pour retrouver toutes les autres reliques brûlées pendant la révolution.

Les chanoines de Sainte-Geneviève étaient seigneurs de tout le quartier où était située cette abbaye.

Le costume de ces chanoines était des plus élégans ; on les nommait les *muscadins* de l'église.

En 1147, le pape Eugène III, s'étant réfugié en France pour se soustraire aux persécuteurs des Romains qui voulaient rétablir l'ancienne forme de leur gouvernement républicain, le roi Louis VII le reçut avec de grands honneurs; à la tête du clergé, il se rendit à la cathédrale. Quelques jours après, le pape voulut aller célébrer la messe à Sainte-Geneviève ; les chanoines par honneur firent étendre un grand tapis de soie, sur lequel le saint père se prosterna pour faire sa prière. Dès qu'il fut sorti, ses officiers voulurent enlever le tapis ; les serviteurs des chanoines s'y opposèrent ; chacun tira de son côté; on en vint de part et d'autre aux coups de poings. Le roi, voulant faire cesser le tumulte, fut frappé dans la foule. Les officiers du pape, maltraités, allèrent tout sanglans se plaindre à leur maître.

Le pape demanda justice au roi ; et, comme la vie des chanoines était déréglée, on les supprima en leur laissant la jouissance de leurs prébendes, et on leur substitua huit moines de Cluny.

On a démoli la vieille église Sainte-Geneviève, et percé une nouvelle rue sur son terrain.

NOUVELLE ÉGLISE SAINTE-GENEVIÈVE.

La construction de ce temple majestueux a été, dit-on, l'accomplissement d'un vœu de Louis XV pendant sa maladie à Metz ; il en posa la première pierre le 9 septembre 1764.

Louis XVI en fit suspendre pendant trois ans les travaux, parce qu'on avait quelques inquiétudes sur la solidité du dôme ; ce qui s'est malheureusement réalisé, car on a été obligé, en 1796, de commencer à l'étayer.

Le monument de sainte Geneviève a déjà coûté 25,000,000 ; il en coûtera peut-être encore 3 ou 4 pour son achèvement.

La modeste fille sainte Geneviève ne se doutait pas qu'un jour on lui éleverait un temple aussi fastueux ; elle ne prévoyait pas que les bas-reliefs qui représentent l'histoire de Paris seraient remplacés par des emblèmes philosophiques, et que les restes de *Marat* y seraient déposés, etc.

Cet immense et magnifique édifice ne peut représenter sainte Geneviève, humble fille qui gardait les troupeaux ; il serait difficile d'y reconnaître la patronne de Paris, qui fut bergère.

La construction de ce monument a fait la fortune pour dix générations de la famille de l'architecte Germain Soufflot, à qui l'on reproche d'avoir prodigué les beautés de l'art de l'architecture dans son portail, au préjudice de l'intérieur du temple, ce qui fit dire dans le temps : *M. Germain Soufflot a mis l'architecture à la porte.*

Voici le décret rendu le 4 avril 1791 par l'assemblée nationale.

Art. 1. Le nouvel édifice de Sainte-Geneviève sera destiné à recevoir les cendres des grands hommes, à dater de l'époque de la liberté française.

2. Le corps législatif décidera seul à quels hommes ces honneurs seront décernés.

3. Honoré Riquetti-Mirabeau est jugé digne de recevoir cet honneur.

4. La législature ne pourra pas décerner cet honneur à un de ses membres venant à décéder; il ne pourra être décerné que par la législature suivante.

5. Les exceptions qui pourront avoir lieu pour quelques grands hommes morts avant la révolution ne pourront être faites que par le corps législatif.

6. Le directoire du département de Paris sera chargé de mettre promptement l'édifice de Sainte-Geneviève en état de remplir sa nouvelle desti-

nation, et fera graver au-dessus du portique ces mots :

AUX GRANDS HOMMES
LA PATRIE RECONNAISSANTE.

7. En attendant que le nouvel édifice de Sainte-Geneviève soit achevé, le corps de Riquetti-Mirabeau sera déposé à côté des cendres de Descartes, dans l'ancienne église de Sainte-Geneviève. Ce philosophe mourut à Stockholm en 1650 ; ses cendres furent transportées à Paris.

Par ce décret de l'assemblée nationale il appartient exclusivement aux corps législatifs de désigner les grands hommes. Ces messieurs voulaient vraisemblablement se rendre réciproquement cet honneur.

Le 5 avril 1791, le corps de Mirabeau fut déposé au Panthéon ; l'assemblée nationale tout entière assista à ses obsèques, qui furent de la plus grande magnificence.

Le 11 juillet de la même année, les cendres de Voltaire y furent portées.

On lit sur les quatre côtés de son sarcophage.

« *Aux mânes de Voltaire.* L'assemblée nationale a décrété, le 4 avril 1791, qu'il avait mérité les honneurs dus aux grands hommes.

» Poète, historien, philosophe, il agrandit l'esprit humain, il lui apprit qu'il devait être libre.

» Il défendit Calas, Servant, de la Barre et Montbailly.

» Combattit les athées et les fanatiques,

inspira la tolérance, et réclama les droits de l'homme contre la servitude de la féodalité. »

Le 16 octobre 1791, décret de l'assemblée nationale qui décerne à J.-J. Rousseau les honneurs du Panthéon.

Le 15 septembre 1792, décret de l'assemblée législative qui décerne les honneurs du Panthéon à M. de Baurepaire, général français, qui se brûla la cervelle en 1792, à Verdun, dont il était commandant, lorsque cette ville fut prise par les Prussiens.

Ce décret n'a pas eu d'exécution.

Le 20 janvier 1793, décret de la convention nationale, qui décerne les honneurs du Panthéon à Michel Lepelletier, représentant du peuple, assassiné par un nommé Pàris, garde-du-corps de Louis XVI, chez un restaurateur du Palais-Royal, pour avoir voté la mort du roi.

Le décret a été exécuté.

Le peintre David fit un tableau représentant Michel Lepelletier sur son lit de mort.

Le 6 nivôse an 2, décret de la convention nationale, qui décerne les honneurs du Panthéon au jeune Barra, tambour, tué dans la guerre de la Vendée pour avoir refusé de crier *vive Louis XVII!*

Le décret n'a pas été exécuté. La mère du jeune Barra a eu une pension de 1000 livres et 3000 livres comptant.

Le 21 septembre 1793 (5 frimaire de l'an 2) un décret de la convention ordonne que le corps de Marat sera transféré au Panthéon, et que le corps de Riquetti-Mirabeau en sera retiré.

L'un des parens de Mirabeau dit à l'occasion de ce décret « Dieu soit loué, voilà ma famille » réhabilitée. »

Les cendres de Riquetti Mirabeau ont été transportées et cachées dans le ci-devant cimetière auprès de l'église Saint-Etienne-du-Mont, lorsqu'on les a exclues du Panthéon, où elles avaient été déposées avec tant de pompe en 1791.

La convention décréta aussi : « Le jour de l'apothéose de Marat au Panthéon sera une fête pour la république. »

Le 24 octobre 1793 (1er nivôse an 2), décret de la convention qui décerne les honneurs du Panthéon aux restes de Châlier, décapité à Lyon.

Le décret n'a pas eu d'exécution ; mais la convention nationale accorda une pension de 3000 l. à la citoyenne Padovany, qui, secondée de son fils dans la nuit qui suivit le supplice du vertueux Châlier, déterra son corps, s'empara de sa tête qui a conservé ses traits.

On voit par ce décret que la convention nationale avait besoin de miracles.

Un autre décret en faveur de Châlier porte :
« Il est accordé une pension à la citoyenne Pie,
» compagne du vertueux Châlier ; la pension
» sera égale à celle dont jouit la veuve de
» J.-J. Rousseau. »

Ainsi voilà la femme du philosophe Rousseau assimilée à la concubine de Châlier.

Le 29 avril 1794 (9 floréal an 2), décret de la convention nationale qui ordonne d'élever dans le Panthéon une colonne en marbre sur laquelle seront inscrits les noms des citoyens morts dans la journée du 10 août 1792, ainsi que ceux des républicains qui auront fait des actions héroïques, et que les noms des généraux *Haxo* et *Moulins* y seront gravés les premiers. »

Ce décret n'a pas été exécuté.

Les cendres de Rousseau furent transférées au Panthéon; son cercueil était à Ermenonville ; il fut déposé la veille de son arrivée aux Tuileries dans un labyrinthe, sur la terrasse du bord de l'eau, entouré de peupliers, comme il était dans le jardin d'Ermenonville.

On lit sur son sarcophage.

Ici repose l'homme de la nature et de la vérité.

Quelque temps après, le 28 juillet 1793 (9 thermidor an 2), les restes de Marat furent retirés du Panthéon et jetés dans l'égout de la rue Montmartre. Le même jour la famille de Michel-Lepelletier alla retirer son parent, dans la crainte qu'un nouveau décret ne déclarât Michel-Lepelletier indigne des honneurs du Panthéon.

Il n'y avait donc aucune sûreté de jouir paisiblement de son dernier asile au Panthéon; malgré tous les décrets, les événemens politiques vous faisaient déménager sans vous donner congé trois mois d'avance.

Les cendres de René Descartes furent déposées dans un sarcophage au Musée des monumens français.

Le 10 février 1795 (20 pluviose an 3), décret de la convention : Les honneurs du Panthéon ne pourront être décernés à un citoyen que dix ans après sa mort, et celui qui en sera retiré ne pourra y rentrer.

Arrêté du département de Paris du 24 vendémiaire an 7 (16 octobre 1799), qui ordonne que les cendres de Molière seront transférées à l'école centrale du Panthéon.

Cela n'a pas été exécuté.

Malgré tous les décrets rendus par les législateurs, il n'est resté au Panthéon de grands hommes que Voltaire et Rousseau.

Le 20 février 1806, titre 2 d'un décret impérial.

L'église Sainte-Geneviève doit être terminée et rendue au culte, conformément à l'intention de son fondateur, sous l'invocation de Sainte-Geneviève, patronne de Paris.

Elle conserve sa destination qui lui avait été donnée par l'assemblée constituante ou nationale, et elle est consacrée à la sépulture des grands dignitaires, des grands officiers de l'empire et de la couronne, des sénateurs, des grands officiers de la légion d'honneur, et en vertu des décrets impériaux, des citoyens qui, dans la carrière des armes ou dans celles de l'administration et des lettres, auront rendu d'éminens services à la patrie ; leurs corps embaumés seront inhumés dans l'église.

« Les tombeaux déposés au Musée des monumens français doivent être transportés dans cette église pour y être rangés par ordre de siècles.

» Le chapitre métropolitain de Notre-Dame, augmenté de six membres, est chargé de desservir l'église Sainte-Geneviève, et la garde de cette église est spécialement confiée à un archi-prêtre, choisi parmi les chanoines. »

Ce même décret porte : Il y sera officié solennellement le 3 janvier, fête de sainte Geneviève; le 15 août, fête de saint Napoléon et anniversaire de la conclusion du concordat; le jour des Morts et le premier dimanche de décembre, anniversaire du couronnement et de la bataille d'Austerlitz; et toutes les fois qu'il y aura lieu à des inhumations en vertu de ce même décret, suivant lequel aucune autre fonction religieuse ne peut être exercée dans ladite église qu'en vertu de l'approbation de l'empereur. » Tous les sénateurs morts jusqu'en 1813 ont été inhumés dans l'église de Sainte-Geneviève, d'après les *grands services rendus à la patrie.*

La postérité cherchera longtemps les noms de ces sénateurs morts pour le salut de leur patrie, dont on ne parlait que le jour de leurs obsèques.

BIBLIOTHÈQUE DE SAINTE-GENEVIÈVE.

Ouverte tous les jours. Environ quatre-vingt-mille volumes et deux mille manuscrits composent sa richesse. On y remarque la coupole peinte par Restout. Il y a un cabinet d'antiques très-curieux, et un plan de Rome en relief, exécuté en 1776. C'est la seule bibliothèque où il y a du feu l'hiver. A côté est le

LYCÉE HENRI IV,

Ci-devant Napoléon; de l'autre côté,

L'ÉCOLE DE DROIT,

Beau bâtiment construit en 1771 sur les desseins de *Soufflot*.

SAINT ÉTIENNE-DU-MONT (Rue).

On voit dans l'ancienne église des religieuses de la Miséricorde un monument que *dom Goudier*, ancien religieux de l'ordre de Cîteaux, qui échappa au massacre des prisons les 2 et 3 septembre 1792, a élevé en 1815 à la mémoire de Louis XVI; obligé de l'enlever au départ de Louis XVIII, il l'a depuis replacé, et y a ajouté les cénotaphes de Louis XVII, de Mme Elisabeth et du duc d'Enghien.

Ce monument se distingue par la simplicité et le bon goût ; *dom Goudier*, qui les a construits lui-même, est âgé de 76 ans, et n'a jamais reçu aucune leçon d'architecture ni de dessin.

Dans la même rue est

SAINT-ÉTIENNE-DU-MONT (l'Eglise),

L'une des plus anciennes de Paris, édifice de l'an 1221. Dans le ci-devant cimetière qui était en face reposaient beaucoup de savans et gens illustres, tels que *Pierre, Perrault*, *Eustache Le Sueur*, le Raphaël de la France, *Jean Racine*, *Blaise Pascal, Joseph Pitton, de Tournefort*, le plus célèbre botaniste, *Fréron père*.

NEUVE-SAINTE-GENEVIÈVE (Rue).

On y voyait la *communauté de Saint-Amé*, fondée en 1687 sous le nom de *Saint-Théodore*.

C'est dans cette maison que la comtesse *du Barry*, fille Vaubernier, et la dernière courtisane de Louis XV, a été élevée.

REIMS (Rue de).

A l'ancien collége Sainte-Barbe, d'anciens professeurs de ce collége ont monté un pensionnat qui rivalise avec les meilleurs lycées. M. Lanot, propriétaire et directeur de cet établissement, mérite la reconnaissance publique.

SEPT-VOIES (Rue des).

Prison de Montaigu pour la discipline militaire. Cette maison était le ci-devant collége de ce nom.

MONTAGNE-SAINTE-GENEVIÈVE (Rue de la)

Justement nommée *Montagne*, car les voitures ont beaucoup de peine à la gravir ; il y avait dans cette rue le *séminaire des Trente-Trois*, les colléges de *Laon*, de la *Marche*, et de *Navarre* ; c'est dans les bâtimens de ce dernier qu'on a établi l'

ÉCOLE ROYALE POLYTECHNIQUE,

Pour l'artillerie de terre et de la marine, le génie militaire, les ponts-et-chaussées, la construction civile et nautique des vaisseaux et bâtimens civils de la marine, les mines, les ingénieurs-géographes et les poudres et salpètres, et destinée à répandre l'instruction des sciences mathématiques, physiques, chimiques, et des arts graphiques.

Le nombre des élèves est d'environ trois cents.

MAUBERT (Place).

Plusieurs historiens tirent son nom d'Albert-le-Grand, qui fit en son temps la gloire de l'université de Paris.

La classe où il professait n'était pas assez grande ; ses nombreux écoliers vinrent écouter les leçons qu'il faisait au milieu de cette place.

On a fait beaucoup d'histoires sur l'intimité qu'on disait exister entre les jolies marchandes du marché de la place Maubert et les moines carmes.

Sur cette place est la fontaine dite de la place Maubert.

MARCHÉ DE LA PLACE MAUBERT,

Au bas de la montagne Sainte-Geneviève, et à l'angle de la rue des Noyers, sur le terrain de l'église des Carmes ; la construction de ce marché, presque achevée, a été commencée en 1815.

Dans les fouilles faites le 12 juillet 1810 on a trouvé 40 cercueils de plomb; des plaques de cuivre y étaient attachées ; ces cercueils appartiennent les uns à la famille des Chauvelin, les autres à celle des Pelletier-St.-Fargeau.

SAINT-MICHEL (Place).

Entre les rues de la Harpe et des Francs Bourgeois, était jadis la porte Saint-Michel, abattue en 1684 pour donner plus d'ouverture à ce quartier.

La fontaine qu'on y voit est ornée de deux colonnes doriques, sous un arc assez élevé. On y lit les deux vers suivans de *Santeuil*, gravés en lettres d'or, sur une table de marbre de Dinan :

Hoc in monte suos referat sapientia fontes ;
Ne tamen hanc puri respue fontis aquam.
1687.

RUE DE LA HARPE.

Cette rue est l'une des plus célèbres de Paris pour l'histoire, par les restes d'un *palais des Thermes*, bâti, dit-on, par l'empereur Julien, vers l'an 357, qu'on voyait encore à Paris il y a six mois, au fond de la cour d'une maison qui avait pour enseigne *la Croix-de-Fer*, palais qu'il a habité pendant son séjour à Paris ; Clovis, Childebert et autres rois de la première, seconde, et quelques-uns de la troisième race, logèrent dans ce palais, qui du temps de Louis-le-Jeune était appelé le *Vieux Palais*.

Le premier juin 1819, par ordonnance du roi, une commission a été nommée pour diriger la restauration du *Palais des Thermes*, dont le gouvernement venait de faire l'acquisition, et pour déterminer la destination de cet ancien bâtiment.

Elle est ainsi composée :

Président, M. le comte de Chabrol, préfet du département;

1. Le chevalier Alexandre Lenoir;
2. Le chevalier Quatremère de Quincy;
3. Le baron Denon;
4. Le baron Gérard;
5. Le chevalier Fontaine.

L'acquisition des maisons qui enveloppent le bâtiment a été ordonnée, afin de l'isoler entièrement.

Le jardin que l'on avait établi sur la voûte de l'édifice a été détruit. Il a été remplacé par un toit élevé sur un appentis à claires-voies, afin de laisser la vue des voûtes à nu, et faire jouir les amateurs de leur construction.

Voilà ce qu'il y a de fait jusqu'à présent. On y placera la statue en marbre de Julien qui est au musée du roi.

Quelques statues de sénateurs, marbre du Bas-Empire, qui sont aux Petits-Augustins.

Les autels antiques découverts à Notre-Dame en 1711, et une suite de monumens parisiens ou français, depuis les Gaulois jusqu'au *dixième siècle*.

Plusieurs historiens n'étant pas d'accord sur l'origine du *palais des Thermes*, nous avons consulté M. le chevalier Lenoir, administrateur des monumens de l'église royale de Saint-Denis, et fondateur du Musée français. Voici son opinion :

« Je ne pense pas que le palais des *Thermes* ait été bâti par l'empereur Julien, qui n'est resté que cinq ans dans les Gaules. Pendant son séjour à Paris, aurait-il eu le temps de bâtir un palais aussi considérable que celui qui aurait eu dans sa dépendance des bains de la nature de ceux dont il s'agit ? D'ailleurs, en supposant que cela soit, Julien a demeuré quelque part pendant la construction de l'édifice. Ammien Marcellin, qui a écrit la vie de cet empereur, n'en dit pas le mot. Le séjour de Julien à Paris date de quelques années avant l'arrivée de Pharamond au trône de France.

Je pense donc que ce qu'on appelle *palais des Thermes* sont les bains du Palais que Clovis fit construire près l'ancienne église Sainte-Geneviève, au haut de la montagne. Ce palais était considérable, avait des jardins, un parc dans lequel était un un canal qui traversoit tout le quartier qui est en droite ligne de la rue de Seine, pour arriver jusqu'à la rivière. Du moins, voilà ce que Grégoire de Tours dit du palais de Clovis. On voit encore à *Arcueil* les ruines de l'aquéduc que le roi fit construire pour fournir les eaux des *Thermes* de la rue de la Harpe.

On dit : La construction de ce bâtiment est romaine. Les constructions françaises de cette époque ont toutes le style, le goût et la manière de bâtir des Romains du bas-empire ; elles sont l'ouvrage d'ouvriers grecs qui avaient suivi les Romains dans leurs conquêtes, et qui étaient restés en France, ou par des constructeurs, élèves de ces mêmes Grecs.

Il faudrait donc dire : le reste du *Palais des Thermes*, dont on attribue la construction à l'empereur Julien, pendant le séjour qu'il fit à Paris, vers l'an 357.

Hugues Capet fut le premier qui habita le palais des comtes de Paris, aujourd'hui le *Palais de Justice*. On donna le nom de Vieux Palais au *Palais des Thermes*. Louis-le-Gros et Louis-le-Jeune augmentèrent les bâtimens du palais, où ils rendaient la justice ; et depuis, saint Louis, qui l'habitait, y fit des augmentations considérables. Il fit bâtir la Sainte-Chapelle pour y déposer les reliques qu'il avait apportées de la Terre-Sainte.

Le 9 septembre 1606, un homme qui chantait la chanson de *Colas* fut tué par un protestant rue de la Harpe. Le journal de Henri IV dit « Cette chanson avait été faite contre les huguenots, par un tas de *faquins séditieux*, au sujet d'une vache qu'on disait être entrée dans un de leurs temples, près de Chartres ou d'Orléans, pendant qu'on y faisait le prêche : ayant tué cette vache, qui appartenait à un homme très-pauvre, nommé *Colas*, ils avaient ensuite fait une quête à Paris et dans toutes les villes et villages de France pour l'indemniser de cette perte. »

Il était déjà passé en proverbe de dire, quand on voulait désigner un huguenot, c'est la *vache à Colas*.

Cette chanson était chantée dans les rues par ceux qui voulaient exciter une sédition contre les protestans.

Le lendemain du meurtre on publia une défense de chanter à l'avenir la chanson de *Colas*, sous peine d'être pendu.

C'est à l'entrée, à droite, en quittant la place Saint-Michel, qu'on voit dans cette rue, en face du ci-devant collége d'Harcourt, une boutique de pâtissier, la même où le fameux pâtissier *Lesage* avait acquis une si grande réputation dans ce genre de gourmandise. Il fallait se faire écrire la veille pour avoir un pâté.

SORBONNE (Rue de la).

Elle commence place de la Sorbonne et se termine rue des Mathurins. Par arrêté de la Commune de Paris, du 18 octobre 1792, elle prit le nom de *Catinat*, né dans cette rue.

PLACE ET COLLÉGE DE LA SORBONNE.

Le fond de cette place est décoré par le portail de l'église de la Sorbonne.

Le collége fut fondé par Robert, né à Sorbon ou Sorbonne, village près de Réthel en Champagne, dont il prit le nom, suivant l'usage de son temps.

Une petite inscription, gravée sur une lame de cuivre, et attachée au-dessus de la petite porte de l'église, en dedans, annonçait que saint Louis contribua, en 1253, à la fondation de cette maison.

La célébrité de ce collége se répandit bientôt dans toute l'Europe. Le cardinal de Richelieu, qui avait été bachelier et prieur de cette maison, en étant devenu proviseur, crut immortaliser son nom en faisant rétablir de fond en comble ce collége.

Richelieu mit le comble à la magnificence des bâtimens de la superbe église qu'on voyait encore il y a trente ans. Il en posa la première pierre le 15 mai 1635, et elle ne fut achevée qu'en 1653.

Le tombeau du cardinal de Richelieu fut placé, en 1694, au milieu du chœur.

Le czar Pierre-le-Grand, étant venu en France en 1719, fut conduit à la Sorbonne, on lui montra le mausolée de ce cardinal; il s'écria avec transport : *Grand homme, que n'es-tu encore en vie ! je te donnerais la moitié de mon empire pour apprendre de toi à gouverner l'autre.*

La bibliothèque de la Sorbonne était l'une des plus considérables de Paris.

Par arrêté du consulat du 19 vendémiaire an 10 (11 octobre 1801), le superbe mausolée de Richelieu a été déposé au Musée français, et les bâtimens consacrés au logement des gens de lettres et des artistes.

Un auteur célèbre dit que les disputes théologiques ont failli plusieurs fois bouleverser l'Europe, et ont donné lieu en France à un grand nombre de lettres de cachet; que les évêques en avaient en blanc pour poursuivre le jansénisme.

Le grand Frédéric écrivit à d'Alembert : J'ai maintenant ici un docteur de Sorbonne qui me donne des leçons d'absurdités théologiques dont je profite à vue d'œil; il m'a enseigné des formules d'une raison inconcevable, dont je compte faire usage dans le premier ouvrage théologique que j'écrirai. Fier d'aussi belles études, et rempli d'une noble audace, je n'aspire pas à moins qu'à devenir docteur de Sorbonne à mon tour; et après avoir déjà donné des preuves de ma science par l'ouvrage de *Barbe-Bleue,* je compte parvenir à la charge de commentateur en titre de la sacrée faculté. Quelque peine que se donne votre engeance théologique pour flétrir Voltaire après sa mort, je n'y reconnais que l'effort impuissant d'une rage envieuse, qui couvre d'opprobre ceux qui en sont les auteurs. La haine théologique ne saurait l'empêcher de se promener dans les Champs-Elysées en la compagnie de Socrate, d'Homère, de Virgile, de Lucrèce, appuyé d'un côté sur l'épaule de Bayle, de l'autre sur celle de Montaigne; et jetant un coup d'œil au loin, il verra les papes, les cardinaux, les patriarches, les persécuteurs, les fanatiques souffrir dans le Tartare les peines des Ixion, des Tantale, des Prométhée et de tous les fameux criminels de l'antiquité.

Ce que vous m'apprenez au sujet de l'indigne traitement que vos moines ont fait au cadavre de Voltaire m'excite à le venger de ces scélérats qui osent exercer leur vengeance impuissante sur les restes éteints du plus beau génie que la France ait produit.

Je vous prie de m'envoyer son buste, je le placerai dans notre sanctuaire des sciences, où il pourra rester à demeure; au lieu que si on le mettait dans une église, son ombre en serait indignée.

MATHURINS (Rue des).

L'hôtel de Cluny était l'une des dépendances du palais des Thermes; la plus belle salle a servi de dépôt à un tonnelier; cet hôtel est habité par un imprimeur et un libraire, des domestiques occupaient les chambres où Charlemagne fit enfermer ses deux filles pour des scènes amoureuses.

Près de l'hôtel de Cluny était le monastère des chanoines réguliers de la *Sainte-Trinité, de la Rédemption des captifs*, dits *Mathurins;* ils furent institués en 1198 par Jean de Matha et Félix de Valois, et suivant les règles de saint Augustin.

FOIN-SAINT-JACQUES (Rue du),

Où était la chambre syndicale des libraires et imprimeurs de Paris ; les syndics ont sollicité long-temps pour qu'il leur fût permis de transporter la chambre syndicale dans une autre rue, donnant pour raison que le nom de la *rue du Foin* ne pouvait pas convenir à un corps qui ne parlait que *latin* et *grec*.

On voit dans la même rue :

Le collége de maître Gervais, qui sert aujourd'hui de caserne ;

Le Palais de la Reine-Blanche, dont il existe encore une partie faisant l'encoignure de la rue Boutebrie.

La rue du Foin est fort étroite; un jeune homme, pour s'introduire dans la chambre de sa maîtresse à l'insu de ses parens, posait tous les soirs une planche de la largeur de la rue, dont le bout était posé sur la fenêtre de la demoiselle. Il franchissait l'espace de la rue à quarante pieds de hauteur. On lui demanda s'il avait eu peur : *oui, mais en revenant.*

ÉCOLE-DE-MÉDECINE (Rue de l').

Son ancien nom est rue des Cordeliers : on l'a nommée pendant la révolution rue de *Marseille*, rue de *Marat*, rue de la *Santé*.

Marat demeurait dans la maison n° 20 lorsqu'il fut assassiné dans son bain le 13 juillet 1793, par *Charlotte Corday*. C'est dans le couvent des cordeliers que le fameux club dit *des cordeliers* a tenu ses premières séances ; le bataillon des Marseillais, venu à Paris pour coopérer à la journée du 10 août 1792, a logé dans ce couvent.

C'est dans le jardin que Marat fut enterré, le 16 juillet 1793, après une pompe funèbre digne de ce temps; son corps en fut retiré pour être porté au Panthéon, d'où il fut encore retiré pour être jeté dans l'égout Montmartre.

Il ne reste aucun vestige ni de l'église, ni du couvent, à l'exception d'une portion de bâtimens sur la rue de l'Observance, où on

Vue intérieure de la cour de l'Ecole de Médecine.

Façade de l'Ecole de Médecine.

a établi un hospice pour vingt-cinq lits, consacrés à des maladies qui méritent toute l'étude de la chirurgie et de la médecine. C'est le docteur Dubois qui en est le directeur.

On lit dans le journal de l'*Etoile*, pour servir à l'histoire de France (année 1577), « qu'une jeune fille fort belle, déguisée en homme, et qui se faisait appeler *Antoine*, fut découverte et prise dans le couvent des cordeliers. Elle servait, entre autres frères, *Jacques Besson*, qu'on appelait *l'enfant de Paris et le Cordelier aux belles mains*.

» Ces révérends disaient tous qu'ils croyaient que c'était un vrai garçon : on s'en rapporta à leur conscience. Quant à cette fille-garçon, qui se disoit mariée, et qui par *dévotion* avait servi dix à douze ans ces bons religieux, sans jamais avoir été intéressée en son honneur, elle en fut quitte pour le fouet. »

L'*Etoile* doute que l'honneur d'une fille puisse être aussi miraculeusement respecté par les révérends pères cordeliers, surtout d'après la chronique du temps.

ECOLE DE MÉDECINE.

Ce superbe bâtiment est un monument unique en Europe : l'élégance et la majesté de l'ensemble se réunissent à la pureté des détails. Il a été élevé sous le règne de

Louis XV, et achevé sous celui de Louis XVI, d'après les dessins de Gondouin, architecte du roi. Rien de plus curieux que la collection d'instrumens de chirurgie et d'anatomie, ainsi que la bibliothèque, qui est publique trois fois par semaine.

Au commencement du règne de François Ier, la dissection du corps humain passait pour un sacrilége. Aujourd'hui il faut des cadavres aux jeunes chirurgiens et médecins pour faire leurs études et apprendre à tuer les vivans.

L'Ecole de Médecine a réuni les deux Ecoles de Médecine et de Chirurgie.

PLACE DE L'ÉCOLE DE MÉDECINE.

Buonaparte a fait construire sur l'ancien terrain de l'église des cordeliers une *fontaine* d'après les dessins de l'architecte Gondouin. Cette fontaine forme le parallèle de la façade de l'Ecole de Médecine.

Dans la même rue est

L'ECOLE GRATUITE DE DESSIN,

Etablie par lettres-patentes de Louis XV, en 1767; on y enseigne la géométrie et l'architecture, la figure, les animaux, les fleurs et les ornemens, etc., etc. Il y a encore une école de mosaïque.

PAON (Rue du).

Anaxagoras Chaumette, procureur-général de la commune de Paris, décapité le 24 germinal an 2 (13 avril 1794), a demeuré dans l'hôtel du Paon, où il y a un beau jardin et des bains publics.

COUR DU COMMERCE

Cette cour a été construite en 1776 sur l'emplacement de plusieurs jeux de boules. *Danton*, avocat au conseil, ensuite procureur de la commune, ministre de la justice et membre de la convention nationale, condamné à mort par la faction de Robespierre le 16 germinal an 2 (5 avril 1794), demeurait dans ce passage où il fut arrêté.

On voit dans la cour du commerce un grand Cabinet littéraire.

HAUTE-FEUILLE (Rue).

Les prémontrés avaient un couvent dans cette rue : leur église a été rebâtie en 1618 par Anne d'Autriche; en 1817, on a construit douze boutiques et un beau café sur le terrain de l'église, qui a servi pendant le cours de la révolution de magasin pour l'encyclopédie par ordre de matières.

BATTOIR (Rue du).

L'hospice de vaccination gratuite est dans cette rue : c'est un établissement qui fait honneur au gouvernement et aux médecins qui y donnent leurs soins gratuits. On peut se présenter les mardis et les vendredis à deux heures.

DEUX-PORTES (Rue des).

Le célèbre *Crébillon* y a demeuré longtemps ; il y mourut le 14 février 1762. Tous les corps comiques se réunirent à Saint-Jean-de-Latran pour lui rendre les honneurs funèbres. La fameuse *Clairon* avait pour écuyer un arlequin, qui la conduisit à l'offrande.

L'archevêque de Paris se formalisa de voir une réunion d'*excommuniés* ordonner des prières pour un poète célèbre : le principal desservant fut interdit pour six mois.

Le 6 septembre 1764, il y eut un service

pour le fameux *Rameau*, digne successeur de *Lulli*. Les artistes des trois grands théâtres s'y trouvèrent réunis.

Chaumette, procureur de la commune de Paris en 1793, a demeuré dans cette rue.

POITEVINS (Rue des).

Où est l'imprimerie et le bureau du Moniteur, au bout de la rue est l'immense établissement de librairie et l'imprimerie de M. Panckoucke fils.

SAINT-ANDRÉ-DES-ARCS (Rue).

Cette rue fut ainsi nommée, parce qu'on y vendait des arcs et des flèches ; elle est entre les rues Dauphine et Vieille-Bouclerie.

Durant les guerres civiles, sous le règne de Charles VI, la nuit du 28 au 29 mai 1418, Perrinet-Leclerc, fils d'un quartinier de la ville, prit sous le chevet du lit de son père, qui demeurait dans cette rue, les clefs de la porte de Bussy, et l'ouvrit aux troupes du duc de Bourgogne. Le peuple se joignit à la troupe, pilla, tua ou emprisonna tous ceux qui s'étaient opposés à la faction de ce prince, et qu'on appelait les *Armagnacs*. Le 12 juin, le carnage recommença, et la multitude, dirigée par des scélérats, courut aux prisons, tua deux archevêques, six évêques, des conseillers, des présidens et les plus notables des bourgeois, au nombre de plus de huit cents. Le corps du connétable Armagnac, et celui du chancelier Henri de Marle, après avoir été traînés dans les rues, furent jetés à la voirie.

Les bouchers érigèrent ensuite à Perrinet-Leclerc, à la place du pont Saint-Michel, une statue dont on voyait encore le tronc il y a peu d'années. Elle servait de borne à la maison qui fait le coin de la rue de la Vieille-Bouclerie.

L'église de Saint-André-des-Arcs a été entièrement démolie ; on a fait une place sur le terrain. Ce temple du Seigneur datait de la fin du 12ᵉ siècle.

Un peu plus bas est le fameux magasin de M. *Acloque*, successeur de *Mailhe*, qui s'intitulait vinaigrier de S. M. l'impératrice de toutes les Russies.

ÉPERON (Rue de l').

Au coin était bâti le *palais d'Orléans*, habité par Philippe, duc *de Valois*, cinquième fils de *Philippe de Valois*. Après sa mort, l'hôtel passa à *Louis de France, duc d'Orléans*, fils du roi Charles V, qui le vendit à son frère, le roi Charles VI, en 1401, moyennant 22,500 liv. : il lui revint depuis. C'est là que demeurait Valentine de *Milan*, sa femme, lorsqu'elle vint demander justice de sa mort. Son petit-fils le vendit en 1484, avant de parvenir à la couronne. Des particuliers y firent bâtir différens hôtels et maisons, dont l'hôtel de Châteauvieux fait partie.

QUAI DES AUGUSTINS OU DE LA VALLÉE.

Le couvent des Grands-Augustins, qui était sur ce quai, lui a donné son nom.

Le parlement avait affecté cette église pour la procession générale qui se faisait tous les ans le 22 mars, en mémoire de la réduction de Paris sous l'obéissance de Henri IV, à pareil jour, en 1594. Ce fut dans une salle de ce monastère que Louis XIII fut reconnu roi, et Marie de Médicis déclarée régente.

Les archives des ordres de la noblesse et des ordres du roi étaient dans les bâtimens des Augustins.

C'est aussi dans ce couvent que se tenaient les assemblées du clergé de France, qui n'avaient commencé à être réglées que depuis 1806. Le cardinal Dubois fut élu président de celle qui eut lieu en 1723.

Ces religieux, qui tiraient parti de tout, louaient une grande salle de leur couvent pour faire des ventes publiques.

L'histoire n'oubliera pas que la dernière assemblée du clergé, qui a refusé de ve⟨nir⟩ au secours des finances du roi en 178⟨7⟩ a eu lieu dans le couvent des Grands-Augustins, refus qui a été la sentence de mort du clergé de France. L'archevêque *de Narbonne*, M. *Dillon*, en fut le président.

Presque toutes les boutiques du quai des Augustins sont occupées par des libraires. Nous ignorons pourquoi on le nomme aussi *quai de la Vallée*, et pourquoi l'on a choisi pour marché à la volaille un endroit consacré à une branche de commerce bien différente; car il n'y a point d'analogie entre des dindons et des marchands d'Horaces, de Virgiles, etc. Il semble que ce soit une épigramme contre les sindycs de la librairie, qui ordinairement habitaient ce quai.

MARCHÉ A LA VOLAILLE (Nouveau),

Construit sur le terrain de l'ancienne église des Augustins. Les bibliothèques de gibier et de volailles sont beaucoup plus fréquentées que celles des libraires.

Les bâtimens de ce marché sont considérables et bien distribués.

GÎT-LE-COEUR (Rue).

Presque au commencement de cette rue, côté du quai des Augustins, François Ier fit bâtir un petit palais qui communiquait à un hôtel qu'avait la duchesse d'Etampes dans la rue de l'Hirondelle ; les peintures à fresque, les tableaux, les tapisseries, les salamandres, accompagnés d'emblèmes et de tendres devises, annonçaient le dieu et les plaisirs auxquels ce lieu était consacré. L'une de ces devises était un *alpha* et un *omega*, ce qui voulait dire, *il brûlera toujours*. Le cabinet des bains de la duchesse d'Etampes a servi depuis d'écurie à une auberge qui avait retenu le nom de la *Salamandre;* un chapelier faisait sa cuisine dans la chambre du *lever* de François Ier, et la femme d'un libraire était en couche dans *son petit salon des délices*.

Sur le même quai des Augustins, à la ci-devant auberge du cheval blanc, était l'hôtel d'Hercule, ainsi nommé des travaux d'Hercule qu'on y avait peints. Louis XII le donna au chancelier Duprat qui l'a habité. C'est dans cet hôtel qu'en 1573 Charles IX, *Henri de France*, roi de Pologne, et *Henri de Bourbon*, roi de Navarre, furent sur le point d'être assassinés par Vitraux, petit-fils du chancelier Duprat, l'un des hommes les plus déterminés de son temps ; il s'était caché dans l'une des pièces de l'hôtel, avec quatre hommes du complot.

PONT SAINT-MICHEL.

Ce pont était originairement construit en bois ; il fut plusieurs fois emporté par les débordemens et par les glaces, ce qui détermina à le rebâtir en pierre en 1618.

Il était chargé de deux rangs de maisons bâties en briques ; toutes ces maisons ont été rasées depuis la révolution.

QUAI DES ORFÈVRES,

Le quartier le plus riche en orfévrerie, bijouterie et pierres précieuses. On voit au n° 30 la superbe boutique décorée extérieurement en dorures, ornemens et glaces, de M. *Oblin*, graveur du roi, sur *cachets, timbres, taille-douce et armoiries*.

QUAI DE L'HORLOGE, DES MORFONDUS OU DES LUNETTES.

Ce nom lui vient de *l'horloge* du Palais de Justice, qui était placée à la tour en face du Pont-au-Change ; tour qui fut construite sous Philippe-le-Bel, l'an 1310, et qui est maintenant habitée par M. Chevalier, ingénieur-opticien. Ce fut la première *horloge* que l'on vit en France ; elle fut construite par Henri de Vicq, qui vint à Paris, sous Charles V, en 1370.

Sa situation au nord lui a fait donner par le peuple le nom de *quai des Morfondus*, et le nom *des Lunettes*, parce qu'il n'est presque habité que par des opticiens, des ingénieurs, fabricans d'instrumens de mathématiques, *lunetiers*, etc.

MARCHÉ AUX FLEURS.

Quai Dessaix.

La première pierre de ce quai fut posée le 12 juillet 1800 (24 messidor an 8) ; il fut terminé en 1804. Il commence au quai de l'Horloge jusqu'au pont Notre-Dame. Ce beau quai est très-large ; il est planté d'arbres, formant deux allées ; au milieu deux fontaines pour arroser les fleurs et arbustes qu'on y apporte les jours de marché, les mercredis et samedis. Vous voyez la petite bourgeoise porter fièrement dans ses bras un pot d'œillets, de roses, de jasmin, de renoncules, un groseiller, ou des belles de nuit.

Les marchands de fleurs surfont de quatre-vingt pour cent le prix de leurs marchandises.

QUAI CATINAT OU DE LA CITÉ,

Qui longe la Seine en faisant le tour du jardin de l'archevêché, et va aboutir jusqu'au petit pont de l'Hôtel-Dieu.

« Ce nouveau quai a été bâti sur le terrain du petit port *Saint-Landry*, où le corps d'*Isabeau* de *Bavière*, femme de Charles VI, morte en 1435, dans l'opprobre, fut confié à un batelier qui avait ordre de le remettre, sans autre cérémonie, au prieur de Saint-Denis. Il n'y eut pas d'autres frais pour ses obsèques. Le célèbre poète *Racine* a demeuré long-temps dans la rue *Basse des Ursins*, à côté du petit pont Saint-Landry.

PONT NOTRE-DAME.

Le plus ancien et le premier pont qu'on ait bâti en pierres à Paris; il fut achevé en 1507; il était chargé de chaque côté de maisons.

Au milieu du pont est la pompe qui sert à monter l'eau pour la commodité de divers quartiers de Paris : la mécanique de cette pompe est curieuse.

Ce fut sur ce pont que l'infanterie ecclésiastique de la ligue passa en revue devant le légat le 3 juin 1590. Capucins, Minimes, Cordeliers, Jacobins, Carmes, Feuillans, tous, la robe retroussée, le capuchon bas, le casque en tête, la cuirasse sur le dos, l'épée au côté et le mousquet sur l'épaule, marchaient quatre à quatre ; le révérend évêque de Senlis à leur tête avec esponton : les curés de Saint-Jacques-de-la-Boucherie et de Saint-Côme faisaient les fonctions de sergens-majors. Plusieurs de ces miliciens, sans penser que leurs fusils étaient chargés à balles, voulurent saluer le légat et tuèrent à côté de lui un de ses aumôniers ; mais son éminence trouvant qu'il commençait à faire trop chaud à cette revue, donna promptement sa bénédiction et s'en alla.

PONT AU CHANGE.

Son nom vient de ce que des changeurs y demeuraient. Il était en bois, et fut consumé en 1621 et en 1639 ; il a été depuis rebâti en pierres. On y voyait, avant la révolution, la figure de Louis XIV enfant, celles de Louis XIII et de la reine Anne d'Autriche.

Dans un tarif fait par saint Louis pour régler les droits de péage qui étaient dus à l'entrée de Paris, sous le petit Châtelet on lisait :

« Le marchand qui apportera un singe pour le vendre, paiera quatre deniers; si le singe appartient à un joculateur, cet homme, en le faisant jouer et danser devant le péager, sera quitte du péage, tant dudit singe que de tout ce qu'il aura apporté pour son usage. »

De là vient le proverbe, *payer en monnaie de singe, en gambades.*

Un autre article porte que les *jongleurs* seront aussi quittes de tout péage en chantant un couplet devant le péager.

PLACE DU PALAIS DE JUSTICE.

Cette place est décorée par deux bâtimens neufs de chaque côté. Au milieu ou en face du Palais de Justice est la rue de la Vieille-Draperie; dans l'un des bâtimens neufs, du côté du quai aux fleurs, on a construit en 1790 le théâtre de la *Cité*, sur le terrain de l'église appelée *Saint-Barthélemi*; l'architecte Lenoir l'avait décoré de portraits d'Henri IV. Cette salle ne sert plus aujourd'hui que pour des bals, des fêtes et des réunions maçonniques, etc.

C'est sur cette place, au coin de la rue de la Vieille-Draperie, qu'était la maison du père de Jean Châtel, âgé de dix-huit ans, qui blessa d'un coup de couteau Henri IV à la lèvre supérieure, le 27 décembre 1594. La maison de son père fut abattue et remplacée par une pyramide à l'infamie

Palais de Justice.

du jeune Jean Châtel, qu'un fanatisme outré avait porté à commettre ce crime.

En 1814 une dame de la cour disait au château des Tuileries :

« Il est bien extraordinaire qu'il ne se soit pas trouvé un homme pour poignarder Buonaparte, qui avait tant d'ennemis, tandis qu'il y a eu plusieurs bons rois de France assassinés. »

Un grand personnage de cour répondit avec beaucoup d'esprit :

« Que voulez-vous, madame, il n'y a plus de religion en France. »

Les condamnés aux fers, à la réclusion et à la marque, sont exposés sur cette place depuis onze heures jusqu'à midi. Si plusieurs des condamnés intéressent la commisération du public, malheureusement un grand nombre indignent par leur effronterie.

PALAIS DE JUSTICE,

Autrefois la demeure des rois, jusqu'à Philippe-le-Bel, qui l'abandonna aux officiers de justice en rendant le parlement sédentaire ; il fit bâtir la plupart des chambres, et cet ouvrage fut terminé en 1313. Avant ce temps, il y avait de grands bâtimens, puisque Clovis y tenait sa cour.

La grande salle a été bâtie sur la place

d'une autre très-ancienne, où étaient les statues des rois. On y recevait les ambassadeurs, on y donnait des festins publics, et on y célébrait les noces des enfans des rois de France. Cette salle fut consumée par les flammes en 1618.

Jacques *Desbrosses*, architecte, fut choisi pour la construire ; elle fut voûtée en pierres avec une suite d'arcades au milieu, soutenues de piliers. La grande chambre est à côté de la grande salle, et fut bâtie sous saint Louis, qui y donnait des audiences publiques. Louis XII la fit réparer comme elle est actuellement.

La Tournelle, qui était la chambre où l'on jugeait les criminels, est celle où couchait saint Louis, et où il coucha le jour de son mariage.

Un autre incendie, en 1776, détruisit toute la partie du palais qui s'étendait depuis l'ancienne galerie des prisonniers jusqu'à la Sainte-Chapelle. Louis XVI fit tout réparer avec magnificence en 1787, et poser une grille superbe qui était enrichie d'ornemens dorés.

Le 15 octobre 1787 le parlement de Paris fut transféré à Troyes, pour avoir refusé d'enregistrer les édits bursaux, dont nous parlerons en-

Palais de Justice.

core à l'article *pont Neuf*. Le 20 novembre de la même année le roi rétablit le parlement à Paris.

Le 5 mai 1788, le capitaine d'Agoust est venu enlever par ordre du roi, au milieu de toutes les chambres du parlement assemblées, les deux conseillers Duval d'Esprémenil et Goeslard.

Le 23 septembre 1788 le roi rétablit le parlement et toutes les autres cours de France, et annonça la tenue des états-généraux. Le parlement de Paris, en enregistrant cet édit, dit dans son arrêt qu'il ne cessera jamais de réclamer pour que les états-généraux soient convoqués et composés suivant la forme observée en 1614; mais M. Necker obtint du roi, pour le tiers-état, qu'il aurait un nombre égal à celui des deux ordres du clergé et de la noblesse.

Sous les voûtes du palais est la prison de la Conciergerie, pour les accusés dont on instruit le procès-criminel.

Les assassins des 2 et 3 septembre 1792 y égorgèrent deux cent trente-neuf prisonniers, y compris une femme; trente-six furent trouvés dignes par les assassins d'obtenir leur liberté, et se les associèrent ; soixante-quinze femmes obtinrent aussi leur liberté sous la condition d'être toutes dévouées à leurs libérateurs.

L'histoire voudrait en vain oublier que le fameux *tribunal* révolutionnaire a siégé pendant dix-huit mois dans la grand'chambre qu'occupait le parlement. C'est de cette chambre que la foudre mortuaire est sortie pendant dix-huit mois.

Si le règne de ces bourreaux avait encore duré

dix-huit mois, l'on aurait cherché en vain un homme. Le grand escalier du palais était garni d'une multitude payée pour applaudir à la condamnation de nombreuses victimes. Là, on les comptait comme des veaux qu'on envoie à la boucherie.

En 1794 Danton comparut devant le tribunal révolutionnaire, qui lui devait sa création. Interrogé sur son nom et sa demeure, il répondit avec fermeté : *Ma demeure sera bientôt dans le néant ; vous trouverez mon nom dans le Panthéon de l'histoire.* M. Hérault de Séchelles, ci-devant président au parlement, répondit à la même question : *Je m'appelle Marie-Jean, noms peu saillans, même parmi les saints ; je siégeais dans cette salle, où j'étais détesté des parlementaires.*

Marie-Antoinette d'Autriche fut transférée dans cette prison le 2 août 1793, d'où elle ne sortit que pour aller à la mort.

Depuis la dernière entrée de Louis XVIII à Paris, la chambre qu'avait habitée la reine dans cette prison a été transformée en une chapelle expiatoire.

Les chefs du système de la terreur avaient fait planter des arbres de la liberté, autour desquels on faisait chanter aux prisonniers des hymnes à la liberté.

ARCHIVES JUDICAIRES,

Occupent tout le dessus de la voûte de la grande salle du Palais. L'on parcourt de nombreuses pièces, où sont rangés, dans le plus grand ordre, des milliers de cartons, portefeuilles, renfermant toutes les pièces de procédures depuis l'origine des plaidoyers.

On y voit l'habit de Damiens, le crâne de Ravaillac, et des pièces de procédure de deux femmes, dont les maris, sans les consulter, avaient fait une transaction pour changer réciproquement de femme.

Il y a, au palais, une bibliothèque de livres de droit, qui est à la disposition des jurisconsultes.

Avant la construction des arcades du Palais-Royal, l'on se portait en foule dans la grande salle du Palais de Justice, les premiers jours de l'année, pour y acheter des bonbons et des jouets d'enfans. Les boutiques étaient des plus brillantes.

En 1790, la grande salle du palais était encore garnie de boutiques de libraires et de marchandes de modes adossées à chacun des piliers.

SAINTE-CHAPELLE DU PALAIS,

Fondée par saint Louis, et bâtie en 1245. *Boileau*, dont les dépouilles étaient au muséum des monumens français, a été enterré dans la chapelle basse, sous le lutrin qu'il a chanté.

La cour des comptes est dans la cour de la Sainte-Chapelle.

En sortant de cette cour, on voit la

PRÉFECTURE DE POLICE,

Attenante au Palais de Justice, où était l'hôtel du premier président de Paris. Depuis la révolution, *Pétion*, le second maire de Paris, a été installé dans cet hôtel le 7 mai 1792, ensuite *Pache* et *Fleuriot*, dans les beaux appartemens que *les Daguesseau, les de Harlay, les Lamoignon* ont habités.

Chaque fois que nous passons devant la Préfecture de Police, nous faisons des vœux pour que les Français soient assez raisonnables pour se passer de la surveillance de la police, et rendre inutile la chambre de dépôt, située dans ce local, pour ceux qui sont arrêtés provisoirement.

Depuis 1702, la chambre du dépôt a

servi d'asile à plus de cent mille individus de tous les partis, de toutes les factions, de toutes les opinions ; ce local a été enfin le magasin de toutes les tyrannies qui se sont succédé : puisse la police n'avoir à surveiller que les fripons et les voleurs.

PLACE DAUPHINE.

En 1608, Henri IV décida qu'on donnerait à cette place le nom de *Dauphine*, en mémoire de la naissance de Louis XIII. La rue qui sépare cette place des bâtimens du palais prit le nom du premier président du Harlay, et la place celui de *place du Dauphin*, lorsqu'on en fit l'inauguration. Elle est bordée de trois rangs de maisons, et toutes les boutiques qui garnissent cette place sont occupées par des joailliers - bijoutiers et orfèvres grossiers.

Le 24 août 1787, lors de la disgrâce du ministre *de Brienne*, sollicitée par le parlement, toute la jeunesse de la bazoche se rassembla place Dauphine, dressa un mannequin du ministre renvoyée, et le promena, accompagnée d'une multitude.

Le commandant du guet, le chevalier Dubois, avait ordre de dissiper le plus petit attroupement. Un ouvrier lui jeta à la figure un paquet de pétards : il ordonna à sa troupe de faire feu ; huit individus périrent : Dubois n'eut que le temps de se sauver. Ce meurtre fut imputé au parlement, qui avait la haute police de Paris.

La multitude se porta au corps-de-garde du pont Neuf, y mit le feu, chassa les soldats du guet du poste. Les jeunes gens se chargèrent de maintenir le bon ordre.

Les 15, 16 et 17 juillet 1790, qui suivirent la confédération, le peuple se rassembla sur cette place pour le *bouquet de Henri IV*. Sa statue sur le pont Neuf était ornée de rubans aux trois couleurs ; à ses côtés, sur le devant de la balustrade, deux médaillons représentaient le général *La Fayette* et M. *Bailly*, présentant des fleurs au roi chéri. Au milieu et au bas cette inscription :

> Il eut l'amour du peuple,
> Louis Seize est son héritier.

Le premier soir, le clergé de la paroisse Saint-Barthélemy vint chanter le *Te Deum* et le *dominus exaudiat*. A cette cérémonie succéda ce refrain :

> Vive Henri quatre,
> Vive ce roi vaillant.

Une nombreuse musique accompagnait les chansons et les hymnes à sa gloire. Des danses se sont formées et les plaisirs ont été prolongés pendant trois jours.

En 1792, on nomma cette place *Thionville*, en mémoire de la belle résistance que les habitans de la ville de ce nom opposèrent à l'ennemi ; et en 1801, cette place

Place de Dessaix ou Dauphine.

fut nommée *Dessaix*, en l'honneur du général *Dessaix*, tué sur le champ de bataille à Marengo ; et de 1801 à 1805, au milieu de cette place, on a construit sur les dessins de MM. Perrier et Fontaine, la

FONTAINE DITE DE DESSAIX.

Ce monument représente la France militaire couronnant la statue du général. Sur le devant du piedestal est écrit en lettres d'or le nom de *Dessaix*, entouré d'une couronne de chêne. Au bas sont ses dernières paroles :

« Allez dire au premier consul que je meurs avec le regret de n'avoir pas assez fait pour la patrie. »

Les deux fleuves du Pô et du Nil, témoins de ses victoires, sont représentés avec leurs attributs. Sur le bas-relief circulaire, deux renommées gravent sur des écussons l'une Thèbes et les Pyramides, l'autre Khel et Marengo. Un riche trophée, composé des dépouilles des peuples qu'il a vaincus, est placé derrière le piédestal ; sur la base sont gravées plusieurs inscriptions. Sur celle de derrière on lit :

L. CH. ANT. DESSAIX,

Né à Agen, département du Puy-de-Dôme, le 17 août 1768 ;

Mort à Marengo le 25 prairial an 8 de la répub.

Ce monument lui fut élevé par des amis de sa gloire et de sa vertu, sous le consulat de Buonaparte, l'an 10 de la république.

PONT NEUF.

Ce pont est le plus passager de tous ceux de Paris, et peut-être de l'Europe.

Le pont Neuf est dans la ville ce que le cœur est dans le corps humain, le centre du mouvement et de la circulation; le flux et reflux des habitans et des étrangers frappent tellement ce passage, que pour rencontrer les personnes qu'on cherche, il suffit de s'y promener pendant quatre jours une heure chaque.

Les mouchards se plantent là; et quand au bout de quelques jours ils ne voient pas leur homme, ils affirment positivement qu'il est hors de Paris.

Ce fut Henri III qui en posa la première pierre le 30 mai 1578, le jour même qu'il assista à la pompe funèbre de Quelus et de Maugiron, ses plus chers favoris; ce qui fit dire aux plaisans que ce nouveau pont serait sans doute appelé le *Pont des pleurs*. L'ouvrage, discontinué, ne fut repris que sous Henri IV, et ne fut achevé qu'en la quinzième année de son règne.

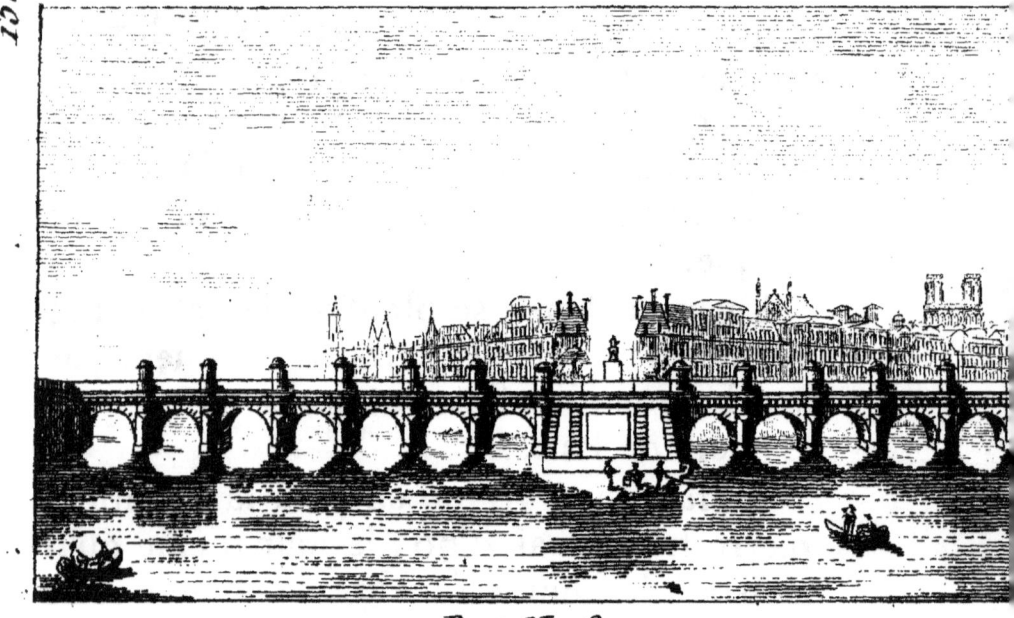

Pont Neuf.

Après la mort de Henri IV, Marie de Médicis, sa veuve, et régente du royaume, voulut donner un témoignage public de la douleur qu'elle ressentait de la perte de son époux, en élevant un monument qui parût l'ouvrage de l'amour conjugal. Son père, Cosme II, grand-duc de Toscane, lui ayant envoyé un cheval en bronze, la régente fit faire par Dupré, sculpteur, la figure du roi, pour l'adapter au cheval. Le groupe, fini, fut placé sur le pont Neuf, en face de la place Dauphine, dans le petit espace carré qui fait saillie hors du pont, et qui prit le nom de *place de Henri IV*. Louis XIII posa la première pierre du piédestal, le 13 août 1614. La statue fut élevée de suite ; mais les ornemens et les bas-reliefs ne furent achevés qu'en 1636, sous le ministère du cardinal de Richelieu.

La *statue* de Henri IV est le premier monument général et public de cette espèce qu'on ait élevé dans Paris, à la gloire des rois.

Le château de la Samaritaine, qu'on voyait sur le pont Neuf, fut construit sous le règne de Henri IV. En 1604, il contenait une pompe aspirante pour conduire les eaux aux Tuileries et ailleurs. Son horloge et son carillon attiraient les regards des curieux. Ce bâtiment, qui tombait en ruine, masquait la plus belle vue : il a été supprimée en 1812.

La Samaritaine était un gouvernement pour l'un des anciens valets du roi.

L'un des beaux bains Vigier occupe la partie de la rivière où était la charpente de la Samaritaine. L'on y descend par un escalier pratiqué du trottoir du pont Neuf à la rivière. (Voir la gravure du pont Neuf.)

Le 24 août 1787 au soir, après l'événement de la place Dauphine, les partisans du parlement rassemblés sur ce pont obligeaient les passans de saluer la statue de Henri IV ; et les personnes qui étaient en voiture d'en descendre pour lui rendre hommage.

Nous avons entendu crier : *Vive le duc d'Orléans*, au moment où ce prince passait. La multitude lui dit d'aller *saluer son digne parent*, et lui souhaita de l'imiter dans ses vertus.

Le 11 août 1792, la statue de Henri IV fut renversée par les mêmes individus qui forcèrent les passans de la saluer en 1787.

Le fameux canon d'alarme y a été placé en 1792 et 1793. On construisit des échoppes sur le terrain, ensuite un café avec un jardin ; à côté un corps-de-garde, et les boutiques des marchandes d'oranges et de citrons sur la même ligne. Buonaparte devait faire placer une colonne

Statue d'Henri IV.

en granit à l'endroit où était la statue de Henri IV. Déjà plusieurs millions avaient été employés pour cette construction, qui fut suspendue par le retour de Louis XVIII, qui a fait son entrée à Paris le 3 mai 1814. Il a eu la jouissance de revoir provisoirement à son passage sur ce pont la statue en plâtre du bon Henri, par M. Rognier. L'inscription était : *Ludovico reduce, Henrico redivivo.*

Peu après la seconde rentrée de Louis XVIII à Paris, un grand nombre de Français s'empressèrent de contribuer par une souscription volontaire à relever la statue en bronze de Henri IV. M. Lemot, statuaire, a fait ce travail précieux, qui fut achevé en 1817. M. Piggiani, fondeur habile, a été chargé du moule de la statue et du cheval, qui pèsent quarante milliers. Pendant ce temps l'on continuait les travaux du terre-plein du pont Neuf. Le roi posa la première pierre du piédestal de la statue. Des médailles gravées par M. Andrieux furent placées dans cette pierre, portant d'un côté cette inscription : *Ludovicus* XVIII, *lapidem auspicalem posuit, die* XVIII. M. oct. ann. M DCCC XVIII, *regni* XXIII. Au revers, *Henrico magno*; et pour exergue : *Pietas civium restituit,* M D CCC XVIII. La hauteur de la statue est de quatorze pieds, son poids est de trente milliers. Le 21 août 1818 elle fut montée et placée sur son piédestal, où elle demeura voilée jusqu'au 25, jour de la Saint-Louis, où Louis XVIII, après avoir passé en revue, sur le boulevard du nord, la garde nationale parisienne, la garde royale, la troupe de ligne en garnison à Paris, arriva à deux heures sur le pont Neuf; il se plaça sur son trône, construit en face de la statue du côté de la place Dauphine. Le voile qui couvrait la statue, disparaissant, laissa voir l'image de Henri-le-Grand.

M. Barbé-Marbois, président du comité des souscriptions, adressa à S. M. un discours. Le roi répondit : *Je revois avec plaisir le présent que le peuple français m'offre; j'y vois l'offrande du riche et le denier du pauvre et de la veuve pour relever une statue que je contemple avec joie. J'y vois le gage du bonheur de la France. A la vue de cette image, les Français se rappelleront l'amour que leur portait Henri IV, et ils mériteront d'être aimés par ses descendans.* Après ce discours, toute la garde nationale, troupes de ligne, garde royale, gardes du corps, défilèrent devant le roi.

Une seule inscription décore la façade de ce monument; elle est de M. Quatremère de Quinci.

Henrici Magni,
Ob paternum in populos animum
Notissimi principis,
Sacram effigiem
Inter civilium furorum procellas,
Gallia indignante
Dejectam
Post optatissimum Ludovici XVIII reditum
Et omnibus ordinibus cives,
Ære collato
Restituerunt
Nec non et elogium
Quod
Simul cum effigio abolitum fuerat
Lapidi rursus inscribi
Curaverunt.

En voici la traduction fidèle : « Après le retour désiré de Louis XVIII, les citoyens de toutes les classes relevèrent, en l'honneur de Henri IV, prince célèbre par son amour paternel pour ses peuples, la statue de bronze qui, malgré l'indignation de la France, avait été renversée au milieu des troubles civils. Ces mêmes citoyens firent aussi graver sur le marbre son éloge qui avait été détruit avec sa statue. » Un magnifique exemplaire de la Henriade, où ce héros avait été célébré d'une manière digne de lui, fut déposé dans la base de ce monument, dont la statue a coûté 337,860 fr. Les deux bas-reliefs en bronze de chaque côté du piédestal représentent, celui du côté du sud, le bon Henri faisant entrer des vivres dans Paris pendant qu'il en faisait le siége. « Je suis, disait-il, le vrai père de mon peuple ; je ressemble à la vraie mère qui se présenta devant Salomon. J'aimerais autant n'avoir point de Paris que de l'avoir tout ruiné et tout désolé par la mort de tant de personnes. »

L'autre bas-relief représente Henri IV faisant son entrée à Paris, le 22 mars 1594.

Le pont Neuf est décoré de vingt boutiques construites en pierres de taille dans les demi-lunes de forme circulaire : ces boutiques sont occupées par des bijoutiers, des merciers et des libraires.

On voit le long des deux trottoirs du pont des décrotteurs qui ont tous des tableaux indiquant leurs noms et leurs talens pour tondre et traiter les chiens. On lit, sur l'un de ces tableaux : *La Note, tond les chiens, et sa femme vat en ville* ; un autre *coupe les chiens, les chats et les oreilles des carlins, des messieurs et des dames qui lui feront l'honneur de lui accorder leur confiance, etc., etc.*

Rien de plus curieux que la conversation politique de plusieurs anciens décrotteurs ; ces *artistes* savent toutes les nouvelles ; quelle a été notre surprise d'en entendre un parler latin ; il connaît tous les meilleurs auteurs : on nous a assuré qu'il a une petite bibliothèque de livres bien choisis.

Nous citerons un trait de superstition.

Dans la sécheresse extraordinaire de 1803 le bruit commun de Paris était que la prédiction suivante était écrite sur une pierre inhérente à l'une des culées du pont Neuf : *malheur à qui me verra rester à découvert ; tout Paris, même le monde entier, devra finir.*

La pierre resta découverte ; l'inscription n'y était pas, et le monde n'a pas fini en 1803 ; on fit à cette époque, où les eaux étaient très-basses, des travaux dans le lit de la Seine mis à sec par la sécheresse, pour donner l'écoulement aux eaux stagnantes depuis l'Hôtel-Dieu jusqu'au pont Neuf.

Le bruit circula à cette époque qu'un particulier avait trouvé un diamant de la valeur de 24,000 francs ; bientôt, *cressendo*, de celle de quarante-huit. Quelques milliers de badauts, comptant encore faire mieux, descendirent dans le lit à sec de la rivière.

Peines perdues, on ne trouva plus rien, si ce n'est quelques pièces de monnaie.

Vous ne pouvez passer sur le pont Neuf sans être assailli par les distributeurs d'adresses de spécifiques pour les maladies vénériennes ; malgré vous on vous en met dans les mains, dans les poches ; les distributeurs en donnent indistinctement aux jeunes et aux vieux, aux prêtres, aux femmes, et même aux jeunes filles qui accompagnent leurs mères.

On a observé avant la révolution qu'il passait tous les quarts d'heure sur le pont Neuf un abbé, un garde-française, un capucin, une fille publique et un cheval blanc.

Aujourd'hui chaque minute il passe un garde national ou un militaire de la garde royale, un chevalier de la légion-d'honneur, un chevalier de Saint-Louis, et un cavalier de la gendarmerie ; à l'égard des filles publiques, on ne peut plus les distinguer des femmes honnêtes, ce qui souvent fait occasionner des méprises dont profitent quelquefois les demi-vertus.

Le *café Conti*, qui fait le coin de la rue *Dauphine* et du quai Conti, est très-ancien. Avant la révolution, les étrangers s'y donnaient rendez-vous pour admirer le mouvement perpétuel de la multitude qui traverse le pont Neuf; c'est un spectacle curieux pour un observateur.

Le nouveau propriétaire de ce café vient de le décorer avec le plus grand luxe : tout ce qu'on prend dans ce café est de bonne qualité.

DAUPHINE (Rue).

C'est l'une des rues les plus passagères et les plus bruyantes de la capitale.

En 1793, le club des Cordeliers a tenu plusieurs séances dans la salle du théâtre des Jeunes-Élèves; dans l'une de ces assemblées, le président mit un voile sur le tableau de la *Déclaration des droits de l'homme*, qui ornait la salle, pour marquer une atteinte que la convention nationale venait de porter à la liberté ! ce club, composé des factions dites *Dantonistes, Maratistes, Héber-*

tistes et *Chaumetistes*, faisait trembler par son audace la convention nationale, à qui il reprochait de *n'être pas au pas de la liberté.*

De belles boutiques ornent cette rue ; on y remarque l'enseigne d'un chapelier qui a un beau tableau, *Aux artistes canadiens;* à côté M. Béliard, horloger très-renommé; la librairie militaire de MM. Magimel, Anselin et Pochard; de l'autre côté, une fabrique de chocolat, une salle de bal, et au n° 36 une maison de jeu, c'est-à-dire coupebourse. *Passez vite !!!!*

Il y a quelques années qu'un particulier, domicilié rue Dauphine, ayant trouvé un abbé couché avec sa femme, à minuit, cria *au voleur* par l'une des croisées de son appartement. Un rassemblement se forma ; on lui demanda si les voleurs étaient encore dans la maison; il eut encore la bêtise de dire que c'était un particulier qui était couché à côté de sa femme. A l'instant il fut qualifié de c...., et les rassemblemens qu'il vit se former devant sa porte pendant quelque temps, le firent mourir de chagrin au bout de six mois.

Si tous ceux qui sont dans le même cas, à Paris, l'imitaient, l'entreprise des inhumations quintuplerait sa recette.

Rue du Pont-de-Lodi.

Cette rue fut, en 1792, nommée *Thionville*. (Voyez place Dauphine.)

PONT-DE-LODI (Rue du).

Nouvelle rue percée sur le terrain du jardin des Grands-Augustins.

Son nom lui fut donné pour rappeler le souvenir de la bataille du *pont de Lodi*, gagnée le 10 mars 1796 par les Français sur les Autrichiens.

Les maisons de cette rue sont bien bâties ; plusieurs ont des jardins : on y voit le superbe établissement typographique de *Pierre Didot*, qui a reçu la visite de l'empereur de Russie en 1814.

Le magasin de livres curieux et rares du libraire Royer.

Ici se termine notre première promenade du sud au sud-est.

DEUXIÈME PROMENADE.

Cette promenade du sud à l'ouest comprend tout le faubourg Saint-Germain, les quais depuis le pont Neuf jusqu'à la plaine de Grenelle.

BOULEVARDS D'ENFER, DU MONT-PARNASSE ET DES INVALIDES.

Le premier commence rue d'Enfer et finit au Mont-Parnasse, le second se termine rue de Sèvres, et le troisième à l'esplanade des Invalides.

BOULEVARD DU MONT-PARNASSE.

On remarque sur le boulevard du Mont-Parnasse le

JARDIN DE LA GRANDE CHAUMIÈRE,

Pour les bals champêtres. Ce charmant jardin est dessiné de manière à favoriser les couples heureux. Il y a de très-jolis cabinets pour se garantir de l'injure du temps. Tout annonce, dans ce lieu pittoresque, mystère et discrétion.

C'est ordinairement le rendez-vous des

graveurs, dessinateurs, peintres, bijoutiers, orfèvres, étudians en droit, en médecine, en chirurgie, commis-libraires, etc.; c'est aussi là que se réunissent les petites marchandes de modes, les couturières, les polisseuses, émailleuses, brunisseuses et enlumineuses : on en remarque qui sont fort jolies qui vont se faire ramasser au bas des montagnes suisses qu'on y a construites. Le restaurateur, M. Fillart, propriétaire, a une grande réputation pour les noces, etc.

L'on remarque principalement les maisons et les jardins des hôtels de mademoiselle de Bourbon-Condé, du maréchal de Biron et du duc d'Orsay. Pendant les premières années de la révolution, on a donné dans ces hôtels et dans ces jardins des fêtes publiques, bals, feux d'artifices et expériences aérostatiques.

Sur ces boulevards se trouvent de fort jolies maisons et de beaux jardins.

On y remarque une belle maison dite des *Oiseaux*, qui a servi de prison pendant les années 1793 et 94 : c'était l'une des maisons de détention les plus favorisées de la *clémence* du régime révolutionnaire, car aucun des détenus n'a été traduit au tribunal révolutionnaire.

Palais du Luxembourg. Côté de la rue de Tournon.

L'*abattoir* ou *tueries*, dit de Grenelle, près de la barrière de ce nom.

La promenade de ces boulevards est des plus agréables et des plus champêtres; l'œil n'est pas choqué, comme sur les boulevards qui forment les limites de Paris, par un mur très-élevé et par une multitude de barrières qui annoncent autant de petites prisons, ayant chacune des guichetiers devant leurs portes.

PALAIS DU LUXEMBOURG OU DE LA CHAMBRE DES PAIRS.

Ce palais fut commencé en 1615 par Marie de Médicis, veuve de Henri IV, qui le fit achever en moins de six ans, sur le terrain qu'elle acheta en 1612 du duc d'Epinay-Luxembourg, avec son hôtel, pour la somme de 90,000 liv. Jean Desbrosses, le plus fameux architecte de son temps, en jeta les fondemens, sur le modèle du palais *Pitti*, des ducs de Toscane, à Florence.

Le palais du Luxembourg est, après celui des Tuileries, le plus vaste de Paris; il est surtout distingué par son architecture d'un caractère mâle, par la régularité et la beauté de ses proportions. La façade qui est du côté de la rue de Tournon forme une terrasse ornée de balustrades, au milieu de laquelle s'élève un pavillon terminé par un dôme avec sa lanterne. Ce pavillon est composé des ordres toscan et dorique, l'un sur l'autre, et entouré de plusieurs statues. Cette terrasse se termine des deux côtés par deux gros pavillons carrés. Chacun de ces pavillons est décoré d'une statue, et ils sont tous deux joints au grand corps de logis par des galeries soutenues de neuf arcades qui éclairent de larges corridors très-bien voûtés. Dans l'intérieur est une superbe cour carrée. Le fronton est orné d'une allégorie relative au commerce, sculptée par Duret; on ignore à qui l'on doit attribuer les quatre figures, faites du temps de Desbrosses, placées au-dessous.

En 1802, ce palais a été regratté et ragréé, ce qui n'ajoute rien à la beauté de l'architecture. On pourrait peut-être reprocher au célèbre architecte Chalgrin d'avoir nui à la majesté du milieu de la façade du côté du jardin, en supprimant les deux belles terrasses. Au-dessous du corps de bâtiment, le cadran solaire est supporté par des figures de ronde bosse représentant la

Victoire et la *Paix*, par M. Espercien ; la *Victoire* et la *Paix*, par M. Beauvallet ; dans l'arrière-corps, la *Vigilance* et la *Guerre*, par M. Cartellier. Une grille de plus de 80 pieds ferme le palais du côté de la rue.

Avant la révolution, on voyait sur le perron de la cour au jardin quatre statues représentant des rois de France, et sur les deux ailes du pavillon d'entrée, Marie de Médicis et Henri IV.

L'architecte Chalgrin a eu l'heureuse idée de transporter dans l'aile droite l'escalier d'honneur qui conduit à la chambre des pairs ; cet escalier se présente majestueusement. On monte cet escalier par quarante-huit degrés ; chaque marche a vingt pieds quatre pouces de long, et est d'une seule pierre ; vingt-deux colonnes ioniques supportent sa voûte ornée de caissons ; huit figures de lions antiques marquent les extrémités et les repos des rampes en fer doré, qui coupent maladroitement les marches en trois parties. Une statue ou bien un trophée décore les entablemens non occupés par des croisées. On y remarque les généraux *Dessaix*, par Groix fils ; *Caffarelli*, par Corbat ; *Marceau*, par Dumont ;

Joubert, par Stouff; *Kléber*, par Rameau : les trophées sont de M. Herson. Au bas de l'escalier est le charmant groupe de *Psyché* et de l'*Amour*, par Delaistre ; deux bas-reliefs, représentant *Minerve* et des génies offrant des couronnes, par Duret, ornent ses extrémités. On voit dans la pièce où se tiennent les garçons de salle, *Hercule*, par Lepuget; *Epaminondas*, par Duret ; *Miltiade*, par Boizot. Dans la salle des messagers, le *Silence* et la *Prudence*, statues en marbre de MM. Mouchi et Deseine. Dans la salle de réunion, un beau tableau allégorique de M. Regnaut, qui représente le retour du roi, et son portrait, peint par Robert Lefebvre. Au-dessus, peint en grisaille, saint Louis combattant les infidèles ; son plafond est peint par Lesueur. Les murs de la salle des séances, qui est semi-circulaire, sont revêtus de stuc imitant le marbre blanc veiné ; des colonnes corinthiennes en stuc, dont les entrecolonnemens sont ornés de statues d'anciens régislateurs, supportent sa voûte, peinte par Lesueur. Au milieu de la ligne droite sont placés dans un enfoncement le siége du président et le bureau des secrétaires ; l'orateur est placé au bas ; les siéges

des pairs sont placés en amphithéâtre dans la partie circulaire ; en face du président est le buste du roi par Dupaty ; une magnifique et riche tenture de velours bleu décore cette superbe salle qui est éclairée la nuit par un lustre, descendant tout allumé, répandant une clarté égale à la lumière de mille bougies. La salle du trône est de la plus grande beauté. Au milieu de la voûte, Henri IV est représenté sur un char guidé par la Victoire, par M. Barthélemy ; sur ses pignons, la Paix et la Guerre. On voit dans une salle du pavillon du côté du jardin une tenture et un ameublement en velours peint, représentant des rues de Rome ; au rez-de-chaussée est la chapelle, et une salle pour renfermer le livre d'or de la pairie ; elle est ornée d'arabesques et de morceaux de peinture de Champagne.
La

GALERIE DES TABLEAUX DU LUXEMBOURG.

Elle renfermait les chefs-d'œuvre de *Rubens*, de *Lesueur* et de *Vernet*. Ces trois écoles sont actuellement au musée royal. Le musée du Luxembourg est consacré à des ouvrages de peintures modernes de France ; on peut juger par cette précieuse collection combien les Français ont fait de progrès dans l'art de la peinture; ils peuvent défier les autres nations de présenter un aussi grand nombre de chefs-d'œuvre d'artistes vivans. Ce musée renferme aussi quelques ouvrages de sculpture qui font honneur à leurs auteurs. On remarque un groupe en marbre représentant le *berger Forbas*, qui rappelle à la vie OEdipe enfant, par M. Chaudet; un bas-relief de treize pieds de long, représentant la *France entourée des vertus, et appelant ses enfans à sa défense*, par M. Moitt; *Psyché* et l'*Amour*, par M. Delaistre; *Psyché abandonnée*, par Pajou; *Diane* prête à entrer au bain, *Vénus* sortant du bain, par M. Allegrin; un buste de *Pomone*, par M. Dupaty; un buste de *Vestale*, de M. Houdon, etc.

Le

JARDIN DU LUXEMBOURG.

Il est vaste, bien ordonné; on y respire un air pur; la réunion du jardin des Chartreux et une partie de celui de l'hôtel de Vendôme l'ont presque doublé. La longue et belle avenue, entre les deux pépinières jusqu'à la grille, s'élève par une pente

Vue du Palais du Luxembourg côté du Jardin.

douce, procure une belle perspective entre le palais du Luxembourg et l'Observatoire, qui semble dépendre du même jardin. A son entrée, de ce côté, sont deux lions en marbre blanc ; son extrémité est fermée par une belle grille. En entrant dans le jardin par la rue de Vaugirard, on remarque à gauche *une jolie fontaine* construite par Jacques Desbrosses ; c'est une grotte, du fond de laquelle l'eau s'échappe dans un bassin circulaire ; quatre colonnes d'ordre toscan supportent un entablement au-dessus duquel s'élève un fronton accompagné de deux *fleuves*, exécutés par MM. Duret et Ramay. Nous avons remarqué que sur la grille du côté de la rue de *Madame*, les deux lions regardaient l'intérieur du jardin, et que ceux qui sont sur les deux côtés de la grille de la rue d'Enfer, tournent le dos au jardin. Nous ignorons les motifs de cette bizarrerie.

Nous désirons que M. le grand référendaire de la chambre des pairs ne prive plus le public du beau point de vue et du passage du grand vestibule au milieu du palais, qui annoncent la majesté de ce superbe monument, et procurent une perspective depuis la rue de Tournon, d'où l'on découvrait l'Observatoire. Ce vestibule en outre, renferme de beaux morceaux d'architecture, dont les laquais seuls jouissent, en en faisant une antichambre. Depuis l'origine du Luxembourg, le public a joui de ce pas sage ; il n'en est privé que depuis quatre ans.

Sa majesté Louis XVIII ne prive pas le public de traverser le grand vestibule de son palais, aux Tuileries. Le sénat *conservateur*, à qui l'on reproche de n'avoir rien conservé, a au moins conservé au public le passage du vestibule de son palais.

Les statues du jardin sont placées dans l'ordre suivant :

Côté gauche, en entrant par l'Odéon.

N° 1. Une fontaine.

En remontant sur le haut du jardin.

2. Flore. — 3. Horace. — 4. Bacchus. — 5. Horace. — 6. Cérès.— 7. Vieux Bacchus. — 8. Mercure. — 9. Apollon. — 10. Bacchus. — 11. Vénus de Médicis. — 12. Antinoüs. — 13. Diane, *sur la même planche du Gladiateur, en face, côté droit.*

En revenant du côté de la rue d'Enfer.

14 et 15. Deux lions à la grille. — 16. Bacchus. — 17. L'Hiver. — 18. La Nuit. — 19. Jeune Romain. — 20 Fontaine de Médicis.

Côté droit, en entrant par la grille de la rue de Vaugirard.

21. Une fontaine.

En remontant du côté droit, sur le haut du jardin.

22. Vulcain. — 23. Bacchus. — 24. Hébé. — 25. Silène. — 26. Bacchus. — 27. Méléagre. — 28. Cérès. — 29. Un Guerrier. — 30. Un Horace nu. — 31. Vénus de Médicis. — 32. Dame romaine. — 33. Gladiateur.

En entrant dans le quinconce à droite.

34. Un Vase. — 35. Un Mercure en plomb.

Grille de la rue de Madame.

36 et 37. Deux Lions.

Parterre.

38. Vénus de Médicis. — 39. Diane. — 40. Bacchus. — 41. Vénus. — 42 et

43. Groupes d'Enfans. — 44. Lutteurs combattant.

Côté droit.

45. Vénus Callipige. — 46. Junon. — 47. Vénus d'Arles. — 48. — Flore. — 49 et 50. Groupes d'Enfans. — 51. Deux Lutteurs se reposant.

Autour du grand bassin.

52 à 53. Quatre Vases.

Grande allée de l'Observatoire.

54 et 55. Deux Lions.

Le palais et le jardin du Luxembourg ont changé souvent de maître, et ont été témoins de bien des événemens; nous allons les donner par ordre chonologique. Marie de Médicis l'a légué à Gaston de France, frère unique de Louis XIII. Il fut successivement possédé par mademoiselle de Montpensier et la duchesse de Guise; cette dernière le vendit à Louis XIV en 1694. Il fut ensuite habité par la duchesse de Brunswick et mademoiselle d'Orléans.

(1778). Louis XVI le donna à Monsieur, aujourd'hui Louis XVIII.

En 1786, l'abbé *Miolan* fit dans le Luxembourg une expérience *aérostatique*,

Jardin du Luxembourg.

qui ne réussit pas; le public, qui avait payé, furieux, brûla le ballon; l'abbé *Miolan* eut le bonheur de s'évader.

(1792 et 1793). Le palais fut converti en une prison; on y avait renfermé près de trois mille individus des deux sexes, de tous les rangs, de tous les partis et de toutes les factions, à l'exception de celle qui avait triomphé; les hommes, les femmes et les jeunes filles étaient logés dans les mêmes chambres ou greniers, pêle-mêle. Les directeurs du *gouvernement* révolutionnaire appelaient cette prison, *notre magasin à guillotinne*. Pour éviter toute communication avec les prisonniers, on avait construit avec des planches de dix pieds de hauteur un mur autour du palais. Plus de deux mille cinq cents des prisonniers du Luxembourg ont été envoyés à la mort.

(1794, 4 novembre). Les cinq membres du directoire exécutif, *la Réveillère*, *le Tourneur*, *Rewbel*, *Barras* et *Carnot*, ont été installés dans ce palais.

(1797, 26 mai). Trois directeurs font déporter deux de leurs collègues, *Carnot* et *Barthélemi*.

(1798, 6 juillet). L'abbé *Poncelin*, rédacteur d'un journal, ayant dit que le directeur *Barras* avait passé six mois à *Bicêtre* pour des espiègleries de jeunesse, fut fouetté dans une des salles par bas du Luxembourg, par des affidés du directeur Barras.

(1799, 25 décembre). Buonaparte nommé premier consul s'installe au Luxembourg et en chasse les directeurs. Le sénat conservateur tient provisoirement ses séances au Petit-Luxembourg.

(1804). Buonaparte nommé empereur donne le palais du Luxembourg à son frère Joseph; son épouse a habité le Petit-Luxembourg jusqu'au retour de Louis XVIII.

Le premier avril 1814, le lendemain du jour de l'entrée des armées alliées à Paris, le sénat a établi un gouvernement provisoire, et le 3 avril il a décrété la déchéance de Buonaparte; le 4 juin suivant, après la séance royale, qui a supprimé le sénat et l'a remplacé par une chambre des pairs, cette chambre a tenu le même jour à huit heures du soir sa première séance dans la salle du sénat.

On lisait au-dessus de la porte d'entrée du Luxembourg : *Palais du Sénat Conservateur*. On a remplacé cette inscription par la suivante : *Palais de la Chambre des Pairs.*

L'hôtel du *Petit-Luxembourg*, rue de Vaugirard, attenant au jardin du Luxembourg, a été bâti par le cardinal de Richelieu pour sa mère; il a ensuite appartenu au prince de Condé. Louis XVIII, à son arrivée en France, en 1814, a fait un échange avec le prince de Condé; il est occupé aujourd'hui par le chancelier de France.

QUARTIER SAINT-GERMAIN.

L'un des plus beaux de Paris; il est très-aéré; les hôtels sont superbes; presque tous ont de grands jardins.

Avant la révolution la haute noblesse l'habitait. Depuis cette époque presque tous les ministères y sont réunis. Les Anglais préfèrent ce quartier comme le plus sain de Paris.

La noblesse du faubourg Saint-Germain inquiétait beaucoup Buonaparte, depuis qu'il avait permis à un grand nombre d'émigrés de rentrer en France; il demandait souvent au ministre de la police (Fouché) : —Que dit-on de moi dans les salons du faubourg Saint-Germain? *Sire, beaucoup de* mal de votre personne et de votre gouvernement, mais cela n'est pas dangereux, puisque la noblesse encombre vos antichambres pour solliciter des places auprès de votre majesté.

VAUGIRARD (Rue de).

On fit en 1792 une maison d'arrêt de l'ancien couvent des Carmes, destinée aux prêtres insermentés, où se rendirent volontairement cent soixante-douze d'entre eux, qui y furent égorgés le 2 septembre 1792. Deux laïques se sauvèrent par-dessus les murs. Il y avait encore quelques moines dans cette maison qui furent prévenus dès le matin d'être tranquilles; on mit deux sentinelles à leurs portes; on respecta la consigne.

Les religieux carmes faisaient un grand commerce *d'Eau de Mélisse*. (Voyez rue Taranne.)

Le couvent et l'église sont occupés par des anciennes religieuses carmélites; au n° 88, au coin de la rue du Regard, est une nouvelle fontaine; au n° 100 l'hôtel de la légation américaine.

Le célèbre comédien Lekain est né dans cette rue.

Théatre de l'Odéon.

THÉATRE ROYAL DE L'ODÉON.

Construit sous Louis XVI pour les comédiens français, qui avaient leur salle aux Tuileries ; la salle de l'Odéon a été faite d'après les dessins des architectes *Peyre*, *Lainé* et *Vailly*.

L'ouverture s'en est faite en 1782, sa façade principale est décorée d'un péristyle de huit colonnes doriques, dont l'entablement règne sur les quatre faces ; trois galeries publiques, carrées, de quarante-six arcades, se lient avec le porche en faisant le tour de l'édifice.

Cette salle, isolée de tout bâtiment, a des issues très-spacieuses ; le public peut en sortir à la fois en moins de dix minutes. Sept rues aboutissent à ce bâtiment, ce qui est très-avantageux pour les gens de pied et les voitures.

On a donné le nom de rue du Théâtre Français à celle qui est en face ; quatre autres rues portent les noms de Racine, Corneille, Voltaire, Molière, etc.

C'est dans cette salle qu'on a donné, en 1786, la première représentation de la pièce de *Figaro* par Beaumarchais. La reine y a assisté. Il y avait une si grande affluence d'amateurs, que plus de six mille ne purent avoir des billets.

Cette salle fut incendiée en 1799, le lendemain de la représentation de l'*Envieux*. Buonaparte la fit reconstruire sur ses anciennes fondations, par M. Chalgrin. La troupe de Louvois vint s'y établir sous la direction de M. Picard. Le feu consuma une seconde fois ce théâtre, le 20 mars 1818; il fut reconstruit la même année, par ordonnance du roi, qui l'annexa à la comédie française, en autorisant les acteurs à y jouer les tragédies, les comédies et les drames du théâtre Français. La dernière construction de cette salle est de MM. Baraguay et Prévôts. L'intérieur est décoré richement et avec goût.

Le conseil des cinq cents s'est assemblé dans cette salle le 19 fructidor, pendant que celui des anciens s'assemblait à l'École de Médecine ; là, un décret a été rendu pour proscrire les directeurs Carnot et Barthélemy. C'est encore dans cette salle qu'on a établi une commission militaire pour condamner à mort le parti contraire à la réaction du jour; ainsi les drames et tragédies politiques se jouaient sur le théâtre Français.

En 1816 les officiers de la garde nationale

parisienne ont donné dans cette salle une superbe fête aux officiers de la garde royale. Les princes ont assisté à cette fête. Le roi et madame la duchesse d'Angoulême sont venus y passer plusieurs heures.

Cette fête était en reconnaissance du banquet offert aux officiers de la garde nationale par les officiers de la garde royale dans la galerie du Muséum.

La rue du Théâtre de l'Odéon est très-belle et large, les maisons sont bien alignées, avec deux larges trottoirs pour les gens de pied. C'est dans cette rue que demeurait *Camille Desmoulins*, qui a péri sur l'échafaud, ainsi que sa jeune et jolie femme. Camille était partisan du général La Fayette, qui lui avait fait présent de son buste. En 1792, dans un moment d'humeur contre La Fayette, il jeta son buste par l'une de ses fenêtres, il faillit tuer une femme qui passait devant sa maison.

Fabre d'Eglantine, député à la convention nationale, demeurait dans la même maison que *Camille Desmoulins*.

TOURNON (Rue de).

C'est l'une des plus belles de Paris; la nouvelle rue de Seine, sur l'alignement de celle de Tournon, produit un superbe coup d'œil.

On remarque au n° 6 l'hôtel Blancas, nommé depuis Laval Montmorenci, et appartenant aujourd'hui à MM. Bossange et Masson, libraires, qui y demeurent; au n° 12 l'hôtel d'Antragues, acquis par M. Lesage, ancien marchand de draps; au n° 10 l'hôtel de Nivernois, que madame la duchesse douairière d'Orléans a habité en 1815, 1816 et 1817; on a fait de cet hôtel une caserne pour la gendarmerie.

PETIT-BOURBON (Rue du).

La furieuse duchesse de Montpensier, sœur des Guises, tués à Blois, avait un hôtel dans cette rue. On lit dans l'histoire de Paris que cette méchante femme se prostitua à Bourgoing, prieur des jacobins, et concerta avec ce scélérat les moyens d'approcher de la personne de Henri III et de le faire assassiner. Il est certain qu'elle logea chez elle pendant quelques jours la mère de Jacques Clément.

Cette rue prit le nom de Petit-Lion; elle a porté le nom du *trente-un mai*, époque fameuse de la révolution; en 1815 on lui rendit son ancien nom qu'elle tenait de Louis de *Bourbon*, duc de Montpensier.

CARRÉ DES QUATRE-VENTS.

C'est sur ce carré que Georges a été arrêté en 1804; il était armé de deux pistolets avec l'un desquels il tua un agent de police; des bouchers lui passèrent une grosse corde au cou comme à un bœuf pendant qu'on le tenait par-derrière.

QUATRE-VENTS (Rue des).

Elle est bien nommée, étant située au milieu de quatre autres rues, indépendamment de l'ancienne foire Saint-Germain, qui existait depuis un temps immémorial, qui a cessé sous le règne de Philippe-le-Hardi en 1285, et a repris en 1486 sous Louis IX qui, en la donnant à l'abbaye Saint-Germain, en 1482, en fixa l'ouverture au 3 février jusqu'au dimanche des Rameaux exclusivement; elle n'était franche que pendant les huit premiers jours, aux termes de l'institution.

Philippe-le-Bon, roi de Navarre, et Charles-le-Mauvais, duc de Bourgogne, avaient leurs hôtels dans la rue des Quatre-Vents qui se nommait alors de *Combault*, à cause de Pierre Combault, chanoine de Romorentin, qui y demeurait.

MARCHÉ SAINT-GERMAIN.

Construit dans l'ancien enclos de la foire Saint-Germain; il a été commencé le 13 août 1813, sous la direction de M. Blondel, architecte : c'est le plus beau et le plus vaste marché de la capitale. Sa construction noble suffirait pour faire la réputation de l'architecte. Chaque marchand y possède une serre pour conserver ses denrées. La boucherie est belle, propre et solide.

Ce marché est environné d'un grand nombre de belles maisons nouvellement construites.

Les marchandes du marché Saint-Germain ont fait présent au duc de Bordeaux d'un cabaret en or vermeil.

BOUCHERIES (Rue des).

Rue *célèbre* par son ancienne malpropreté, et par le sang des animaux qui coulait continuellement dans le ruisseau et sur le pavé. Vous ne pouviez y marcher sans avoir vos souliers imprégnés de sang. Il est dan-

Marché St Germain.

Eglise de St Sulpice

gereux d'accoutumer le peuple à voir couler le sang ; heureusement l'établissement des abattoirs ou tueries a fait disparaître cet inconvénient.

C'était dans cette rue que se réunissaient dans un *café* sombre, jusqu'à l'époque de 1800, pendant la quinzaine de Pâques, tous ceux et celles qui devaient estropier sur les tréteaux de la France, la langue, les pièces, le bon ton, le bon sens.

Le correspondant de tous les théâtres de province demeurait dans cette rue.

Là on voyait sur la porte du café et sur les bornes voisines des empereurs sans empires, des reines sans royaumes, souvent sans souliers ; c'était une espèce de foire où les directeurs se promenaient et marchandaient pour avoir au plus bas prix, en promettant de faire des avances. Une reine étique ne veut pas se donner à moins de deux cents francs par mois ; un empereur desséché ou détrôné demande trois cents francs, un valet cent trente-six francs, un chanteur à voix rauque cent francs, une confidente qui parle toujours, cent vingt francs, etc., etc.

Le taumaturge Nicolas Flamelle est mort dans la rue des Boucheries.

ÉGLISE SAINT-SULPICE.

Paroisse commencée en 1646, sur les dessins de Louis Leveau. La première pierre en fut posée le 10 février de la même année, par la reine Anne d'Autriche, alors régente du royaume; elle fut finie en 1733, sous le règne de Louis XV. La première pierre du maître-autel fut posée par le nonce, au nom du pape Clément XIII, le 21 août 1732. Cet autel était de marbre bleu turquin; il avait la forme d'un tombeau; ses ornemens étaient de bronze doré d'or moulu, et le tabernacle, enrichi de pierreries, représentait l'arche d'alliance; le propitiatoire était soutenu par deux anges adorateurs; au-dessus était suspendu un baldaquin doré, modelé par les frères Stodtz, qui produisait un très-bel effet; le portail de Saint-Sulpice est le plus vaste et le plus magnifique des églises de Paris, la chapelle de la Vierge est précieuse par l'exécution de la statue et des groupes qui l'accompagnent, et surtout par la manière ingénieuse dont elle est éclairée.

Sous le règne du directoire exécutif, en 1794, les théophilanthropes se rassemblaient à Saint-Sulpice pour célébrer leur culte. Il y avait écrit sur le portail : *Temple de la Raison.*

On lisait sur chacun des piliers de l'église Saint-Sulpice des inscriptions analogues à cette nouvelle religion, dont les principes étaient puisés dans l'évangile, mais rédigés dans le sens des nouveaux *prêtres* théophilanthropes. Nous disons prêtres parce qu'ils étaient affublés d'une robe de serge blanche avec une ceinture aux trois couleurs. Tous leurs sermons semblaient dirigés contre les prêtres en robes noires. Ces *nouveaux prêtres* n'étaient pas plus désintéressés que les anciens, car ils avaient demandé à être salariés par la république.

Nous avons remarqué plusieurs anciens prêtres qui avaient adopté la robe blanche pour prêcher des maximes contre les prêtres en robes noires.

Lors de la construction de l'église Saint-Sulpice, le curé *Languet*, mort le 11 octobre 1750, n'oubliait jamais de recommander aux riches qu'il exhortait, de faire un don pour participer à la construction du temple; car (disait-il), que ne mérite-t-on pas lorsqu'on peut participer à l'édification du temple du Seigneur !

Samuel Bernard, financier riche de quarante millions, était né plaisant; il conserva ce caractère jusqu'à la mort. Le curé *Languet* l'exhortant lui fit la demande d'un don pour la construction de l'église : il voulut lui démontrer combien cette action serait agréable à Dieu; Samuel Bernard lui répondit en retournant la tête avec peine : *Cachez vos cartes, monsieur le curé, je vois tout votre jeu.*

Le bon La Fontaine, si connu par ses fables et ses contes, répondit à son confesseur qui l'engageait à faire des aumônes pour réparer ses écrits licencieux : « Très-volontiers, mon père ; ouvrez cette armoire; vous y trouverez cent exemplaires de mes contes; faites-les vendre au profit des pauvres. »

Feu Languet aimait beaucoup l'argent; l'archevêque de Paris lui reprocha de faire le commerce. Il s'excusa le mieux qu'il put, en voulant persuader que sa conduite était dirigée pour le bien des pauvres.

Il y a trente ans les femmes avaient la gorge totalement découverte, ce qui donna lieu à un prédicateur de crier contre cette immodestie; mais la loueuse de chaise se plaignit du sermon, qui avait fait déserter cette église par les femmes à gorge découverte, et conséquemmnt par tous les jeunes écuyers de ces dames.

Le célèbre Talma, comédien, s'est plaint dans une adresse à l'assemblée nationale, le 12 juillet 1790, de ce que le curé de Saint-Sulpice lui a refusé la bénédiction nuptiale.

De tous les droits de l'homme le plus évident sans doute est celui de se marier.

Le 15 brumaire an 8 (6 novembre 1799), le conseil des anciens et le conseil des cinq cents y donnèrent une superbe fête à Buonaparte à son retour d'Egypte, et au général Moreau. Il y avait une table de plus de douze cents couverts.

Depuis ce jour Saint-Sulpice se nomma le *Temple de la Victoire.*

Six mois après son ancien nom fut rétabli.

Il s'y tint en l'an 9 un concile national qui rendit le 8 thermidor suivant un décret portant que le 14 fructidor de la même année il y aurait à Notre-Dame des conférences où dix-huit ecclésiastiques choisis tant par des prêtres assermentés que par ceux insermentés discuteraient les différens points de controverse.

Le dimanche 23 décembre 1804 le pape Pie VII visita et célébra les saints mystères dans cette église.

On voit sur les tours de Saint-Sulpice deux télégraphes.

A gauche de l'église Saint-Sulpice, on construit un vaste bâtiment destiné pour un séminaire. La première pierre a été posée par le ministre de l'intérieur, le 21 novembre 1820; du même côté la rue Garencière où est la municipalité et la belle imprimerie de M. Cosson, dont les presses ont produit des ouvrages soignés. C'est au coin de la rue Garencière que le feu prit en 1803 à l'église Saint-Sulpice et fit craindre un moment la destruction de la précieuse Chapelle de la Vierge et du superbe dôme dont elle est surmontée.

POT-DE-FER (Rue du).

Le noviciat des jésuites était dans cette rue depuis 1680.

Henri IV les chassa en 1595, à l'occasion de l'assassinat commis par Jean Châtel; ils trouvèrent moyen d'y revenir, et d'y acquérir de grands biens.

L'arrêt du parlement de Paris, du 6 août 1762, leur ordonna à tous de sortir du royaume en 1763.

La loge du Grand-Orient avait été bâtie sur le terrain de l'ancien noviciat des jésuites : le duc d'Orléans en était grand-maître. Aujourd'hui il y a un magasin de farine. La librairie et l'imprimerie stéréotypes et de jurisprudence de M. Garnery, ainsi que l'imprimerie de M. Denugon sont dans cette rue.

FOSSÉS SAINT-GERMAIN-DES-PRÉS (Rue des), OU DE L'ANCIENNE COMÉDIE FRANÇAISE.

Il n'y a de remarquable dans cette rue que le café Zoppi (ci-devant Procope); en face est l'ancien bâtiment de la comédie française, qui fut établie là en 1687 jusqu'en 1770 qu'elle fut transférée aux Tuileries. C'est au café Procope que se réunissaient *Voltaire, J.-B. Rousseau, et Piron*.

Ce café a été successivement fréquenté par des hommes de lettres en réputation.

Avant la révolution on appelait par dérision les deux pièces qui le composent, l'une la *chambre haute*, l'autre la *chambre des communes*. Comme l'on jouissait dans ce café de la liberté d'opinions, on y critiquait la cour, l'on blâmait ou approuvait les opérations des ministres, etc. Dans les premières années de la révolution, la même liberté d'opinions. Sous Buonaparte, le silence le plus lugubre, comme dans tous les autres cafés de Paris, où se trouvaient une légion de mouchards, dont plusieurs étaient à *leurs pièces*, c'est-à-dire, payés par chaque dénonciation.

C'est dans la maison, n° 24, que demeurait la trop célèbre Lescombat, convaincue d'avoir fait assassiner son mari par Mongeot son amant; vis-à-vis le café Zoppi, le restaurant de feue madame Édon, qui depuis trente ans est renommé.

Dans la même maison, un bon dentiste; du même côté, un nouveau restaurateur, ayant pour enseigne le Petit Rocher de Cancale. Cette maison peut rivaliser avec les plus renommées du Palais-Royal; non-seulement la maison est vaste et décorée avec luxe, mais la cuisine est très-propre et recherchée, et le vin y est très-bon.

CARREFOUR DE BUSSY.

Il a pris son nom de la porte de Bussy, qui fut abattue en 1672; carrefour dangereux pour les gens de pied; il faut beaucoup de précautions pour ne pas être écrasé par les voitures, qui se croisent de six points différens.

26*

Le soir, des filles publiques, des filous, forment des groupes dans l'intention d'attirer des curieux pour les voler.

BUSSY (rue de).

C'est dans cette rue que la première loge des francs-maçons a eu lieu, chez le fameux traiteur *Landel* (au caveau), où se réunissaient les célèbres chansonniers de ce temps, *Crébillon*, *Piron* et *l'épicier Gallet*, décédé en 1757; on lui fit cette épitaphe :

Ci-gît le chansonnier Gallet,
Mort en achevant un couplet.

Dans les démolitions de l'ancien hôtel Dauphin, rue de Bussy, on trouva, en 1378, un trésor d'or et d'argent, que *Hugues Abriot*, prévôt de Paris, fut obligé de livrer à l'abbé de Saint-Germain-des-Prés, comme appartenant *à l'abbaye*, qui était propriétaire du terrain où a été construit la rue de Bussy.

MAZARINE (Rue).

Anciennement rue des Fossés-de-Nesle.

C'est là que se sont établis les premiers comédiens, en 1676. Des *jongleurs* et des *farceurs* furent les premiers qui amusèrent nos pères : mais leur licence et l'indécence de leurs jeux décidèrent Charlemagne à les bannir du royaume. Quelque temps après des histrions, sortis de la Provence, se répandirent en France sous le nom de *Troubadours*.

Des pélerins de Jérusalem chantaient des cantiques dans les rues. Ils prirent le nom de *Confrères de la Passion* : telle est l'origine du premier spectacle de la capitale.

On supprima, en 1676, les confrères de la passion ; et les différentes troupes de comédiens qui existaient alors à Paris furent réunies en une seule, qui s'établit dans un jeu de paume, rue des Fossés-de-Nesle ou Mazarine, et y donna ses représentations jusqu'en 1687, que cette troupe obtint la permission d'acheter le jeu de paume de l'Étoile, rue des Fossés-Saint-Germain-des-Prés ; il y a dans cette rue deux jeux de paume.

GUÉNÉGAUD (rue).

Ce fut dans l'ancien hôtel de Nesle que Henriette de Clèves, femme de Louis de Gonzague, duc de Nevers, apporta la tête de Coconas, son amant, qu'on avait exposée sur un poteau dans la place de Grève, où il fut décapité en 1674. Elle alla elle-même l'enlever de nuit; elle la fit embaumer et la garda long-temps dans l'armoire d'un cabinet situé derrière son lit.

Ce cabinet fut arrosé des larmes de sa petite-fille Marie-Louise de Gonzague de Clèves, dont l'amant eut le même sort que Coconas: il fut décapité le 5 mars 1642. Elle épousa successivement les deux frères, Ladislas, et ensuite Casimir, tous les deux rois de Pologne.

SEINE (Rue de).

Depuis 1814, prolongée jusqu'à la rue de Tournon, en entrant à droite par le quai Malaquai, on remarque l'ancien hôtel de Mirabeau père, où a demeuré long-temps Talma; du même côté l'imprimerie et la librairie de M. Le Normand.

L'hôtel de la *Rochefoucauld*, que la reine Marguerite de Valois, première femme de Henri IV, fit bâtir; elle y mourut le 27 mars 1615. Il y a un très-beau jardin qui donne rue des Petits-Augustins.

Jusqu'à l'époque de la révolution, toute la famille la Rochefoucauld habitait cet hôtel. C'est dans le jardin que le duc de la Rochefoucauld, député à l'assemblée constituante, ensuite président du département de Paris, a donné en 1790 un grand dîner à tout le corps municipal.

Mercier, auteur du *Tableau de Paris*, est mort en 1814, dans cet hôtel où il demeurait : on voit dans les grands bâtimens la librairie de M. Nicolle, celles de MM. Langlois et Fantin.

Il y a dans l'hôtel de la Rochefoucauld de beaux bains.

En continuant la nouvelle rue de Seine, on remarque de très-belles maisons, trois beaux cafés, trois grands magasins de marchands de nouveautés, qui ont pour enseignes, au *grand Condé*, aux *deux Magots*, à *M. Pigeon*, satire contre un citoyen de Paris, lorsqu'il monte sa garde en habit canelle, et en bas bleus, etc.

A côté, un marchand de vin chez lequel a été assassinée, en novembre 1820, une très-jolie fille de dix-huit ans, marchande d'huîtres.

MARAIS (rue des), FAUBOURG-SAINT-GERMAIN.

Rue très-étroite, où *Racine* est né.

FOUR SAINT-GERMAIN (Rue du).

On y remarque une grande et vieille maison qui a été habitée par la belle Gabrielle, maîtresse de Henri IV.

TARANNE (Rue).

Rue large et belle. C'est dans l'ancien hôtel de *l'abbé Viennet*, en face de la rue du Dragon, que le physicien Blanchard, fit en 1787 l'expérience d'un vaisseau volant ; il avait annoncé qu'il s'éleverait de 30 pieds ; le *fameux vaisseau* ne s'éleva que de quatre pouces de terre. Les spectateurs redemandaient leur argent, mais la recette était déjà partie, les billets d'entrée coûtaient trois livres. Un plaisant proposa de ne payer qu'à raison de tant le pouce d'élévation.

Il y a dans cette rue une fontaine, dite *Fontaine de la Charité*, qui n'a rien de remarquable, mais on y lit ces deux vers de Santeuil :

Quem pietas aperit miserorum incommoda fontem,
Instar aquæ largas fundere monstrat opes.

Près de la fontaine est la fabrique d'*Eau*

de Mélisse, dit des Carmes, dirigée par deux anciens moines des carmes.

Du même côté de jolis bains d'une propreté admirable.

CINQ-PÈRES (Rue des).

On y voit *l'hôpital de la Charité*, institué par Jean de Dieu, en 1540, dans la ville de Grenade, pour retirer et secourir les pauvres malades.

Leur premier et principal établissement à Paris remonte à 1602, dans le lieu qu'occupaient les petits-augustins, rue de ce nom; mais Marguerite de Valois ayant eu besoin du terrain où étaient les frères de la Charité, ils allèrent en 1609, s'établir où ils sont aujourd'hui; on la nomma alors rue des *cinq Pères*, parce qu'ils n'étaient que cinq pour diriger la maison.

Dans le cours de la révolution, jusqu'en l'an 10 (1802), cet hôpital se nommait *hospice de l'Unité*.

SAINT-DOMINIQUE (Rue).

Le 24 août 1787, à dix heures du soir, une multitude munie de torches se porta dans cette rue, à l'hôtel du ministre de

Brienne, dans l'intention d'incendier cette maison, par suite de l'insurrection qui eut lieu place Dauphine pour soutenir le parlement contre la cour. C'est dans l'église de *Saint-Thomas-d'Aquin*, située dans cette rue au coin de celle du Bac, que le club des jacobins a tenu plusieurs séances en 1798 (an 7), après leur expulsion de la salle dite *du Manége*, aux Tuileries, où ils s'étaient retirés par suite de la fermeture, d'après un ordre de la convention nationale, de leur salle aux Jacobins de la rue Saint-Honoré. Le ministre de la police Fouché a encore fait fermer ce dernier local de la rue Saint-Dominique.

Nous avons déjà remarqué que cette société a choisi de préférence, pour se réunir, les maisons des religieux Jacobins, et qu'elle a pris le nom de *Société des Jacobins*.

L'histoire n'a pas oublié que ce fut *Jacques Clément*, *jacobin*, qui assassina à Saint-Cloud Henri III.

On remarque dans cette rue un grand nombre de beaux hôtels; au n° 38, le palais de madame la duchesse douairière d'Orléans, qui appartenait avant la révolution au président Molé, et en 1812, au duc de Cambacérès qui l'a habité jusqu'en 1815.

La duchesse d'Orléans en a fait l'acquisition.

FONTAINE GRENELLE, RUE DE GRENELLE.

Édifice achevé en 1739, d'après les dessins de *Bouchardon*, célèbre sculpteur ; elles est formée d'un avant-corps et de deux ailes qui décrivent un demi-cercle ; toute la base est ornée de réseaux, et forme un piédestal. *La ville de Paris* y est représentée par une figure assise sur un piédestal ; au-dessous, d'un côté est un *fleuve*, de l'autre une nymphe, appuyés sur leurs urnes, et couchés sur des roseaux ; ils représentent la *Seine* et la *Marne*, etc., etc.

Cette rue est riche en beaux hôtels.

VARENNES (rue de).

Le 13 mars 1790, à la suite du duel qui avait eu lieu la veille entre M. de Castries, colonel mestre-de-camp de cavalerie, et M. Charles de Lameth, pour raison d'opinion politique, et où M. de Lameth fut blessé, une multitude se porta rue de Varennes à l'hôtel de Castries, brisa et jeta par les fenêtres le riche mobilier, cassa les glaces ; il ne resta que les quatre murs.

On remarque dans cette rue de beaux hôtels. Celui du ministère de l'intérieur, l'hôtel ou le palais de la duchesse de Bourbon, qui a été construit par Broignard, célèbre architecte

SÈVRES (rue de).

L'Abbaye-au-Bois, de l'ordre de Citeaux, était dans cette rue; c'est aujourdhui une succursale de la paroisse de Saint-Thomas-d'Aquin.

On y remarque l'Hospice des Incurables, l'*Hospice des Ménages*, ci-devant hôpital des Petites-Maisons; les époux vivent en ménage. Pour y être admis, il faut que l'un ait soixante ans, et l'autre soixante-dix; près le boulevard l'*Hôpital des Enfans*, dans la maison ci-devant l'Enfant-Jésus; à côté, l'hôpital de madame Necker, qu'elle a fondé pendant le ministère de son mari.

En l'an 2 (1802), Jeanne Audote, négresse, est morte à l'hospice des Incurables, âgée de 124 ans.

Au mois de novembre 1780, M. Beauvais, médecin, président de son district, a été assassiné à onze heures du soir près l'hôpital des Enfans, pour cause de ses opinions patriotiques.

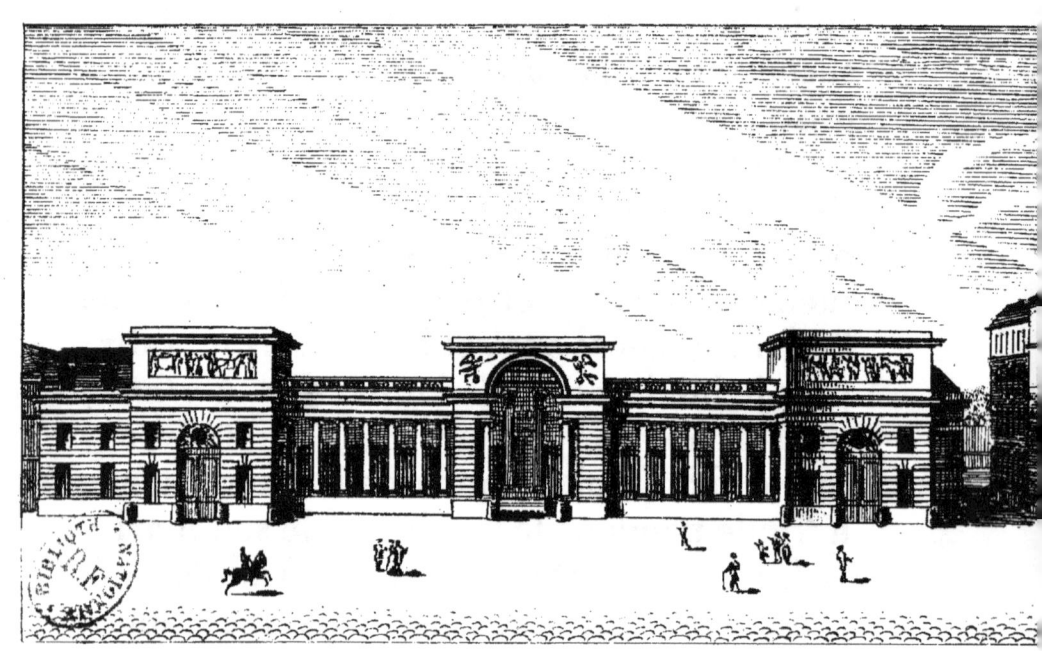

Palais de la Légion d'Honneur, cidt Hotel de Salm. Côté de la rue de Lille

BOURBON (rue de).

En 1792 on lui donna le nom de *Lille*, en mémoire de la valeureuse défense que fit la ville de *Lille*, bombardée par les Autrichiens depuis le 23 septembre jusqu'au 8 octobre 1792 ; en 1815, elle reprit son ancien nom.

On remarque au n° 1 l'hôtel des écuries de madame la duchesse d'Angoulême, dont M. *Réal*, devenu comte et conseiller d'état sous Buonaparte, avait fait l'acquisition pour en faire son hôtel. Il l'a cédé depuis à madame la duchesse d'Angoulême. Au n° 82, l'hôtel du prince Eugène (Beauharnais); mais il l'a vendu au roi de Prusse 250,000 f. par acte passé chez un notaire de Paris, en février 1818. N° 54 l'hôtel Praslin, où le roi de Prusse a logé lors de l'entrée des armées alliées le 31 mars 1814. L'empereur d'Autriche logeait du même côté dans cette rue.

PALAIS DE LA LÉGION-D'HONNEUR.

Rue de Bourbon.

Ce beau palais fut construit en 1782, pour le prince de Salm, sur les dessins de l'architecte Rousseau ; la porte présente un arc de triomphe décoré de colonnes ioniques avec péristyle du même ordre ; sur les côtés sont deux galeries conduisant à deux pavillons en avant-corps sur la rue, et dont l'attique est décoré de deux grands bas-reliefs exécutés par le sculpteur Roland; le perron conduit au vestibule éclairé par le haut (voir la première gravure). Le salon donnant sur le quai d'Orsay est de forme ronde; six statues décorent cette façade; une terrasse en avant du bâtiment règne sur le quai. (Voir la deuxième gravure).

Le prince de Salm ayant été décapité en 1793, son hôtel a été mis en loterie par le gouvernement; un garçon perruquier a eu le numéro gagnant. En 1802 Buonaparte en a fait le palais de la Légion-d'Honneur.

Les deux fils du roi de Prusse ont logé dans ce palais en 1814.

CHERCHE-MIDI (Rue du).

En 1791, le comte de Clermont-Tonnerre, député à l'assemblée constituante, et du parti opposé à la révolution, fut assassiné dans cette rue presqu'en face de son hôtel, par une multitude soudoyée.

Palais de la Légion d'Honneur. Côté de la rivière.

SAINTE-MARGUERITE (Rue).

Entre les rues de Bussi et Taranne. On voit la *prison* dite de *l'Abbaye Saint-Germain*, d'abord affectée aux Gardes-Françaises, et ensuite à tous militaires.

Le 30 juin 1789, onze soldats aux Gardes-Françaises, prisonniers pour insubordination, adressèrent aux groupes qui se formaient tous les jours au Palais-Royal une pétition tendant à obtenir leur liberté. Ils donnaient pour raison qu'ils avaient été envoyés en prison par ordre du duc *du Châtelet*, leur colonel, pour n'avoir pas voulu tourner leurs armes contre les citoyens. Cinquante individus courent à la prison, enfoncent les portes, et promènent en triomphe les prisonniers. Cette première infraction aux lois a été d'un dangereux exemple.

Dans les journées des 2 et 3 septembre 1792, une bande d'assassins s'est portée dans cette prison et y a égorgé cent trente-un détenus, dont dix-huit prêtres.

En 1792 M. *Clavière*, ex-ministre des finances, détenu dans cette prison, prévoyant qu'il devait périr sur un échafaud, se plongea trois fois un couteau dans le sein.

Madame *Roland*, femme de l'ex-ministre, est sortie de l'Abbaye pour aller au tribunal révolutionnaire le 10 novembre 1793.

Cette prison, presqu'entièrement rebâtie, est actuellement aérée. L'on a formé une place où était le corps-de-garde.

C'est sur cette place que, quelques jours avant la journée du 31 mai 1793, un particulier choisi par la *faction de la Montagne* forçait les passans de signer la fameuse pétition tendant à proscrire de la convention nationale un grand nombre de députés dits *Brissotins*. Ce particulier, audacieux instrument révolutionnaire, était assis devant une petite table, avec une écritoire, et disait : *Malheur à ceux qui ne signeront pas ; c'est le vœu de la nation.*

DRAGON (Rue du).

Le célèbre acteur Molé, mort en 1802, demeurait dans cette rue.

JACOB (Rue).

On remarque la maison n° 3, où le roi de Danemarck a logé lors de son voyage à Paris, ainsi que l'ambassadeur de Tipoo-Saëb ; l'hôtel Bourbonne-les-Bains, garni ; au n° 24 le bel établissement typographique de M. *Firmin Didot*; au n° 15, la pharmacie de M. Pelletier.

L'UNIVERSITÉ (Rue de).

C'est l'une des plus belles, des plus propres et des mieux alignées de Paris, et il y a de beaux hôtels ; on remarque au n° 9 celui de Villeroi qui a été occupé par l'atelier télégraphique depuis 1792 jusqu'en 1801.

MUSÉE D'ARTILLERIE, RUE DE L'UNIVERSITÉ.

Ce musée renferme toutes les inventions créées pour la destruction de l'homme : des épées, des poignards, des lames de toutes espèces, et une collection d'armes à feu depuis leur origine. Il y a plusieurs armures curieuses provenant de Chantilly et du Garde-Meuble, entre autres celles de Louis XI, de Louis XIV, de Godefroy de Bouillon et de la Pucelle d'Orléans. On y voit le magnifique fourreau de l'épée de Louis XVI à son sacre, et les fusils, sabres et pistolets d'honneur que les divers gouvernemens accordèrent aux militaires pendant la révolution.

BAC (Rue du).

Cette rue est très-passagère et bruyante depuis que beaucoup de ministres et diverses administrations occupent des hôtels dans les rues adjacentes.

On remarque au n° 34 l'hôtel *de Boulogne*, où est la société d'encouragement pour l'industrie nationale, qui existe depuis 1803. Au n° 120 le séminaire des Missions-Étrangères.

VERNEUIL (Rue de).

On y voit les ci-devant hôtels de Montboisson et de Montesquiou. La mairie du dixième arrondissemens est au n₀ 13.

MARCHÉ BOULINVILLIERS.

Construit sous M. Boulinvilliers, prévôt des marchands de Paris, sur le terrain de l'ancien hôtel des mousquetaires-gris.

Nous remontons au pont Neuf pour parcourir les quais, les rues adjacentes jusqu'à la plaine de Grenelle où se termine notre deuxième promenade. Nous commençons par le

QUAI CONTI, OU DE LA MONNAIE.

Il commence au coin de la rue Dauphine, où se trouve le *café Conty*, dont nous avons déjà parlé, et finit au pont des Arts. On remarque un tableau qui annonce la grande fabrique des croix de la légion d'honneur, et des croix de tous les ordres.

HÔTEL DES MONNAIES.

La première pierre de ce magnifique monument fut posée le 20 août 1771, sur l'em-

Hôtel de la Monnoie.

placement de l'ancien hôtel Conti. La façade a six toises de largeur, sur treize toises de hauteur. Au-devant de l'avant-corps, qui est décoré de six colonnes ioniques, s'élève un attique qui, à l'aplomb des fenêtres, offre des tables renfoncées ornées de festons. A l'aplomb des colonnes s'élèvent six statues représentant la *Loi*, la *Prudence*, la *Force*, le *Commerce*, l'*Abondance*, et *la Paix*, par *Pouchi*, *Pigalle* et *Lecomte*.

Cet avant-corps a trois arcades, dont celle du milieu est la principale entrée de l'édifice. Vingt-quatre colonnes doriques cannelées décorent le vestibule, qui se distribue en trois galeries. Sur la droite est un superbe escalier qui conduit aux salles destinées au service et aux assemblées des officiers de la fabrication.

La cour principale des monnaies a cent dix pieds de profondeur, sur quatre-vingt douze pieds de largeur; une galerie règne au pourtour; elle est terminée par une pièce circulaire, percée alternativement d'arcades et de portes carrées. On voyait jusqu'en 1792 au-dessus les bustes des rois Henri IV, Louis XIII, Louis XIV et Louis XV. L'entrée de la salle destinée aux balanciers est ornée de quatre colonnes doriques ; la voûte surbaissée de cette salle est soutenue par des colonnes d'ordre toscan ; elle a soixante-deux pieds de long, sur trente-neuf pieds de large, et contient neuf balanciers. Au fond est une statue de la Fortune, exécutée par Mouchi. Au-dessous de cette salle est celle des ajusteurs, de pareille étendue, et qui contient cent places. L'hôtel des Monnaies renferme six cours nécessaires pour le service de la fabrication ; l'entrée des différens ateliers par la rue Guénégaud présente une étendue de bâtimens de plus de cinquante-huit toises ; le milieu de ce bâtiment est indiqué par un avant-corps, qui, faisant retraite à la hauteur de l'attique, est orné de quatre statues, représentant les quatre élémens, par Cassierie et Duprez. Trois inscriptions latines placées dans l'attique indiquent l'usage du monument et l'année de son exécution.

On voit un cabinet minéralogique formé en 1778 avec la collection que le célèbre Lesage fut dix-huit ans à recueillir. Au milieu de ce cabinet est un amphithéâtre pouvant contenir quatre cents personnes. Il est ouvert tous les jours au public, depuis dix

Collège des quatre Nations ou Palais des Beaux Arts.

heures du matin jusqu'à deux, excepté les dimanches et fêtes.

On y fait des cours publics de chimie.

Le cabinet des médailles qui était au Louvre occupe depuis quinze ans la partie du bâtiment de l'ancien affinage, rue Guénégaud ; on peut le voir tous les jours.

La recette des matières de la monnaie en dons patriotiques depuis le 22 décembre 1789 jusqu'au 3 juillet 1790, fut de :

Or, 739 marcs, 205 v. 23 gros.

Argent, 219,428 m. 5 v. 15 gros.

Le 8 janvier le pape Pie VII a visité l'hôtel des Monnaies. Le directeur présenta à S. S. une médaille en or frappée en sa présence, portant l'inscription analogue à la visite du saint père.

Les trottoirs de l'hôtel des Monnaies sont larges et commodes pour les gens de pied. Des marchands d'estampes y étalent des gravures et les caricatures périodiques, qui amusent les passans.

PALAIS DE L'INSTITUT.

Ce palais (ci-devant collége Mazarin, ou des Quatre-Nations) fut fondé par le cardinal Mazarin en 1661, pour l'éducation et pour l'entretien de soixante jeunes gentils-hommes des pays conquis par Louis XIV. Cet édifice fut commencé sur les dessins de Leveau, et achevé par Lambert et Dorbay. La façade est un demi-cercle, au milieu duquel est le portail de la ci-devant église qui fait avant-corps : les deux ailes de bâtiment sont d'ordre corinthien, mais leur avancement intercepte la vue et nuit à l'agrément. Le dôme, décoré de pilastres accouplés, d'ordre composite, s'élève derrière ce frontispice. Il est regardé comme un chef-d'œuvre de l'art. La forme extérieure de ce dôme est sphérique, et celle de l'intérieur est elliptique, singularité qui prouve bien l'adresse des architectes. Les cendres du cardinal Mazarin reposaient dans cette église ; le mausolée de ce cardinal, fait par Coysevox, fut transporté en 1793 au Musée des monumens français.

BIBLIOTHÈQUE MAZARINE.

Cette bibliothèque occupe le premier étage du pavillon, du côté de l'hôtel des Monnaies.

Elle fut fondée par le cardinal Mazarin, le 6 mars 1661, et composée de 60 mille volumes, elle a été considérablement augmentée depuis la révolution.

On a construit, sur les deux côtés du palais des Beaux-Arts, deux fontaines ornées de quatre lions en bronze qui donnent de l'eau. Ces fontaines dégradent la majesté de ce palais. L'on devrait placer deux réverbères de chaque côté, pour éclairer la place, cela rendrait la chute du pont moins ridicule et plus sûre la nuit.

INSTITUT NATIONAL.

Cette association a remplacé les anciennes académies; l'Institut a été créé en l'an 4 (1796); il a tenu au Louvre sa première séance le 3 brumaire de la même année dans la salle ci-devant des Gardes-Suisses, appelée depuis *des Antiques*, laquelle a été disposée telle qu'elle est aujourd'hui, par Hubert, architecte. Les cariatides de la tribune sont de Jean Goujon. Dans les embrasures étaient quatorze statues représentant nos grands hommes; savoir (à droite en entrant par la tribune): *La Fontaine, d'Aguesseau, Rollin, Sully, Molé, Lhopital, Corneille,* (à gauche) *Molière, Bossuet, Pascal, Descartes, Montesquieu, Fénélon, Racine.*

Le traitement des membres est de 1,500fr,

dont 1200 fr. fixes ; le reste se distribue en médailles à ceux qui assistent aux séances. Le traitement des secrétaires perpétuels est de 6,000 fr.

Le costume des membres de l'Institut est vert foncé, brodé en soie couleur vert-clair. Les membres de l'ancienne académie n'avaient point de costume.

Mercier, l'un des membres de l'Institut, pour annoncer qu'il devait être de cérémonie, disait : *Demain je mets mon habit aux fines herbes*. L'astronome *Lalande* détestait ce costume; il l'appelait *la livrée* de *Buonaparte*.

La nouvelle salle de l'Institut, dans l'ancienne église du collége Mazarin, est très-jolie. L'architecte a tiré le meilleur parti du local, qui est ingrat. Il n'a pu donner à cette salle l'air de majesté qui convient à la réunion des hommes qu'on suppose les plus savans de la France.

Toutes les statues qui décoraient la salle du Louvre sont transportées à l'Institut.

On lit dans les lettres du marquis de Villette : Souvenez-vous que *Pascal*, *Molière*, *Helvétius*, *Francklin*, *Diderot*, *Mably*, *Vauvenargues*, *Chaulieu*, *Jean-Baptiste*

Pont des Arts, ou du Louvre.

et *Jean-Jacques Rousseau*, n'étaient point de l'Académie.

PONT-DES-ARTS OU DU LOUVRE.

Ce pont a été achevé en l'an 12 (1804); les arches sont en fer posé sur des piles et scéllé en pierre, le plancher est en bois, de chaque côté une balustrade en fer. Ce pont est très-joli; c'est le premier de ce genre en France; il est éclairé le soir par dix-huit lanternes en forme de réverbères; il ne sert qu'aux gens de pied; les deux premières années il était orné, l'été, d'orangers et des fleurs les plus rares.

Le passage du pont coûte un sou par personne. Il est des jours dans la belle saison où l'on fait une recette de 800 fr.

QUAI MALAQUAIS.

Depuis la rue de Seine et celle des Cinq-Pères.

On y remarque de très-beaux hôtels; près la rue de Seine, le café Régnier, qui jouit d'une grande réputation pour le punch au lait; à côté un marchand d'estampes et de curiosités; au coin de la rue des Petits-Augustins, l'ancien hôtel Lautrec, que le ministre de Vergennes a habité, aujourd'hui occupé par un notaire; la librairie de

M. Colnet, l'un des meilleurs et des plus satiriques rédacteurs des journaux; l'hôtel de *Juigné*, ci-devant hôtel de la duchesse de Mazarin. En 1792 et 1793, on y avait établi l'administration des poudres et armes de la république. En 1795, le ministère de la police générale jusqu'en 1817. Pendant vingt années, cette maison a été l'atelier du despotisme et de la tyrannie des divers gouvernemens qui se sont succédé; enfin un vésuve politique qui a vomi des *conspirations*, des *insurrections*, des *mandats d'arrêts*, des listes de *proscriptions, de déportations*, des *fusillades*, etc., etc.

Le 23 octobre 1812, le général Mallet, accompagné du général Lahory, se transporte au ministère de la police, signifie à Savary (duc de Rovigo), ministre de la police, un faux décret du sénat qui le destitue de ses fonctions, installe Lahory comme ministre de la police, et ordonne à Savary de le suivre en prison, ce à quoi il se soumet; Mallet le fait monter à côté de lui dans un cabriolet de place; Savary lui demande par faveur de conduire lui-même le cabriolet jusqu'à la prison de la Force, ce qu'il lui accorda.

A côté est l'hôtel *du duc de Bouillon*, où le duc est décédé en 1800.

Ce vaste et magnifique bâtiment, décoré de colonnes, était devenu la propriété d'un avocat qui a vendu ce palais à Napoléon, qui l'a donné en propriété à une demoiselle la Pagerie, lors de son mariage avec le jeune prince d'Arembert.

Le duc de Bouillon avait admis dans sa société, dès 1788, le comédien *Dugazon*; il lui avait donné un logement, un cheval et un cabriolet; il mangeait à sa table.

Au no 23 est un bel hôtel qui appartient maintenant à M. Becquey-Beaupré, avocat aux conseils du roi, et de la cour de cassation.

Peu de temps après la paix de Vervins, Henri IV, revenant de la chasse, vêtu simplement, et n'ayant avec lui que deux gentilshommes, passa la rivière au quai Malaquais. Voyant que le batelier ne le connaissait pas, il lui demanda ce qu'on disait de la paix : « Ma foi je ne sais pas ce que c'est que cette belle paix, répondit le batelier; il y a des impôts sur tout et jusque sur ce misérable bateau. — Et le roi, continua Henri IV, ne compte-t-il pas mettre ordre à tous ces impôts-là ? — Le roi est un assez bon homme, répliqua le batelier; mais il a une maîtresse à qui il faut tant de belles robes et tant d'affiquets! et c'est nous qui payons tout cela. Passe encore si elle n'était qu'à lui; mais on dit qu'elle se fait caresser par bien d'autres. » Henri IV, que cette conversation avait beaucoup amusé, envoya chercher le lendemain ce batelier, et lui fit répéter devant la duchesse de

Beaufort tout ce qu'il avait dit la veille : la duchesse, fort irritée, voulait le faire pendre. Vous êtes folle, dit le roi ; c'est la misère qui le fait parler ainsi Henri IV l'exempta d'impôt lui et son bachot, et le batelier chanta le roi.

C'est sur ce quai que demeurait le marquis de Charolais, si fameux par ses extravagances et ses folies. Il avait essayé, en 1749, de voler avec des ailes ; son valet de chambre devait le suivre dans son voyage aérien ; mais il s'obstina à céder le pas à son maître ; le marquis tomba dans l'un des bateaux sur la Seine en face de son hôtel, et se cassa une cuisse.

Ce marquis fut par cette expérience l'un des premiers inventeurs des ballons en France.

Il s'amusait à tirer des coups de fusil sur des couvreurs qui travaillaient sur les toits. Le roi, furieux, dit un jour : *Celui qui tuera le marquis de Charolais aura sa grâce.*

Pour éprouver la vertu de sa femme il voulait la faire marcher pieds nus sur du verre cassé.

Lorsque l'un de ses chevaux ruait dans l'écurie, le marquis s'y transportait, et après avoir fait une morale, il faisait mettre en cercle dans la cour la totalité de ses chevaux, et le plus mutin était pendu, pour *donner l'exemple*, disait-il, de la soumission.

Ce marquis se battait avec ses domestiques, ses ouvriers ; celui qui se défendait, et qui le rossait d'importance, recevait le lendemain une récompense. Il aimait les arts. Son mobilier était précieux. Sa bibliothèque était considérable ; mais chaque ouvrage était dans une boîte ; boîtes pour les *in-fol.*, boîtes pour les *in*-4°, boîtes pour les *in*-12, pour les petits formats, etc. En 1759 le feu prit à son hôtel pendant qu'il était à l'Opéra ; à son retour il s'enferma dans son cabinet, rien ne put l'en tirer, il y périt. Il dit auparavant qu'il n'était pas fait pour garder sa maison. Il trouva mauvais que les pompiers fussent venus pour éteindre le feu.

PETITS-AUGUSTINS (Rue des).

Elle tire son nom du couvent des Petits-Augustins qui y furent établis en 1608. La reine Marguerite, première femme de Henri IV, avait fait venir des augustins-déchaussés, auxquels elle donna une maison, six arpens de terrain, et 6,000 livres de rente perpétuelle, à condition qu'ils chanteraient des *cantiques et les louanges de Dieu sur des airs qui seraient faits par son ordre.* Ces pères, assurément, *n'aimaient pas la musique*, car ils s'obstinèrent à ne vouloir que psalmodier ; elle les chassa, et mit à leur place des Augustins, qui devinrent amateurs de musique, avec les six mille livres de revenus qui s'étaient considérablement augmentés.

C'est dans cette rue que demeurait, en 1793, Thouret, célèbre avocat, l'un des présidens de l'assemblée constituante.

Il a été l'une des victimes du régime de la terreur.

C'est dans le couvent, l'église et le jardin des Petits-Augustins, que l'on admirait le musée des monumens français, établi par M. Lenoir, qui avait classé par ordre de siècle les monumens précieux qu'il avait sauvés des naufrages de la révolution; c'était l'histoire de France en relief, et en même temps celle de l'art, qu'on visitait toujours avec un nouveau plaisir.

Au retour de Louis XVIII, les princes et princesses ont été visiter le musée des monumens Français. M. Lenoir a reçu les éloges les plus flatteurs.

Une ordonnance du Roi de 1817 porte que les monumens royaux seront transportés à Saint-Denis, où il sera établi un musée français sous la direction de M. Lenoir. L'on a établi, dans le bâtiment des Petits-Augustins, l'école des Beaux-Arts, des logemens pour les artistes qui par leurs talens méritent cette faveur.

Tous les souverains alliés, lors de leur séjour à Paris, en 1814, ont visité le musée des monumens français, et ont témoigné leur satisfaction à M. Lenoir.

SAINT-GERMAIN-DES-PRÉS OU DE LA POSTE (Rue).

Percée sur le terrain du jardin de l'abbaye Saint-Germain-des-Prés, elle portait le nom de Buonaparte.

La poste aux chevaux occupe la partie du bâtiment du couvent où le comité révolutionnaire de la section de l'Unité tenait ses séances, et où l'on avait renfermé cent quatre-vingts prêtres, dont une grande partie ont été assassinés dans les journées des 2 et 3 septembre.

C'est dans la grande cour de la poste aux chevaux que vingt individus furent amenés dans quatre fiacres, et déposés au comité civil de la section : des assassins suivirent les voitures et en égorgèrent dix-sept. Les membres du comité civil eurent le bonheur d'en sauver trois en exposant leur vie. Ce premier crime fut le signal des égorgemens dans les prisons.

L'abbé Sicard fut du nombre de ceux qui échappèrent au fer des assassins.

C'est encore dans la cour de la poste aux chevaux que les tueurs des prisonniers de l'abbaye Saint-Germain entassaient leurs victimes.

La bibliothèque de l'abbaye Saint-Germain était riche en manuscrits précieux. Un incendie la consuma en 1796.

Les voyageurs se demandent où a existé cette fameuse abbaye, dont le dernier abbé était prince du sang.

L'église Saint-Germain renfermait beaucoup d'objets curieux, le maître-autel était en forme de baldaquin soutenu par six colonnes de marbre antique et rare, tirant sur le cypolin; sous le règne de la convention nationale, l'église a servi d'assemblée pour les citoyens de la section de l'Unité, ensuite d'atelier pour faire du salpêtre ; elle est maintenant succursale de Saint-Sulpice.

Le prélat chargé de la feuille de bénéfices des économats occupait le palais abbatial ; on lui reprochait d'avoir pour favorite mademoiselle Guimart, danseuse à l'Opéra. La maigreur de cette femme faisait dire : La feuille de bénéfices est rongée par un ver.

Le palais abbatial est occupé par des particuliers, par M. *Girardin*, physicien célèbre qui traite avec succès des maladies incurables, et par le bureau du receveur particulier de l'arrondissement.

De jolies maisons ont été construites sur le terrain du jardin de l'abbaye.

QUAI VOLTAIRE.

(ci-devant des Théatins.)

Voltaire est mort le 31 mai 1778, dans l'hôtel de M. de Villette, son neveu, sur ce quai, au n° 23. La famille fit transporter ses restes en poste, à l'abbaye de Sicilières, dont l'abbé commendataire était son neveu, afin d'éviter les tracasseries du clergé de Paris.

En 1791 les restes de Voltaire furent rapportés à l'hôtel de Villette, et la translation au Panthéon eut lieu le 12 juillet de la même année.

Jamais obsèques de souverain n'ont présenté un ensemble aussi majestueux; la marche triomphale a commencé à trois heures de l'après-midi, et a duré jusqu'à dix heures du soir.

Dans le grand nombre des inscriptions qui ornaient le char, nous avons distingué celle-ci :

Il vengea Calas, Labarre, Sirven et Montbailly.

Ce poète, philosophe, historien, a fait prendre un grand essor à l'esprit humain, et nous a préparés à devenir libres.

On nomma ce quai *Voltaire*, pour honorer sa mémoire.

Voltaire était venu à Paris en 1778 pour faire jouer sa tragédie *d'Irène*.

L'établissement du couvent des Théatins, en 1644, lui avait donné son premier nom de *quai des Théatins*. L'église a servi de magasin à farine, pendant les années 1792, 93 et 94. Le particulier qui en est devenu propriétaire y a fait construire une salle de spectacle, l'une des plus solides de l'Europe, étant voûtée en pierre.

Les moines Théatins, ont fait construire un immense bâtiment entre l'église et le Pont-Royal, qui est devenu, par le fait de la révolution, la propriété de l'ancien procureur *Vigier*.

On remarque le long des quais *Conti* ou *de la Monnaie*, *Malaquais* ou *le quai Voltaire*, des étalages de cartes géographiques, et tous les jours de nouvelles caricatures. Que de réflexions nous avons faites depuis 1789, en voyant tous ces portraits des hommes du jour, qui ont été successivement remplacés par d'autres.

Le portrait de Louis XVI était représenté comme le fondateur de la liberté; le dauphin en habit de garde national.

Ils furent remplacés par ceux de *Mirabeau*, de *Cazalès*, de *Lafayette*, remplacés à leur tour par ceux de *Pétion*, de *Grangeneuve*, lesquels ont eu pour successeurs *Marat*, *Robespierre*, *Danton*, *Hébert*, dit le père *Duchesne*, remplacés eux-mêmes par

Bains vigier au pont royal.

les cinq membres du directoire, ensuite par toute la famille de *Buonaparte*, les nouveaux princes, les ducs, les ministres, les comtes. Tous avec de grands et petits cordons, sur des habits surchargés de broderies.

Aujourd'hui tous les portraits de deux dynasties des Bourbons décorent les quais.

Pie VI a été représenté au moment où on avait brûlé son mannequin au Palais-Royal, et l'on voit actuellement Pie VII dans une attitude respectable de sainteté.

Depuis 1789, chaque parti qui a triomphé a fait proscrire les portraits des vaincus.

Aussi les marchands d'estampes ressemblent à des hommes de lettres qui écrivent pour tous les partis, ils ont en réserve le portefeuille renfermant les portraits défendus qu'ils vendent plus cher.

Un marchand d'estampes disait, en 1796, à son imprimeur : *Il faut vous dépêcher de tirer, car ce personnage ne vivra pas long-temps.*

BAINS VIGIER.

Parmi les trois bains placés sur la rivière, au pont Neuf, et au pont Royal, on remarque ceux qui sont au pont Royal, de chaque côté de la rivière, quai d'Orçay et en face des Tuileries. Ils ont deux étages, qui contiennent cent quarante baignoires ; à chaque étage sont des galeries ornées de colonnes et de pilastres, avec deux beaux plafonds; elles sont éclairées par des campanilles communiquant de l'une à l'autre galerie; au-dehors du bateau est une espèce de porche orné d'arbustes et de fleurs de toute espèce, et vis-à-vis, sur le bord de la rivière, un parterre fort agréable, ombragé par des saules et des peupliers. En un mot ces établissemens réunissent commodité, élégance et agrément.

PONT ROYAL.

Bâti sous Louis XIV, à la place d'un pont de bois qui fut emporté par un dégel en 1634, il est soutenu par deux culées qui forment cinq arches, dont les cintres sont d'une grande hardiesse; on a tracé sur une des piles une échelle, divisée en mètres et en centimètres, qui marque la hauteur de la rivière. Le pont Royal présente l'un des plus beaux coups d'œil de la ville.

C'est sur ce pont, du côté de la rue du Bac, qu'on avait placé, dans la fameuse journée du 10 août 1792, une pièce de canon qui tirait sur le château. On voyait encore il y a quinze ans, entre les deux croisées du pavillon de Flore, la place où un boulet avait porté. Buonaparte a ordonné de la faire disparaître.

C'est sur le pont des Tuileries que la multitude voulut porter en triomphe Marat, qui venait d'être acquitté au tribunal criminel où la convention l'avait traduit.

Il dit : « Ne me portez pas ; vous pour-
» riez me laisser tomber comme tant d'au-
» tres que le peuple porte en triomphe. »

Dans le cours de la révolution, ce pont a été nommé *pont National*, *pont de la République*, pont des Tuileries. En 1814, il a repris son nom de pont Royal.

GALIOTES ET PETITS BATELETS.

Du côté des Tuileries, au bas du Pont-Royal, on trouve tous les batelets et la galiote, pour faire, par eau, le voyage de Saint-Cloud.

La police surveille et empêche les Parisiens de surcharger de plus de seize personnes les batelets ; et, malgré cette précaution, il arrive souvent des accidens par l'imprudence des voyageurs, l'ignorance et la cupidité des bateliers.

QUAI D'ORÇAY.

Entre la rue du Bac, jusqu'au pont des Invalides ou d'Iéna, une partie de ce quai fut commencée en 1708, du côté du pont Royal, sous le prévôt des marchands, d'Orcay; on lui donna son nom; les travaux furent bientôt abandonnés. Mais, sous Buonaparte, il fut continué et il porta le nom de Buonaparte; en 1814 il reprit celui de d'Orçay; achevé il sera le plus beau quai de l'Europe. Les beaux jardins des hôtels sur ce quai présentent le plus beau coup d'œil. On remarque l'immense hôtel des gardes-du-corps du roi, construit pour la garde impériale; ce vaste hôtel peut contenir trois mille hommes : l'hôtel qui était destiné pour le ministère des relations extérieures; ce superbe bâtiment se continue; en suivant, le palais de la chambre des députés et la belle terrasse du jardin du prince de Condé, qui se termine à l'esplanade des Invalides. Buonaparte avait ordonné de l'autre côté de l'esplanade la construction d'un palais pour l'université et les beaux-arts réunis; la dépense devait être de six millions, et il devait être magnifique. La première pierre a été posée le 15 août 1812.

ÉCOLE DE NATATION,

Située sur la rivière à peu de distance du pont Louis XVI.

On doit cet utile établissement à M. *Deligny*. Un décret impérial avait ordonné d'établir des écoles de natation dans chaque ville où il y a un lycée, et d'après le plan de M. *Deligny*.

PONT LOUIS XVI.

Dans la révolution, il fut nommé *pont-de la Révolution*, ensuite de la *Concorde* ; ce pont a été commencé en 1787 et fini en 1791, d'après les dessins du célèbre Perronnet, premier ingénieur des Ponts-et-Chaussées ; il a cinq arches d'une construction nouvelle et élégante, formées chacune d'une portion d'arc de cercle, et soutenues par des piles très-légères, avec des colonnes engagées ; les parapets sont composés de balustrades ; des obélisques doivent être placés à l'aplomb des piles. L'on tire souvent des feux d'artifice sur ce pont : les tableaux magnifiques que produisent ces jours-là plus de quatre cent mille individus, des deux rives de la Seine, depuis le pont Marie jusqu'à Sèvres, sont difficiles à peindre. Louis XVIII a déterminé un nombre de statues de grandeur naturelle d'hommes célèbres, qui doivent être placées sur le pont.

En 1802 une pauvre femme, habituée à porter depuis long-temps dans une hotte son mari impotent, fatiguée de son fardeau, se reposa sur l'un des parapets de ce pont, et par suite d'une querelle qu'ils eurent ensemble, le jeta dans la rivière. Cette femme, traduite en jugement, son défenseur a prétendu qu'elle devait être acquittée de la question intentionnelle, et vraisemblablement aussi à cause du phénomène de voir une femme porter son mari sur le dos.

En 1803 un homme de lettres est arrêté par des voleurs à dix heures du soir sur ce pont, et lui demandèrent la *bourse ou la vie*. — Messieurs, je suis un pauvre poète. — Passe, ce n'est pas de l'esprit que nous voulons, c'est de l'argent.

En 1805 un mari se disposait à jeter sa femme dans la rivière par-dessus le parapet, pour cause d'infidélité. Aux cris perçans de cette malheureuse, une autre femme accourt et dit :

« Arrêtez, monsieur, je vous conjure au nom de mon sexe de suspendre votre colère. Je vous parle avec sincérité, si tous les maris voulaient se venger ainsi, la rivière de Seine ne serait pas assez grande pour recevoir toutes les coupables qui habitent la capitale.

» — Vous m'épargnez, madame, dit-il, un crime par votre franchise. Je suis donc bien bête d'avoir cru jusqu'à ce jour à la fidélité des femmes. »

PALAIS DE LA CHAMBRE DES DÉPUTÉS

(ci-devant Palais Bourbon).

Ce palais, situé au bout de la rue de l'Université, a été élevé par ordre de Louise-Françoise de Bourbon, légitimée de France, duchesse de Bourbon. Il fut commencé en 1722, sur les dessins de Giardini, architecte italien, continué sur ceux de Lassurance, de Jules Hardouin Mansard, et fini par Jacques Gabriel père, sous la conduite d'Aubert. Et lorsque le prince de Condé eut fait l'acquisition de ce palais, Barreau et Lecarpentier y firent exécuter de grandes augmentations.

L'entrée principale est décorée d'un arc de triomphe d'ordre corinthien, accompagné de galeries en colonnes isolées, portant des voussures qui étaient ornées de caissons, entre deux pavillons. Cette disposition annonçait la demeure de la famille du *grand Condé*. La porte était chargée d'ornemens de bronze ; l'écusson des armes du prince qui couronnait cet arc était soutenu par des allégories dues au génie et au ciseau du célèbre Pajou, sculpteur du roi.

Le directoire de la république a fait construire une salle pour le corps-législatif (conseil des trois-cents); et l'on a fait dans la grande cour des changemens qui n'ont rien ajouté à la beauté de ce palais. La salle est petite; Buonaparte a ordonné la construction d'une nouvelle façade, à l'effet de donner à ce monument, du côté du pont Louis XVI, une entrée qui annonçât le temple des lois. Cette façade, construite sur les dessins de M. Poyet, offre un pérystile de douze colonnes corinthiennes élevées au-dessus du sol actuel sur vingt-neuf marches.

On y arrive par un vaste escalier, mais trop rapide, au pied duquel sont deux statues colossales représentant *Minerve* et la *France;* à l'extérieur sont les statues assises de *Sully*, *Colbert*, *L'hôpital* et *d'Aguesseau*. La salle est de forme semi-circulaire; elle reçoit d'en haut le jour; les députés y siégent sur des banquettes placées en gradins; au-dessus sont les tribunes publiques. On voit derrière le bureau les bustes de Louis XVI, Louis XVII et Louis XVIII; le bas-relief de la tribune offre deux figures assises représentant l'*Histoire* et la *Renommée*, par Lemot. Dans des cintres à droite et à gauche du président sont six statues:

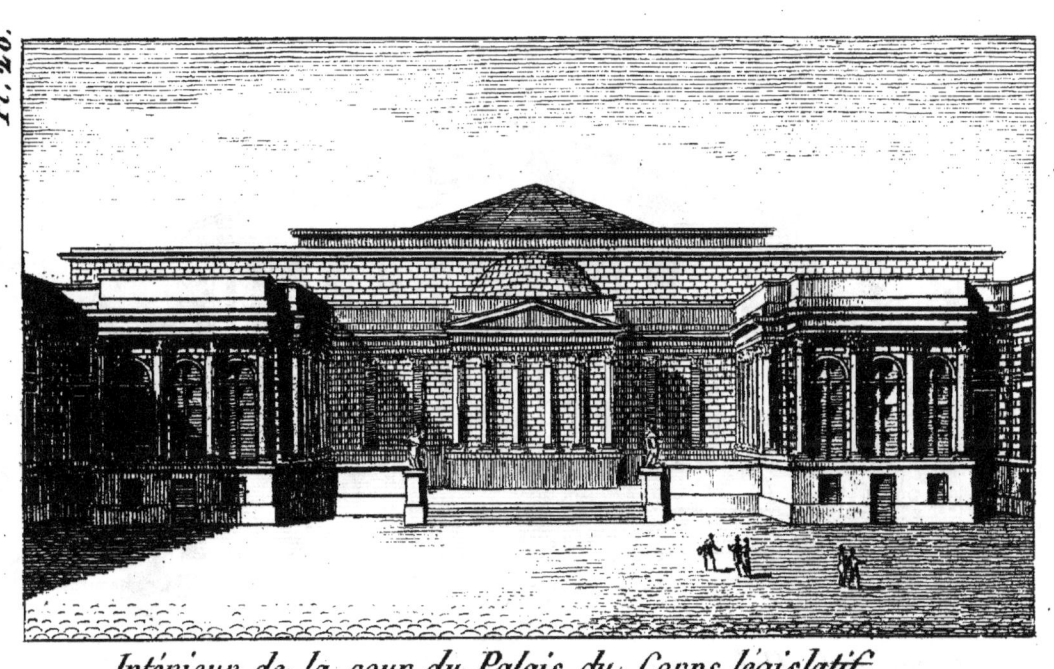

Intérieur de la cour du Palais du Corps législatif.
Palais Bourbon.

Façade du Palais du Corps législatif. Côté du Pont de Louis XVI.

Lycurgue, Socrate, Démosthène, Brutus, Caton, Cicéron. Le pourtour des murs est revêtu de stuc, et orné de lames de cuivre doré, etc.

En face du président un trône pour le Roi. On remarque les deux grandes portes en acajou plein, rehaussé d'étoiles d'or; leurs chambranles sont en marbre richement sculpté. Le pavé, en compartimens de marbre, est orné d'attributs allégoriques. Le décor de cette salle est de M. Gisors.

La salle des conférences est décorée du beau portrait en pied du roi, de M. Paule Guérin; au-dessous, le buste colossal du duc de Berry, par Raggi, sur lequel on lit ces dernières paroles aux maréchaux de France: *J'avais espéré verser mon sang pour la France.* Vis-à-vis, la statue de Henri IV. On lit sur le piédestal la fin du discours qu'il adressa, en 1596, aux notables assemblés à Rouen: *La violente amour que je porte à mes sujets me fait trouver tout aisé et honorable.* Cette salle est encore ornée de tableaux représentant le dévouement d'Eustache Saint-Pierre et des bourgeois de Calais le président Molé résistant aux factions; la mort de Duguesclin et celle de Bayard.

Le 4 juin 1814, Louis XVIII y est allé pour y faire lire *la Charte* ; il a nommé de suite les membres des chambres des pairs et ceux de la chambre des députés.

PALAIS BOURBON.

Ce palais est habité par le prince de Condé depuis 1814. On arrive à ce palais par une avenue de 45 toises de largeur. Avant la révolution le prince avait fait faire de grands changemens et des embellissemens sur les dessins et sous les ordres de M. *Bélisard*, architecte du roi. Les appartemens, décorés de peintures des peintres célèbres, de tapisseries des Gobelins de la plus grande beauté, de meubles d'un luxe asiatique, annonçaient la grandeur et la magnificence.

On remarque dans les appartemens deux tableaux représentant la bataille de Rocroi, livrée par le grand Condé, par Casa-Nova, et celle de Nordlingen, par M. Lepaon ; les bustes du grand Condé et de Turenne ; les statues du grand Condé, du duc de Bourbon, par M. Desenne ; le jardin, composé de parterres, de boulingrins, de bosquets, est terminé par une terrasse de 250 toises de longueur, régnant sur le quai d'Orçay ; au bas est la Seine, qui forme un canal naturel et magnifique; à l'extrémité du jardin sont des petits appartemens avec un jardin particulier dessiné à l'anglaise.

Les communs de ce palais, qui ont été rendus au prince de Condé, sont composés de dix cours principales, et renferment toutes les commodités nécessaires, et des logemens considérables pour toutes les personnes attachées au service du prince; tous les planchers et combles sont construits en carreaux de briques, et il y a des écuries pour trois cents chevaux.

La convention nationale avait établi, en 1792, jusqu'en 1794, l'administration des charrois militaires, dans les communs du palais; plus de trois mille charrons, serruriers, etc., etc., travaillaient jour et nuit; les dix cours étaient encombrées de chariots, de caissons, etc., etc.

M. Fontanes, aujourd'hui membre de la chambre des pairs, a occupé ce palais pendant plusieurs années, en qualité de président du corps législatif et de grand-maître de l'Université; les bureaux étaient dans les communs de ce palais; en 1806 on y a exposé pendant deux mois tous les objets de *l'industrie française* ; les Français et les étrangers allaient admirer le résulat des progrès du perfectionnement des arts et de l'industrie.

L'école polytechnique a occupé une portion des bâtimens des communs jusqu'en 1812.

HÔTEL ROYAL DES INVALIDES.

En 1793 nommé temple de l'Humanité, sous Buonaparte temple de Mars.

Lous XIV, en faisant construire ce superbe monument, n'a fait qu'accomplir le vœu de ses prédécesseurs; car Henri IV avait projeté un établissement pour pourvoir à la subsistance des militaires blessés au service de la patrie. Ils furent d'abord placés rue de l'Oursine, dans la ci-devant maison de la Charité-Chrétienne.

Louis XIII destina le château de Bicêtre pour remplir cet objet. Il y fit construire, en 1634, des bâtimens considérables, et cette maison fut appelée la *Commanderie de Saint-Louis*. Sa mort empêcha le succès de cette entreprise, et Louis XIV disposa de cette maison, en 1656, en faveur de l'hôpital-général; et, par arrêt de son conseil, du 12 mars 1670, les fondemens de l'hôtel des Invalides furent jetés le 30 novembre de l'année suivante.

Hotel des Invalides.

Ce magnifique monument a été fait sur les dessins de Libéral Bruant, architecte, qui y a employé trente années. Une vaste esplanade plantée d'arbres, une superbe grille, une cour entourée de fossés, et dans laquelle sont placées des pièces de canon, donnent à cette façade qui a deux cent dix toises de long, un caractère mâle et respectable. Au milieu est une porte ornée des figures colossales de Mars et de Minerve ; la tête d'Hercule est placée à la clef du centre. Le tout a été sculpté par Coustou le jeune. Au-dessus de la porte royale, une statue équestre de Louis XIV, en demi-bosse. Cette porte conduit à la plus grande cour intérieure. Cette cour est entourée d'arcades l'une sur l'autre, qui éclairent des galeries régnant tout autour. La construction est d'un grand caractère. De cette cour on entre dans l'église, décorée de colonnes d'ordre corinthien, qui a la forme d'une croix grecque. Le dôme forme une nouvelle église. Autour de son plan circulaire sont six chapelles, ornées des plus belles peintures et sculptures. On y avait suspendu tous les drapeaux pris dans la guerre pendant la révolution ; l'autel et la chapelle sont magnifiques. Le dôme a cinquante-deux toises de diamètre. Le pavé est à compartimens et de différens marbres. En se plaçant au centre, on voit parfaitement les peintures de la coupole ; elles sont de Charles Lafosse, et représentent la gloire des bienheureux, Toute l'architecture du dôme est du dessin de Jules-Hardouin Mansard. Sa construction, achevée seulement en 1706, dura trente ans. Son élévation, du rez de chaussée à sa plus grande hauteur, est de trois cents pieds, et son diamètre de cinquante pieds. L'architecture de l'extérieur est un chef-d'œuvre. On voit quarante colonnes d'ordre composite, couvertes en plomb, et surmontées d'une lanterne au-dessus de laquelle s'élève une aiguille, terminée par une croix, à trois cents pieds du sol. Deux statues de marbre noir de onze pieds de haut, représentant saint Louis, par Coustou l'aîné, et Charlemagne, par Coysevox, sont placées dans des niches sous le péristyle. Le dôme, couvert en plomb, est orné de douze grandes côtes dorées, sous Louis XIV ; peintes en jaune sous Louis XV, et redorées sous Buonaparte, ainsi que la boule qui soutient la lanterne et les trophées d'armes. On admire dans une des chapelles à droite le tombeau de Turenne ; sa tombe le représente expirant dans les bras de la victoire :

aux deux côtés sont deux figures de femmes
consternées ; l'une est la Sagesse, et l'autre la
Valeur, déplorant la perte du héros ; sur le
devant est un bas-relief en bronze représentant la bataille de Turckain. Le nom de
Turenne est inscrit sur son tombeau ; vis-
à-vis repose Vauban. L'hôtel des Invalides
renferme sept mille braves. Ils ont pour
gouverneur un maréchal de France.

Faits historiques sur l'hôtel des Invalides.

(1789, 12 juillet.) Dans la nuit du 12 au 13
le ministre de la guerre crut prudent de faire
enlever aux Invalides six voitures chargées de
fusils, de crainte que le peuple ne s'en emparât ;
le surplus des fusils qui ne purent s'emporter
furent cachés entre la voûte de l'église et le toit.

(— 14 juillet.) Les jeunes gens de la bazoche,
suivis d'une multitude, marchèrent aux Invalides et y enlevèrent de force trente mille fusils,
avec les six pièces de canon qui se trouvaient
dans la cour.

(1793, 12 octobre — 19 vendémiaire an 3.)
Lors de l'exhumation générale des rois de France,
qui se fit dans l'abbaye de Saint-Denis, on trouva
entier et en forme de momie sèche le corps du
maréchal de Turenne ; il fut remis au gardien de
l'église, qui l'exposa aux regards des curieux
pendant plus de six mois. Henri IV fut également
trouvé intact ; mais les circonstances s'opposèrent
à sa conservation. Sur la réclamation de M. Des-

fontaines, professeur au Jardin des Plantes, au comité d'instruction publique, le corps de Turenne lui fut remis. Il le déposa dans une des salles de ce bel établissement, où il fut exposé aux regards du public.

(1799, 16 août — 27 germinal an 7.) Le directoire exécutif arrêta que Turenne serait transporté au Musée des monumens français, et déposé dans un sarcophage taillé à l'antique, sur les dessins de M. Lenoir.

(1800, 23 septembre—1er vendémiaire an 9.) Les restes de cet illustre guerrier, ainsi que le beau mausolée qu'il avait à Saint-Denis, furent transportés dans le dôme des Invalides, pour y être éternellement conservés. On lit encore cette éloquente inscription, que M. Lenoir avait fait graver : TURENNE.

(1803, 14 juillet — 25 messidor an 11.) Le premier consul Buonaparte, le second et le troisième consuls, ainsi que toutes les autorités, ont célébré dans la chapelle des Invalides l'anniversaire du 14 juillet. La même cérémonie y a eu lieu le 26 messidor an 12, correspondant au 15 juillet 1804, par Buonaparte, empereur des Français. Tous les membres de la légion d'honneur qui se trouvaient à Paris prêtèrent le serment entre les mains de l'empereur, qui distribua l'étoile d'honneur à deux mille légionnaires.

(1804, 7 février.) Le premier consul arrêta que l'hôtel des Invalides serait enrichi d'une bibliothèque composée de vingt mille volumes des meilleurs livres dans tous les genres, et qu'elle serait ouverte à tous les militaires invalides, depuis neuf heures du matin jusqu'à trois heures de l'après-midi ; arrêté qui a été exécuté. Il y a pour bibliothécaires un chef de brigade invalide et un capitaine adjoint.

(1806, octobre.) Buonaparte a fait présent aux Invalides de l'épée du grand Frédéric, de son cordon de l'Aigle-Noire, de sa ceinture de général, ainsi que des drapeaux que portait sa garde dans la guerre de sept ans.

(1807, 17 mai.) On a fait la translation aux Invalides de l'épée et des décorations du grand Frédéric et des drapeaux conquis dans la dernière campagne en Prusse.

La veille de l'entrée des armées des alliés à Paris, 31 mars 1814, Joseph Buonaparte, ci-devant roi d'Espagne, ordonna de briser l'épée du grand Frédéric, et de brûler les nombreux drapeaux, fruit des victoires des Français. Un pareil ordre est une lâcheté insigne.

Le 12 septembre 1802 (26 fructidor an 10), Jean Dumas, dit Salomon, soldat invalide, âgé de cent dix ans six mois, natif de Brive-le-Gaillard, fit ses dévotions à la chapelle de l'infirmerie dudit hôtel, où il se rendit de son lit sans autre aide que ses deux béquilles. Bertrand Dumas son père, et Dumas son oncle, sont morts dans ce même hôtel; le premier avait cent seize ans, le second cent quatorze. Trente ans auparavant, étant allés tous trois au Gros-Caillou, le père dit après avoir pris quelques verres de vin : Je ne saurais plus boire, et il expira. L'autre, frappé de la perte subite de son frère, mourut deux jours après. Dans les registres de l'hôtel sont consignés ces deux actes mortuaires.

ESPLANADE DES INVALIDES.

Ce vaste terrain, qui fait face à l'hôtel des Invalides, et qui conduit jusqu'au bord de la rivière, a été cultivé avec succès ; il est orné de belles allées d'arbres.

On voit au milieu de l'esplanade une fontaine qui a six toises de hauteur ; au-dessus était le superbe lion de Saint-Marc, qui avait été rapporté de Venise, après les conquêtes des Français.

En 1815, lors de la seconde entrée des armées alliées, les Autrichiens ont enlevé le lion en bronze de Saint-Marc, qui était sur la fontaine au milieu de l'esplanade ; ils n'ont pu l'enlever qu'en morceaux. Les invalides l'avait mutilé.

En 1793 la convention nationale avait fait construire autour de l'esplanade des ateliers pour les armes, telles que fusils, pistolets, etc., etc.

En 1794 la convention nationale fit élever sur cette place une montagne ou rocher sur laquelle était une statue colossale représentant Hercule avec sa massue, foulant aux pieds le *fédéralisme*. Au bas était un bourbier fangeux, dont on voyait sortir des crapauds ; et cela pour faire allusion aux membres de la convention nationale qu'on nommait les *députés du Marais*, sur lesquels ceux de la *Montagne* prétendaient avoir rem-

Lion de St Marc.

porté une grande victoire dans la trop fameuse journée du 31 mai.

C'est sur l'esplanade des Invalides que Napoléon fit établir des ateliers pour la construction des bateaux destinés à l'expédition d'Angleterre.

On y a placé en 1806 les portiques pour l'exposition de l'industrie française, exposition qui a duré deux mois.

ECOLE MILITAIRE.

Ce monument fut érigé en 1751 pour l'instruction de cinq cents enfans de gentilshommes sans fortune; ils y recevaient la même éducation que celle que l'on donne maintenant dans les lycées. Cette maison vaste et magnifique, qui a une entrée en face du Champ-de-Mars, fut construite, par ordre de Louis XV, sur les dessins de Gabriel. L'architecture en est belle et noble. L'entrée principale est du côté des nouveaux boulevards ; elle s'annonce par une vaste cour environnée d'un grand corps-de-logis, et fermée par une longue grille. Les faces avancées des deux bâtimens latéraux sont ornées de deux frontons peints à fresque par Gibelin. Cette peinture, exposée à l'air, imite le bas-relief jusqu'à l'illusion. Celle à droite représente un athlète qui d'une main arrête un cheval fougueux, et de l'autre s'exerce dans l'art de l'escrime.

On voit dans le fronton qui est à gauche l'Etude personnifiée, entourée des attributs des sciences et des arts. Les colonnes accouplées, d'ordre dorique, dont la seconde cour est décorée, produisent un bel effet qui annonce le caractère de cette maison. Cette ordonnance offre au centre un avant-corps de huit colonnes portant un fronton chargé de trophées. Au centre du grand corps-de-logis est le vestibule à quatre rangs de colonnes d'ordre toscan, décoré de quatre niches qui renfermaient, avant la révolution, les figures en pied du maréchal de Luxembourg, du vicomte de Turenne, du grand Condé et du maréchal de Saxe. Dans la salle du conseil, qui est au premier étage, on voit quatre tableaux représentant les batailles de Fontenoy, les siéges de Tournai, de Lawfeld et de Fribourg, et trois dessus de portes où sont peints les siéges de Menin, d'Ypres et de Furnes. La chapelle est ornée de peintures et de sculptures, des artistes les plus célèbres. Le gouvernement y a établi depuis quatre ans le bureau des longitudes avec un observatoire. Une machine hydraulique fort simple donne de l'eau à toute cette maison, qui sert actuellement de caserne.

C'est à l'École Militaire qu'étaient casernés, au 10 juillet 1789, trois régimens suisses, trois de hussards et de dragons. Le peuple de Paris se disposait à leur rendre, le 14 juillet, une visite plus que fraternelle, mais ils sont partis sans rien dire dans la nuit du 13 au 14.

La cavalerie de la garde royale est casernée à l'École-Militaire. Voir la gravure pour la façade du côté du

CHAMP-DE-MARS.

Le Champ-de-Mars, en face de l'École-Militaire, est un terrain vaste et régulier, entouré de fossés revêtus en maçonnerie, et d'une terrasse en talus. Ce champ magnifique était destiné aux exercices militaires des élèves de l'ancienne Ecole-Militaire, et aux revues des régimens des gardes-françaises et des gardes-suisses. Ce terrain présente un parallélogramme régulier, qui, depuis la façade de cette maison jusqu'à son extrémité, du côté de la rivière, a quatre cent cinquante toises de longueur. Sa largeur, sans y comprendre les fossés et les quadruples rangées d'arbres qui s'étendent de chaque côté, est de cent cinquante toises.

Faits historiques sur le Champ-de-Mars.

(1783, 27 août.) Première expérience aérostatique par Charles, professeur de physique.

(1784, 2 mars.) Expérience aérostatique par Blanchard.

(1789, 9 juillet.) Départ nocturne des trois régimens suisses, trois de hussards et de dragons qui étaient casernés à l'Ecole-Militaire.

(1790, du 7 au 11 juillet.) Réunion de plus de quatre cent mille individus des deux sexes, de toutes les classes, pour travailler à transporter des terres qui devaient former des talus dans le Champ-de-Mars et en faire le plus beau cirque qui existât au monde. On voyait transporter des terres et rouler des brouettes par des évêques, des cordons bleus, des présidens au parlement de Paris. Toutes les corporations, précédées d'une musique militaire, chaque individu portant la pelle ou la pioche sur l'épaule, se rendaient au Champ-de-Mars en chantant : *Ça ira, ça ira, ça ira.* Les habitans des communes voisines de Paris, même jusqu'à dix lieues, sont accourues, ayant à leur tête le maire avec son écharpe, la pelle sur l'épaule. On y a remarqué des petites maîtresses qui ne craignaient point d'altérer la douceur et la blancheur de leurs mains en prenant part à ces travaux pénibles; mais il s'agissait du pacte fédératif national. Tous les Français ne formaient qu'une seule famille pour jurer fidélité au roi, et recevoir le serment de Louis XVI à la nouvelle constitution.

FÉDÉRATION.

(1790, 14 juillet.) A neuf heures du matin, la colonne de l'armée fédérative s'est rendue au Champ-de-Mars; ensuite la colonne de l'armée; le maire de Paris et les officiers municipaux sont venus chercher l'assemblée nationale, qui s'est placée au milieu de deux rangs de drapeaux des soixante districts de Paris.

La colonne alors a pris sa marche pour se rendre au Champ-de-Mars.

Des salves d'artillerie ont annoncé l'arrivée de l'armée fédérative et de l'assemblée nationale au pont de bateaux construit en face du Champ-de-Mars, par où passait l'immense cortége. Déjà plus de huit cent mille citoyens garnissaient les talus.

On lisait sur l'arc de triomphe les inscriptions suivantes :

« *Les droits de l'homme étaient méconnus depuis des siècles, ils ont été reconquis pour l'humanité entière.*

Le roi d'un peuple libre est seul un roi puissant.

Nous ne vous craignons plus, subalternes tyrans,
Vous qui nous opprimiez sous cent noms différens.

» Vous chérissiez cette liberté, vous la possédez maintenant, montrez-vous dignes de la conserver. »

Au milieu du Champ-de-Mars était l'autel de la patrie, de forme circulaire, où étaient placés les doyens d'âge des départemens.

L'autel était entouré de quatre exhaussemens placés vers les quatre parties du monde.

Sur la première face à gauche, une belle femme écarte et dissipe les nuages qui l'entourent; on lisait au-dessus :

CONSTITUTION.

Et sur l'un des côtés de l'autel :

Les mortels sont égaux ; ce n'est pas la naissance,
C'est la seule vertu qui fait la différence.

La loi dans tout état doit être universelle,
Les mortels quels qu'ils soient sont égaux devant elle.

Sur le côté opposé :

Songez aux trois mots sacrés qui garantissent ses décrets :

LA NATION, LA LOI, LE ROI.

La nation, c'est vous;
La loi, c'est encore vous, c'est votre volonté;
Le roi, c'est le gardien de la loi.

Le roi et la famille royale, l'assemblée nationale, etc., étaient placés sur un amphithéâtre superbe, adossé au bâtiment de l'Ecole-Militaire.

A trois heures et demie l'évêque d'Autun (M. Talleyrand de Périgord), accompagné des soixante aumôniers de la garde nationale parisienne, a commencé l'office.

La messe finie, une bombe a donné le signal convenu à toutes les municipalités du royaume.

Le général La Fayette monta à l'autel ; là, au nom de toutes les gardes nationales de France, il a prononcé le serment de fidélité à la *nation*, à la *loi* et au *roi*, etc.

Tous les confédérés et les troupes de ligne se sont écriés : *Je le jure.*

Le président de l'assemblée nationale s'est avancé devant le roi et a fait le serment ; chacun des membres a répété : *Je le jure.*

Le roi a levé les bras vers l'autel, et a prononcé le serment qu'on va lire :

« *Moi, roi des Français, je jure à la nation d'employer tout le pouvoir qui m'est délégué par la loi constitutionnelle de l'état, à maintenir et à faire exécuter les lois.* »

Un million de voix ont crié : *Je le jure.*

La reine, qui avait des plumes aux trois couleurs de la nation, a également prêté le serment.

Le roi a embrassé ses enfans ; il a pris la main de la reine et du dauphin, et il les a serrées avec la plus vive émotion.

Quand le *Te Deum* a été chanté, tous les citoyens soldats, et la troupe de ligne, ont remis leurs épées dans le fourreau et se sont précipités dans les bras l'un de l'autre. Il était près de six heures.

Il est impossible de décrire le beau coup d'œil qu'offrait le Champ-de-Mars.

La bonne-foi, l'enthousiasme, régnaient parmi les spectateurs et les confédérés.

Le soir toutes les rues ont été illuminées.

Louis XVI a pu juger de l'attachement de tous les Français.

(1790, 25 octobre.) Cérémonie funèbre en l'honneur des citoyens qui avaient péri à Nancy lors de l'insurrection du régiment des Suisses de Château-Vieux, dont plusieurs furent pendus.

(1791, 17 juillet.) Réunion d'une grande multitude, dirigée par le club des Jacobins et des Cordeliers, à l'effet d'y signer sur l'autel de la patrie une pétition tendant à demander la déchéance de Louis XVI ou de le suspendre de ses fonctions, et de le juger sur sa fuite. Le corps municipal fit proclamer la loi martiale pour dissiper ce rassemblement : il y eut du sang de versé.

(1792, 14 juillet.) Le roi s'y rend avec toute sa famille pour la fête de la fédération, et y est insulté.

On célébrait au Champ-de-Mars l'anniversaire de la journée du 10 août 1792.

(1793, 11 novembre.) L'infortuné Bailly a été exécuté en face du Champ-de-Mars, près de la Seine. C'était un raffinement de cruauté que d'avoir transporté ailleurs l'échafaud qui était dressé au milieu du Champ : on lui fit toutes sortes d'insultes le long du trajet. Il fut de plus arrêté que le petit drapeau rouge de la loi martiale, que M. Bailly avait fait décréter, serait attaché à la charrette qui le conduisait, et brûlé devant lui au lieu du supplice.

(1793, 1er janvier — 20 nivôse an 2.) Fête

à l'occasion de l'abolition de l'esclavage des nègres.

(1793, 8 octobre.) Fête à l'occasion des soldats du régiment de Château-Vieux, qui sont disculpés de l'insurrection du 25 octobre 1790, à Nancy.

(1793, 21 décembre — 30 frimaire an 2.) Fête civique en l'honneur de Châlier, président du tribunal du district de Lyon, et condamné à mort dans cette ville.

(1794, 21 janvier — 31 nivôse an 2.) Fête à l'occasion de la reprise de Toulon sur les Anglais.

(1794, 8 juin — 20 prairial.) Fête dite de l'*Être suprême*. La convention nationale se rend en masse des Tuileries au Champ-de-Mars, ayant à sa tête son président Robespierre. On avait construit des rochers en forme de montagne; au haut était une espèce de tour; des escaliers avaient été pratiqués pour faciliter de monter à la cime de cette montagne. Les députés faisaient foule pour y arriver les premiers : heureusement cette montagne n'était construite qu'avec des planches et de la boue, et son règne ne pouvait durer long-temps.

(1796, 21 janvier — 1er pluviôse an 4.) Jour de l'anniversaire de la mort de Louis XVI. Le directoire exécutif s'y rendit en pompe avec toutes les autorites constituées, pour prêter le serment de haine à la royauté sur l'autel de la patrie.

La convention nationale et le directoire avaient choisi ce terrain pour célébrer les fêtes républicaines et les victoires nationales. On a vu, pendant les années 1793, 94 et 95, un niveau placé à l'entrée du Champ-de-Mars, qui représentait l'égalité parmi les citoyens. Le directoire fit disparaître dans la deuxième année de son règne ce niveau de l'égalité.

(1804, 10 novembre — 18 brumaire an 13.) Napoléon Buonaparte, après avoir été couronné empereur des Français, s'y est rendu pour recevoir le serment de fidélité et d'obéissance des départemens et des députations de tous les corps d'armée.

(1814, 7 septembre.) Louis XVIII s'est rendu au Champ-de-Mars avec la famille royale pour faire bénir et distribuer les drapeaux de la garde nationale de Paris, composée de trente mille hommes, à la tête desquels était *Monsieur*, comte d'Artois, comme colonel-général des gardes nationales du royaume. Cette cérémonie présentait le coup d'œil le plus magnifique.

(1815, 1er mai.) Solennité du Champ-de-Mai par Buonaparte, pendant son règne des cent jours, à son retour de l'île d'Elbe. On avait construit une immense salle formant le demi-cercle, en face du bâtiment de l'Ecole Militaire, mais tournant le dos au ciel. Le trône de Napoléon était élevé de trente pieds au-dessus des députés; au bas étaient quarante marches, sur lesquelles sont venus s'asseoir tous les esclaves et les parjures. L'enceinte devait contenir dix-huit à vingt mille électeurs, il n'y en a eu que deux mille sept cent trente-quatre.

C'est au Champ-de-Mars que les différens corps

de troupes stationnés à Paris font les grandes manœuvres militaires.

Les courses de chevaux du département de la Seine y ont lieu tous les ans.

Mademoiselle Garnerin a fait plusieurs expériences aérostatiques dans le Champ-de-Mars, en 1815, 1816 et 1817.

PONT DES INVALIDES OU D'IÉNA.

Ce pont est vis-à-vis le Champ-de-Mars, en face de Chaillot. Un décret de Buonaparte, rendu au camp impérial de Varsovie, le 13 janvier 1807, dit : 1° Le pont construit sur la Seine, en face du Champ-de-Mars, s'appellera pont d'*Iéna*; 2° Le quai sur lequel il doit s'appuyer du côté de Chaillot, et qui doit être élargi et refait dans une nouvelle direction, s'appellera, dans la partie qui sera comprise entre la barrière et les pompes à feu, quai de *Billy*, du nom du général tué dans cette bataille ; 3° La rue à ouvrir en face du pont, depuis le quai jusqu'à l'enceinte de Paris, et les rues projetées dans son voisinage, porteront les noms des colonels *Houdart-Lamotte*, *Barbenègre*, *Marigny* et *Dalembourg*, tués dans la journée d'Iéna.

Depuis 1814, ce pont se nomme pont des Invalides.

En 1815, lors de la seconde entrée des armées alliées à Paris, ce pont, qui a coûté pluieurs millions, eût été détruit, sans l'intervention de l'empereur Alexandre; déjà les Prussiens avaient miné une de ses arches.

LE GROS-CAILLOU.

En sortant de l'hôtel des Invalides, et suivant l'esplanade qui conduit au bord de la rivière, on rencontre à gauche le lieu nommé le *Gros-Caillou*. Des historiens anciens prétendent qu'il tire son nom d'un caillou d'une grosseur énorme, qui servait d'enseigne à une maison publique de débauche. On ne parvint à le détruire qu'avec de la poudre. L'on ajoute que l'église occupe la place où était cet énorme caillou.

Ce quartier est extraordinairement peuplé; il y a beaucoup de blanchisseuses.

La buanderie des Invalides, située au commencement de la rue de Grenelle, au Gros-Caillou, est un établissement curieux, ainsi que la boucherie des Invalides, qui est dans la rue de la Paroisse ou Saint-Dominique.

On voit au Gros-Caillou une manufacture royale de tabac.

POMPE A FEU (au Gros-Caillou).

Cette pompe, que les frères Perrier ont fait construire sur le bord de l'eau, est composée d'un corps de bâtiment décoré d'arcades ornées de refends. Il contient deux machines à feu qui fournissent chacune 200 pouces d'eau, ou 14,000 muids en 24 heures. Elles distribuent l'eau aux Invalides, à l'École-Militaire, ainsi qu'aux maisons du Gros-Caillou et du faubourg Saint-Germain. On y a établi des bains de vapeur et sulfureux.

TRIPERIE.

C'est derrière la pompe à feu, au Gros-Caillou, qu'on voit l'établissement où se fait la préparation et la cuisson des abattis de bœufs, vaches et moutons, de bestiaux tués dans les boucheries de Paris.

Tous ces abattis rentrent dans Paris, sont distribués aux marchandes qui font ce commerce, et sont servis sur les tables de restaurateurs élégans.

Beaucoup de personnes vont prendre des bains dans l'eau qui a servi aux cuissons,